当代学生心理问题疏导系列
编委会名单

主　编：王　玲

编　委：王　玲　　刘建新
　　　　陈筱洁　　唐红波

当代学生心理问题疏导系列

王 玲 主编

教育部基础教育课程教材发展中心推荐图书

高中生
常见心理问题
及疏导

（第二版）

王 玲 编著

暨南大学出版社
JINAN UNIVERSITY PRESS

中国·广州

图书在版编目（CIP）数据

高中生常见心理问题及疏导/王玲编著 . —2 版 . —广州：暨南大学
出版社，2013. 11（2022. 11 重印）
（当代学生心理问题疏导系列）
ISBN 978 – 7 – 5668 – 0777 – 9

Ⅰ. ①高… Ⅱ. ①王… Ⅲ. ①高中生—心理健康—健康教育
Ⅳ. ①G479

中国版本图书馆 CIP 数据核字（2013）第 228397 号

高中生常见心理问题及疏导（第二版）
GAOZHONGSHENG CHANGJIAN XINLI WENTI JI SHUDAO(DI-ER BAN)
编著者：王　玲

出 版 人：张晋升
责任编辑：张仲玲　蔡复萌
责任校对：方俊聪
责任印制：周一丹　郑玉婷

出版发行：暨南大学出版社（511443）
电　　话：总编室（8620）37332601
　　　　　营销部（8620）37332680　37332681　37332682　37332683
传　　真：（8620）37332660（办公室）　37332684（营销部）
网　　址：http：//www. jnupress. com
排　　版：广州市天河星辰文化发展部照排中心
印　　刷：广东广州日报传媒股份有限公司印务分公司
开　　本：890mm×1240mm　1/32
印　　张：11
字　　数：304 千
版　　次：2006 年 1 月第 1 版　2013 年 11 月第 2 版
印　　次：2022 年 11 月第 9 次
定　　价：28. 00 元

（暨大版图书如有印装质量问题，请与出版社总编室联系调换）

总 序

早在 1948 年，世界卫生组织就在其宣言中指出，健康应包括生理、心理和社会适应等方面。1989 年，该组织又在健康的定义中增加了道德健康的内容，使其更加全面。在我国，对心理健康的关注起于 20 世纪 80 年代。首先是从大学生的心理咨询开始，一些学校自发成立了心理咨询中心，以帮助有心理问题的学生解除心理的困扰。到了 90 年代，随着素质教育的推进，中小学生的心理健康教育越来越受到重视。中共中央颁发了《关于进一步加强和改革学校德育工作的若干意见》，明确要求："通过多种方式对不同年龄层次的学生进行心理健康教育和指导，帮助学生提高心理素质，健全人格，增强承受挫折、适应环境的能力。"国家教育部颁发的《中小学心理健康教育指导纲要》中也强调，良好的心理素质是人的全面素质中的重要组成部分，要求将心理健康教育的内容纳入学校德育工作。

近几年来，许多中小学开展了多层次的、形式多样的心理健康教育活动。比如，有的学校将心理健康课列入教学计划，每周或每两周上一次，通过故事、阅读、讨论、游戏、心理剧等丰富多彩的活动，让学生在积极参与中去感受和体验，从而真正领悟有关心理健康的知识，掌握心理调节的方法；有的学校将个别咨询与团体辅导相结合，针对学生常见的心理问题或成长的困扰给予有效的干预和提升；有的学校特别注重校园环境的优化和心理氛围的改善，借助板报、橱窗、广播、报刊及影视等媒体，宣传普及心理卫生知识，并透过各科教学、日常管理及良好的师生关系来潜移默化地影响学生。有的地区还在教育部门的领导下，设置心理健康教育的专项课题，通过科研活动来促进心理健康教育工作的发展。

在中小学心理健康教育工作蓬勃开展的同时，高等学校也从原来单纯面向问题学生的心理咨询模式转向面对全体学生的心理健康教育模式。国家教育部多次颁发文件，反复强调加强大学生的心理健康教育工作，并设立"大学生心理健康教育理论与实践研究"重大招标课题，来促进高校心理健康教育工作的科学性、系统性和有效性。许多高校开设了与心理健康有关的课程供学生选修，并通过心理成长小组、拓展训练、朋辈心理咨询、网络心理卫生知识宣传及心理健康月等多种形式来促进大学生的心理健康。

在关注学生心理健康的同时，对教师心理素质的培养和心理辅导专业水平的提升也逐渐受到各级教育部门和学校的重视。因为要想提高学校心理健康教育工作的绩效，就需要全体教师的参与。因此，许多教育部门加大了对老师的培训力度。比如广东省在各地市分别设立了"心理健康教育指导中心"，负责对所在地区的中小学老师进行心理健康教育的"C证"的培训；而挂靠于华南师范大学心理学系的"广东省中小学心理健康教育指导中心"，又负责对全省中小学老师进行心理健康教育的"B证"和"A证"的培训。几年来，有上万的中小学老师接受了不同层次的心理健康教育的培训，从而大大地促进了全省心理健康教育工作的普及。

在对学生进行心理健康教育的实践过程中，老师们碰到一个难题，那就是怎样应用心理学的方法去具体解决学生的各种心理问题。由于他们只经过心理健康教育的短期培训，虽然掌握了一些理论，能认识到学生心理问题的普遍性和对学生进行心理辅导的必要性，但因为缺乏系统的专业知识和实际操作的技能而常常感到力不从心，因此他们迫切需要内容更为全面、实操性更强的书籍来帮助他们更有效地开展工作。

摆在读者面前的这套"当代学生心理问题疏导系列"图书，就是为满足上述老师们的需要而编写的。该套图书共有 4 册，包括《大学生常见心理问题及疏导》、《高中生常见心理问题及疏导》、《初中生常见心理问题及疏导》和《小学生常见心理问题及疏导》。此套

图书的总主编王玲同志具有多年的心理咨询教学和实践经验，各书的主编都是华南师范大学心理学系的老师和博士。他们作为广东省心理健康教育指导中心的主要成员，不仅承担了对中小学老师的培训任务，还经常下到基层指导心理健康教育科研工作，有时还直接给学生做咨询，积累了大量资料和丰富经验。因此，由他们编写的丛书具有很强的实用性。每本书都对学生常见的心理问题进行详细的描述，对问题产生的原因作出中肯的分析，然后提出有效的解决对策，并通过具体的案例来说明疏导的过程与要求。这些内容对心理咨询与辅导的初入道者无疑具有较大参考和借鉴价值。

理论不空洞，方法可操作。相信大、中、小各级学校的学生、老师及家长均可从此套图书中受益。

郑日昌
2005 年 10 月 15 日于上海浦东

目　录

第一章　概述

高中生处于青春发育末期，按年龄划分，属于青年初期。这一时期个体的整体生长发育在经过青春期的急骤发育后，进入了相对稳定的阶段，人体的组织与器官机能逐步达到成熟阶段。与之相应，其心理的发展也向成熟迈进，但还未达到成熟。因此，高中生同样也会出现各种烦恼和心理问题。而且因为学习压力更大了，情绪情感更丰富了，人际关系也更敏感了，这些都会使得高中生的心理问题比初中生更加突出。要对高中生进行心理辅导，就必须了解他们的心理特点和心理需要，了解他们可能存在的心理问题，并懂得应用心理辅导的原理和技术去帮助他们，促进他们的健康成长。

第一节　高中生心理发展的特点

一、高中生心理发展的基本特点

高中生心理的发展主要表现出如下基本特点：

1. 不平衡性

青年期是个体在生物性和社会性的发展上走向成熟的时期。作为青年初期的高中生，正处在从幼稚的儿童期向成熟的青年期过渡的时期，处于与儿童的外界获得时期相对应的内部获得时期。在这一时期，高中生的生理发展迅速走向成熟，而心理的发展却相对落后于生理的发展，他们在理智、情感、道德和社交等方面，都还未达到成熟的指标，还处在人格化的过程中。也就是说，高中生的生理与心理、心理与社会关系的发展是不同步的，具有异时性和较大的不平衡性。

2. 动荡性

高中生生理、心理发展的不平衡性，以及生理和某些心理发展同道德或其他社会意识发展之间的不平衡性，一方面创造了个性发展以及道德和社会意识发展的条件，但另一方面也造成了高中生心理过程的种种矛盾和冲突，表现出一种成熟前的动荡性。例如，他们思维敏锐，但片面性较大，容易偏激；他们热情，但容易冲动，有较大的波动性；他们的意志品质在发展，但在克服困难中毅力还不够，往往把坚定与执拗、勇敢与蛮干混同起来。在对社会、他人与自我之间的关系上，常易出现困惑、苦闷和焦虑，对家长和老师表现出较普遍的逆反心理和行为。

3. 自主性

高中生随着身体的迅速发育、自我意识明显增强、独立思考和处事能力的发展，在心理和行为上表现出强烈的自主性，迫切希望从父母的束缚中解放出来，开始积极尝试脱离父母的保护和管理。他们具有很强的自信心和自尊心，在对人生与社会的看法上，也有了自己的主张。他们已不满足于父母、老师的讲解，或书本上现成的结论，对成人的意见不轻信、不盲从，要求有实事求是的证明和逻辑的说服力。对许多事物都敢于发表个人意见，并常为坚持自己的观点而争论不休。

4. 前瞻性

青年时期是连接过去与将来的中间环节，是从过去通向未来的过渡阶段。处于青年初期的高中生有着最广阔的前景和最佳的前景距离，他们对发展与未来充满了憧憬和向往，发展与未来是高中生最向往也是最广阔的领域。这种面对未来的前瞻性使得高中生特别富于理想，它引发高中生迫切地追求自我实现。

5. 进取性

由于生理上的迅速走向成熟，加上心理上的迅速发展，使得高中生精力充沛、血气方刚、反应敏捷、上进心强、不安现状、富于进取，颇具"初生牛犊不怕虎"的劲头。他们乐于开拓、敢于创新、

积极向上。

6. 闭锁性

高中生不像儿童时期那样经常向成人敞开自己的心扉，他们的内心世界变得更加丰富多彩，但又不轻易表露出来，心理的发展呈现闭锁性特点。他们非常希望有单独的空间，有个人的抽屉，并喜欢把抽屉锁起来，好像有什么秘密似的。他们不大爱对长辈说话了，喜欢自己写日记。这种心理发展的闭锁性使得高中生容易感到孤独，因此又产生了被人理解的强烈愿望。他们热衷于寻找理解自己的人，对知心朋友能坦率地说出内心的秘密。

7. 社会性

与小学生和初中生相比，高中生的心理发展越来越多地受到社会的影响，他们对社会现实生活中的很多现象都感兴趣，喜欢探听新鲜事，很想像大人一样对周围的问题做出褒贬的评论，对社会活动的参与日益活跃。喜欢"假如我是校长"这类角色扮演活动，对自治、自理、自立、自行结社、创办协会及刊物等的要求，充分表明他们思考问题已远远超出了学校的范围，做集体、国家主人的思想日益强烈，尤其是对未来生活道路的选择，成为他们意识中的重要问题。

二、高中生认知发展的特点

认知是人认识世界的心理活动，是复杂的心理过程，即认识过程。认知系统具有完整的结构，包括感知、记忆、思维和想象等心理成分，这些成分依一定的关系结合成一个有机的整体，发挥着认识世界和改造世界的功能。个体在与环境的相互作用过程中，不断地发展认知能力。高中生由于身心发展趋于成熟，加上社会接触面扩大，社会交往更频繁，学习内容更复杂、更深刻，升学和就业的压力促使他们的社会化进程加速，所有这些情况都对高中生的认知发展提出了更高的要求。这些要求内化为高中生自身的需要，与原有的认知结构形成新的矛盾，成为高中生认知发展的动力。同时，高中生主客观条件的变化，也为认知发展创造了更有利的条件。因此，高中生的认知发

展进入了一个新的阶段。具体来说，高中生的认知发展具有以下特点：

1. 认知结构的完整体系基本形成

高中生认知结构的各种要素迅速发展，各种认知能力不断完善，认知的核心成分——思维能力更加成熟，基本上完成了向理论思维的转化，抽象逻辑思维占了优势地位，辩证思维和创造性思维有了很大发展。认知系统各种因素基本上趋于稳定状态，智力品质和个体差异基本定型。认知系统的完整结构已经形成，其功能更加完善。

2. 认知活动的直接性明显增强

由于理论思维趋于成熟和自我意识的发展，高中生的观察力、有意记忆能力、有意想象能力迅速发展，思维的目的性、方向性更加明确，认知系统的自我评价和自我控制能力明显增强。

3. 认知与情感、意志和个性因素协同发展

高中生的认知发展离不开情感、意志和个性等心理因素的发展，两者总是相互作用的。情感、意志、需要、兴趣、动机、理想、世界观、人生观等，对认知活动起着定向、发动、维持和调控的作用。高中生情感丰富，意志力增强，兴趣更广泛和稳定，学习动机更强烈，理想、世界观开始形成，行为的自觉性更高，这一切都给认知发展以强大的推动力。同时，高中生思维的成熟、自我意识的增强，对于情感、意志、个性等心理因素的发展也起到很大的促进作用。因此，高中生的认知结构和情感、意志、个性等因素形成协同发展的新局面，使得心理的整体水平提高。

三、高中生情绪发展的特点

情绪、情感是人对客观事物态度的一种反映，是客观现实是否符合自己的需要而产生的体验。高中生情绪、情感的发展，既与高中这个年龄阶段的生理发展的特征相联系，同时也带着社会历史的、时代的烙印；既与高中生的多维度的、多层次的需要息息相关，也与高中生认知的发展、个性的成熟同时并进。具体来说，高中生的情绪、情

感发展有如下特点：

1. 高中生情绪体验方面的特点

情绪体验是人在主观上的感受、知觉或意识到的情绪状态。因情绪的复杂性、多样性及它在认识和生理变化反馈之间复杂的相互作用，使多种不同情绪具有十分独特的主观体验色彩。高中生由于认知能力、意识水平的提高，其情绪体验呈现三个特点：①延续性特点。在小学、初中，学生的情绪具有易激性、易感性、易表现性，情绪活动延续的时间较短。但到高中阶段，情绪爆发的频率降低，作为心境的延长时间加大，加上情绪的控制能力的提高，情绪体验的时限延长、稳定性提高。②丰富性特点。高中生正处于多梦的年龄阶段，几乎人类所有的情绪种类都可在高中生身体体现出来，并且各种情绪的强度不一，有不同的层次。如有遗憾、失望、难过、悲伤、哀痛、绝望之分，而这些层次都在高中生身上存在着。另外，在情绪体验的内容上，更是千头万绪，丰富多彩。如"惧怕"的情绪，高中生所怕的事物主要与社会的、想象的、抽象复杂的事物和情形有关，与幼儿所惧怕的猫、狗之类的具体实物不尽相同。可见，高中生进入了一个纷繁多彩的情绪世界，他们的体验也是丰富多彩的。③特异性特点。高中生自我意识的迅速发展，为他们的情绪体验增添了一圈圈独特的"光晕"，这里面包含个性的差异、自我感知的差异和性别的差异。例如，同样的挫折事件，个性脆弱的人比个性坚强的人更容易感受负性情绪，且情绪持续的时间更长；自我评价低下的人比有自信的人更容易陷入自责、绝望的情绪中；女生比男生更多地通过哭泣来表达。

2. 高中生情绪表现方面的特点

高中生在情绪表现上有两大特点：一是内隐文饰性。随着高中生社会化的逐渐完成与心理的成熟，他们能根据一定的条件或目的表达自己的情绪，形成外部表现与内心体验的不一致性。如有的同学对异性萌发了爱慕之情，却往往留给人的印象是贬低、冷落人家。二是两极波动性。尽管高中生的自控能力提高了，但由于生理方面、学业方面以及心理的发展还未成熟等种种原因，情绪表现的两极性仍然明

显。顺利时得意忘形，受挫时垂头丧气；喜时花草皆笑，悲时草木流泪，情绪的反应强度大，很容易走极端。

3. 高中生情感发展的特点

情感是人的高级情绪体验，包括道德感、理智感和美感等。在高中生道德感的形成和变化过程中，情绪经验的积累和对这些情绪经验的概括起着重要作用。通过对某类情感范畴的情境描述，引发学生积累的情绪经验，使之选择符合自己情绪体验的答案，我们就能了解他们已经形成的、概括的、内化了的道德情感。许多研究显示，高中生已处于履行准则与守法的道德定向以及良心或原则的定向阶段，也即柯尔伯格所说的"后习俗道德水平"。在爱国主义感、集体主义感、荣誉感及友谊感等方面，高中生都有比较积极的情绪体验，但在责任感方面还需进一步提高。在理智感方面，高中生表现出强烈的求知欲，有比较明确的目标和抱负，这反映出高中生的理智感明显提高。但由于其心理发展还未成熟，故易受挫折而丧失信心。美感是人对客观事物或对象美的特征的情感体验，高中生美感水平的发展，明显受制于社会生活条件对美的不同需求和追求，受制于他们对客观事物外部特征和内在特征的领会和理解。高中生们喜欢新鲜、活泼的流行歌曲，这说明了美感的时代性和社会性特征。

四、高中生个性发展的特点

个性是个体经常表现出来的具有一定倾向性的、稳定的心理特征的总和，主要包括自我意识、个性倾向性和个性心理特征三大组成部分。高中阶段是人的个性趋于定型的阶段，其特点表现在如下几个方面：

1. 高中生自我意识的特点

自我意识是指个体对自己和自己与周围关系的认识，主要包括自我认识、自我体验、自我调控。随着高中生性的发育成熟，社会、成人对其态度的改变，他们越来越把注意力指向自身，不仅自我意识的能力和水平提高了，而且自我意识的内容进一步丰富和深刻了。具体

表现为：

（1）自我明显分化，从"无我"到"唯我"。中学阶段，儿童时期的那种较稳定、较笼统的"我"被打破了，分化成两个"我"：观察者的"我"和被观察者的"我"。自我的分化使中学生主动地对自己的内心世界和行为进行观察、分析，开始认识到自己那些在小学阶段从未被注意到的"我"的许多方面和细节。自我的分化，到高中阶段表现得更为明显。高中生要比初中生更善于从旁观者的角度来观察自己，更善于内省、思考自己和自己的问题。自我的分化导致"主体我"的崛起，使高中生从"混沌之我"、"无我"的蒙昧状态中苏醒过来。而崛起的"我"要在高中生心中站稳脚跟，确定自己的地位，似乎只有扩展自己，于是这种苏醒不可避免地出现了矫枉过正。它使得高中生容易自我炫耀、唯我独尊，不把权威、传统和社会规范放在眼里，对周围的事物不屑一顾。

（2）对自己形象的热切关注。高中生对自我认识的兴趣，首先表现在关心自己的身体形象上。他们在乎自己的形象，经常照镜子，或用过多的时间去注重衣着。他们不再像童年期那样，父母给买什么衣服，就穿什么，而是有了自己的喜好和主意。不过，高中生这种常照镜子或过度注重衣着的举动，在大多数情况下不是出于自我满足，而是出于担心和不安之感。在高中阶段，人们比其他时候更容易成为所谓生理缺陷的牺牲品。

（3）对自我的连续性和稳定性的意识。在儿童时期，一切时间计量中最重要的是现在。高中生则不同，从少年时期开始，随着年龄的增长，时间越来越使人感到是一种有生命的、具体的、同某些重要事件相关联的东西。而且未来逐渐成为时间的主要量度，时光流逝的主观速度显著加快。高中生会经常考虑自己的能力和前途，从而把今天的自我看作只是未来自我的保证，是个人成长的关键。因此，意识到自己在时间上的连续性和稳定性成为高中生自我意识的一个重要特点。

（4）自我评价能力进一步提高。高中生的自我评价开始是注意

自己身体、衣着、别人对自己的态度和评价，随后注重对自己的社会活动、社会名誉和社会关系的评价。对自己的内心世界和个性品质的评价比初中阶段要客观些、全面些，但还未达到比较全面、深刻的水平。自我评价的独立性较初中阶段有了进一步的发展，能够对自己进行独立评价。

2. 高中生个性倾向性的发展

个性倾向性是人在一定的社会历史条件下形成的个体意识倾向，包括需要、动机、兴趣、理想、价值观、人生观等，它表现了人对认识对象的趋向性和选择性。高中生的兴趣广泛，在需要方面以友谊的需要、独立自主的需要、理解尊重的需要和发展自我的需要为优先需要。同时，价值观和人生观也基本形成，但还没有成熟。具体表现在价值观方面的特点有：

（1）能对事物作出理性的价值判断。由于高中生在抽象逻辑思维方面的发展，使得高中生能在对客观事物进行分析、综合、比较、抽象、概括的过程中，作出理性的价值判断。

（2）高中生的价值观具有强烈的自我意识。随着高中生自我意识的进一步增强，他们开始比较注意评价社会、评价自我，开始思考人生，思考人生的价值，以及个人在社会中的地位等。

（3）高中生价值观的内容日益丰富。相对于少年儿童来说，高中生有了更多的社会需求，而随着社会需求范围的扩大，必然会接触更多的客观事物。因此，他们对事物的评价也就相应地增多，价值观的范围也就随之扩大。

（4）高中生的价值取向具有突出的从众心理和明显的短暂性。所谓从众心理，指的是随从大多数人的心理和行为。这种心理在高中生的价值评价和选择上也表现得十分明显。高中生比较容易受同辈人的影响，青年中出现的新的价值规范与目标，一般来说，容易相互影响和传播。也正是因为这种影响，使得高中生的价值取向在许多事物上表现出短暂性，如对音乐艺术的价值选择，时而流行港台小调，时而流行轻音乐等。青年中许多应运而生的东西，用不了多久就显得陈

旧，便被抛弃和淘汰。

3. 高中生的性格发展

性格是人对客观现实稳定的态度以及与之相适应的、习惯了的行为方式的总和，它是个性最鲜明的表现，是个性中最重要、最显著的心理特征。高中生的性格发展趋于定型阶段，不过还没有完全成熟。具体表现有：

（1）在理智方面的特征。进入青年初期后，智力、特别是思维能力的成熟，使高中生能独立地、较全面地分析问题，因而在性格上表现出喜欢怀疑、探索、争论以及容易接受新事物，行事较少年谨慎、沉稳的特点。但由于高中生思维的独立性和批判性还不是很完善，因此又容易孤立偏激地看问题，容易肯定一切或否定一切。

（2）在情绪方面的特征。处于青春发育后期的高中生，随着身心变化速度的减慢，理智的逐渐成熟，那种青春期常见的急躁、鲁莽等表现不再像少年时期那样突出，情绪的稳定性逐渐加强。一些研究表明，高中时期个体性格中的情绪特征，基本上代表他成熟后的特征，并将在一生中保持下去，即使有变化，也只是量的增减，而很少有质的变化。

（3）在意志方面的特征。个体表现在对自己行为的自觉调节方式和水平方面的心理特征，就是性格的意志特征。高中生的意志特征可以从四个方面去分析：一是活动、学习是否有明确的目标，是主动自觉还是被动应付；二是在学习、工作中是有恒心、有毅力、坚忍不拔，还是半途而废、缺乏恒心；三是在困难或紧急条件下能否迅速准确地作出抉择；四是是否善于自我控制。研究表明，经过高中阶段的发展，个体性格的意志特征大体趋于成熟。

（4）在现实态度方面的特征。这是性格最重要的组成部分，表现在三个方面：一是个体对社会、集体和他人的态度，如是热爱集体还是漠不关心、是为人诚实还是虚伪狡诈、是富于同情心还是冷酷无情等；二是个体对劳动、工作和学习的态度，如是勤劳积极还是懒惰消极、是认真仔细还是马虎粗心等；三是对自己的态度，如是自信还

是自卑、是大方还是羞怯等。个体对现实态度的性格特征在高中阶段也逐步定型。

第二节　高中生心理问题的类别及原因

一、高中生心理问题的类别

关于青少年学生心理行为问题的划分标准，国内外学者有不同的划分方法。常见的划分方法有：

1. 二分法

早在 19 世纪 20 年代，美国心理学家威克曼就把问题行为分为扰乱性的（如不守纪律、不道德等）和心理性的（如退缩、抑郁等）。以后，许多心理学家的研究都基本认同威克曼的观点，把行为问题分为两大类。我国学者孙煜明等根据中小学生行为表现的主要倾向，也把问题行为分为两大类：一类是外向型的，即攻击型的行为，这种行为主要表现为活动过度、行为粗暴、上课不专心、不遵守纪律、无法与同学友好相处，严重者甚至逃学、说谎、欺骗、偷窃、斗殴等；另一类是内向型的行为，即退缩型的。第二类细分起来还有两种不同的表现形式：一种是沉默寡言、胆怯退缩、孤僻离群，难以适应新环境；另一种却是性格温顺，但神经过敏、烦躁不安、过度焦虑、易受刺激，白天稍有不如意，晚上就做噩梦、说梦话、失眠等。

2. 三分法

美国心理学家奎伊认为，除威克曼将问题行为类型分为扰乱性的和心理性的两大类外，还存在青年早期表现出来的在情绪上和社交上的不成熟，如活动过度、低级趣味、缺乏信心、注意力不集中等，这可以作为问题行为的第三类。我国学者魏庆安从认知、品德、个性发展三个角度把青少年问题行为分为三个方面：智慧能力和认知能力发展方面的问题；品德发展方面的问题；个性发展方面的问题。台湾学

者杨国枢则把中学生的问题行为分为违规记过行为、心理困扰行为和
学习困扰行为三大类。

3. 四分法

我国学者左其沛等根据问题行为产生的内部动因、外部情境、心
理状况、个性特点、行为方式及其特点、行为后果、自我评价及体验
性质程度 7 项指标，把问题行为分为过失型、攻击型、压抑型和品德
不良型四类。后来，左其沛又把问题行为概括为三类：第一类是过失
型，指由于学生身心发展不成熟或行为不当造成危害的类型，如因鲁
莽、好动、好奇而损坏公物，为伸张正义而斗殴等。第二类是攻击
型，指对环境刺激采取争斗的反应倾向而造成危害的类型，如争吵、
反抗权威等。第三类是退缩型，指对环境刺激采取被动退让反应倾向
而有碍任务完成和身心健康的类型，如逃课、害羞、掩饰错误等。

4. 五分法

日本心理学家古泽赖雄把问题行为分为五种类型：①神经性行
为，主要由心理原因引起，如咬指甲、习惯性抽筋、习惯性痉挛等；
②人格问题上的行为，由不良性格特征引起，如反抗、粗暴、说谎
等；③智力活动上的行为，如智力不能适应学习、学习成绩不良、逃
学等；④精神病行为，由精神病引起的异常行为；⑤社会性行为，如
不良品质和犯罪行为等。我国学者彭驾骅也把青少年学生反社会行为
分为五类：攻击性行为、不诚实行为、冲动性行为、违规行为和逃学
离家行为。

以上分类大多从教育与发展心理的角度来进行划分，主要关注学
生的问题行为。但如果从临床的角度来划分，则更多关注学生的心理
疾病和障碍。如根据个体的心理异常症状，我国神经精神科学学会将
人群中的精神疾病分为十大类：①脑器质性精神障碍；②躯体疾患伴
发的精神障碍；③精神分裂症；④情感性精神病；⑤反应性精神病；
⑥其他精神病；⑦神经官能症；⑧人格障碍；⑨精神发育不全；⑩儿
童和少年期心理异常。在高中生中，以上心理障碍或精神疾病也时有
发生。

二、判别学生心理问题或心理健康的依据

要判断一个人的心理是否正常，并不是一件容易的事。因为正常和异常之间没有绝对的标准。临床心理学上，对心理和行为是否异常的判别一般依据以下标准：

1. 以经验作为标准

所谓经验的标准有两种含义：其一是指个体自己的主观经验，如果他们感到忧郁、不愉快或自己不能控制某些行为时，就会去寻找医生的帮助。这种判别标准在许多心理障碍者身上常有应用，但也有某些有心理疾病的患者则由于坚决否认自己"不正常"而正好作为判别其行为异常的依据。其二是指医生或心理咨询师根据自身的临床经验来判别正常和异常。这种标准应用普遍，但常因人而异，主观性较大。

2. 社会常模和社会适应的标准

这种标准以社会常模为体（组织），以社会适应为用（行为准则），也就是说在社会常模的基础上来衡量行为顺应是否完善。人总是在特定的社会环境中生活，在一般情况下，人的行为总是与环境协调一致的。人依照社会生活的要求来适应环境和改造环境，因此，他的行为是符合社会准则，根据社会要求和道德规范行事的。这里正常或异常首先是与社会常态的比较而言的，因此，也可以说这一标准是根据人行为的社会意义及个人完善的顺应为出发点。当然，人的社会适应行为和能力是受时间、地点、习俗和文化等条件影响的，因而这一标准也并非一成不变，以此来进行判别也会有差异性。

3. 病因与症状存在与否的标准

有些异常心理现象或致病因素在常态人身上是一定不存在的。若在某些人身上发现这些致病因素或疾病的症状，则被判别为异常。例如麻痹性痴呆、药物中毒性心理障碍等不是人人都有的，那么确定有无梅毒螺旋体或某些药物的存在就可以作为判别是否异常的依据。此时，物理化学检查、心理生理测验等将发挥重要的作用。这一标准比

较客观，但应用的范围比较狭窄，因为不少心理障碍并没有明显可查的生物学病因，而且心理异常现象常常是多种因素导致的心身机能的障碍。

4. 统计学标准

这一标准来源于对正常心理特征的心理测量，是以全体人群中具有这种特征的人数的分配为依据。在取大样统计中，一般心理特征的人数频率多为常态分布，居中间的大多数人为正常，居两端者为异常。因此，确定一个人的行为为正常或异常就是以其心理特征是否偏离平均值为依据。这就是说，许多异常心理现象在常人身上多少也有表现，但不像病人身上那样强。这里，异常是相对而言的，其程度要根据其与全体的平均差异来确定。这种判别标准也是较为客观的，并可以在不少情况下采用。当然，有些行为的分布不一定是常态曲线，所以此标准也有一定的局限性。

如上所述，在心理异常的划分上，实难找出一个十全十美的、客观而又一致的标准。上列种种标准中，几乎没有一个能在单独使用时完全解决问题。但这并不是说心理活动的正常和异常就无法鉴别了。事实上，在患严重精神病时，所有的标准都是适用的。但在临界状态（边缘状态）时，则任何一种标准都难以单独判定。心理行为从正常范围过渡到异常范围会有许多细微的变化，而到了一定的阶段是会有突变的。这必须通过量与质的辩证关系的分析才能正确解决。

至于心理健康的判别，则主要依据心理健康的标准来判定。那么，心理健康究竟包含哪些特征呢？美国学者坎布斯认为心理健康、人格健全的人应有四种特质：

1. 积极的自我观念

能悦纳自己，也能为他人所悦纳；能体验到自己存在的价值，能面对并处理好日常生活中遇到的各种挑战。虽然有时感觉不顺意，也并非总为他人所喜爱，但是，肯定的、积极的自我观念总是占优势。

2. 恰当地认同他人

能认可别人的存在和重要性，能认同他人又不依赖或强求他人，

能体验到自己在许多方面与大家是相通的、相同的；能与别人分享爱与恨、乐与忧，以及对未来美好的憧憬，并且不会因此而失去自我。

3. 面对和接受现实

能面对和接受现实，即使现实不符合自己的希望与信念，也能设身处地、实事求是地面对和接受现实的考验；能多方寻求信息，倾听不同意见，把握事实真相，相信自己的力量，随时接受挑战。

4. 主观经验丰富，可供取用

能对自己及周围的事物环境有较清楚的知觉，不会迷惑和彷徨。在自己的主观经验世界里，储存着各种可用的信息、知识和技能，并能随时提取使用，以解决所遇到的问题，从而提高自己行为的效率。

此外，著名心理学家马斯洛和密特尔曼也曾提出人的心理是否健康的十条标准：

①是否有充分的安全感。

②是否对自己有充分的了解，并能恰当地评价自己的能力。

③自己的生活理想和目标能否切合实际。

④能否与周围环境保持良好的接触。

⑤能否保持自身人格的完整与和谐。

⑥是否具备在经验中学习的能力。

⑦能否保持适当和良好的人际关系。

⑧能否适度地表达和控制自己的情绪。

⑨能否在集体容许的前提下，有限度地发挥自己的个性。

⑩能否在社会规范的范围内，适度地满足个人的基本需求。

这里要强调的是：心理健康是个动态的平衡。心理健康的人并不意味着完全没有不健康的心理和行为。判断一个人的心理健康状况，不能简单地根据一时一事下结论。心理健康是较长一段时间内持续的心理状态，一个人偶尔出现一些不健康的心理和行为，并非意味着其心理一定不健康。但不健康的心理和行为要持续多久才是心理不健康，要根据具体情况而定。

三、高中生心理问题的成因分析

青少年学生心理问题的产生，其原因是多方面的。一般需要从家庭、学校、社会和自身等方面去分析。

1. 家庭因素

家庭是社会的细胞，家庭环境不良、父母教育方式不当、父母对孩子的期望值过高等，都会影响到孩子的心理健康。具体来说，不良的家庭影响主要有：

（1）不良家庭的类型。对社会不信任的家庭、为达到目的不惜冒险的家庭、只图眼前快乐的家庭、充满暴力的家庭、缺损的家庭等，都不利于孩子的健康成长。

（2）错误的家教方式。父母的知识、经验、受教育程度以及教养态度、教育方式等对子女的心理发育、人格发展甚至一生的心理健康都有极为重要的影响。一般来说，溺爱娇惯的教养方式，会造成孩子独立性差，性格胆小、退缩、依赖性强，或过分自我中心，好强任性；专制粗暴的教养方式，会使孩子对家庭冷淡、疏远、不满、抗拒，直至敌意、憎恨，形成粗暴、虚伪的性格；歧视虐待的教养方式，会让孩子养成怀疑、孤僻或憎恨、粗暴的性格；而忽视放松的教养方式，易使孩子形成懒惰、任性、不安的性格。

（3）紧张的亲子关系。青少年处于一个比较特殊的成长期，与父母的关系容易出现裂痕。他们常常感觉到父母不能理解他们的想法，而且他们的某些愿望和要求还常遭到父母的阻挠和干涉，由此造成他们与父母感情的疏远，和父母缺乏相应的沟通。从父母方面来看，很多家长也觉得正处于成长期的孩子再也不如以前听话了。他们渴望与孩子沟通，但缺乏沟通的技巧，常采用偷听电话、暗中跟踪等不恰当的方式来获得孩子的成长信息，结果适得其反，造成亲子沟通的紧张。虽然也有的家长和孩子有一定的交流，但仅仅停留在对孩子身体成长和学业上，缺乏深层次的心理交流。

紧张的亲子关系不仅给孩子带来过大的心理压力和精神负担，而

且还会令孩子因为心理需要得不到正常满足而产生负性情绪体验，如沮丧、压抑、愤怒、绝望等。这些消极的情绪如果长期得不到排解，就可能引起心理障碍、行为问题或各类心理疾病。

2. 学校因素

学校是学生获得知识、习得经验、进行交往的主要场所，因此学校教育在青少年学生的心理发展中起着主导作用。然而，青少年问题行为的形成也和学校教育的不当密切相关。一般来说，主要原因有：

（1）教师教育不得法。教师专制、处理问题简单粗暴，或对学生不公平、忽视学生，或要求过高、过严、过急，或放任自流等不良的教育态度，都会影响学生的情绪和行为表现。另外，教师本身的心理健康，也直接或间接地影响学生的心理健康。有的老师性格不好，情绪控制能力差，一遇到问题就急躁粗暴、乱发脾气，学生的一些心理问题也正是因为教师的脾气激发而形成的。

（2）学业压力过重。青少年学生在整个中学阶段都充满了各种压力：学习压力、考试压力、情绪情感压力、人际交往压力、升学压力、就业压力等。这些压力既可以成为动力，也可以成为阻力。关键在于压力适度与否。如果压力过大，则可能导致心理和行为问题。目前，我们的学生，尤其是高中生，面临很大的升学压力，如果学生不能恰当地应对，则会出现明显的心理问题。

3. 社会环境因素

任何人的心理成长都离不开特定的社会生活条件，社会环境对人的心理和行为的发展起着非常重要的作用。当前，我国社会正处在转型时期，由于社会经济结构、经济运作方式的改变，人们的思想、观念发生了巨大变化，同时社会竞争加剧，贫富差距拉大，社会变革频繁，社会对人才要求的提高，各种压力增大，不稳定因素增加（如升学失败、竞争上岗、淘汰下岗、情感挫折等），都会使得人们的精神压力过大，产生焦虑心理、挫折情绪体验。这些社会因素都会潜移默化地影响着青少年学生，可能导致其情绪的浮躁、不稳定。

4. 个人因素

个人因素是内因，一切外因均需要通过内因来起作用。影响学生心理健康的个人因素主要包括：

（1）早期创伤经验。心理学研究表明，早期家庭环境和个人经历对孩子一生都有重要影响。如果一个人从小没有得到父母足够的关爱，或生活在不完整的家庭中，会有强烈的不安全感，这种不安全感可能会影响其一生，使其容易经常处于焦虑状态；或者如果一个人在童年时期遭遇到重大的打击或创伤性体验，如被遗弃或被强暴，无疑它会留下深刻的烙印，影响其心理和行为。

（2）应付方式不当。应付方式是指个体遇到挫折或不如意的时候，采取怎样的方式、方法去应对。积极的应付方式如找人倾诉、适当的合理化、情感的升华等，有利于心理健康；而消极的应付方式，如退避、幻想、压抑、抽烟酗酒、吸毒等，则不利于心理健康。

（3）承受挫折能力低。能承受挫折的打击而保持身心平衡、人格完整与行为正常，是一个人适应力强和心理健康的标志。一个心理健康、容忍力强的人，应该认识到现实生活中挫折是客观存在的正常现象，不必逃避也无法逃避，应该勇敢地面对现实，经受失败和挫折的考验，采取切实可行的方法加以克服。个体受挫折后的积极的反应包括继续努力以达到目标、调整目标降低期望值、改变目标以代替或补偿等；消极的反应包括攻击性行为、退化行为、退缩行为、固执行为等。个体受挫折后的反应常会成为引发学生心理和行为问题的直接原因。

第三节　高中生心理问题的疏导原则与方法

一、什么是心理疏导

心理疏导，即心理辅导。关于心理辅导的定义，不同的学者有不同的界定。

美国著名心理学家罗杰斯认为：心理辅导是一个过程，在这个过程中，辅导员与来访者之间的关系能给予后者一种安全感，使其可以从容地开放自己，甚至可以正视自己过去曾否定的经验，然后把那些经验融合于已经转变了的自己，作出统合。

香港林孟平教授对心理辅导的定义是：辅导是一个过程，在这过程中，一位受过专业训练的辅导员，致力于与来访者建立具有治疗功能的关系，来协助对方认识自己、接纳自己，进而欣赏自己，使对方可以克服成长中的障碍，充分发挥个人的潜能，使人生有丰富的发展，迈向自我实现。

北京大学钱铭怡教授认为：心理辅导是通过人际关系，应用心理学的方法和技术，帮助来访者自强自立的过程。

概括以上观点，可以看出心理辅导具有这样几个特征：①心理辅导是通过特定的人际关系来进行的，这种人际关系具有治疗的功能；②辅导人员必须是经过专业训练的，具有丰富的心理学知识和技能；③辅导不是教导，而是协助，协助对方的自强自立；④辅导是个历程，是一系列朝向目标的行动和步骤，而这个目标就是帮助来访者解除各种心理的困扰，促进其自我了解、自我接纳和自我的健康成长。

学校心理辅导，则是指学校情境中的心理辅导，它所针对的个体是处在发展阶段中的青少年。台湾冯观富教授认为，在教育体系中，心理辅导既是一种思想，也是一种情操，还是一种行动（服务）。学校辅导人员根据青少年身心发展的需要，配合社会环境的要求，运用科学的方法、有计划的步骤、最有效的活动方式、最热诚的态度，积极地帮助、促进学生了解自我、发掘兴趣，进而解决问题，以在学习上、工作上以及生活适应上，获得最理想、最完美的自我选择与适应，达到自我实现。

二、学校心理辅导的形式和内容

学校心理辅导的形式，主要包括个别辅导和团体辅导。所谓个别辅导，是指一位辅导员对单个来访学生进行面对面的咨询辅导的形

式。由于这种辅导过程没有他人在旁，辅导对象一般顾虑较少，可以无保留地表达自己的真实思想，倾吐内心的秘密，所以它是心理辅导中最常用的类型。而团体辅导，则是将具有同类问题的学生组成小组或较大的团体，进行共同商讨、指导或矫治的形式。与个别辅导相比，团体辅导有许多优点：首先，团体辅导是一种多向性的交流，小组成员看到其他人也有着与自己类似的痛苦，有助于提高自我认识，安定情绪，并进而相互支持、相互影响；其次，团体辅导效率高，能够集中解决一些共同的问题；再次，团体辅导对于帮助那些具有害羞、孤独人际交往障碍者，有其特殊的功效。但是，团体辅导也有其局限，主要是个人深层的问题不易暴露，个体差异也难以顾及。另外，团体辅导要求辅导员要有较高的组织技巧和灵活机智的处变能力。

根据心理辅导目标的不同，还可将学校心理辅导划分为三种功能的辅导：一是治疗性的辅导，二是预防性的辅导，三是发展性的辅导。三种不同功能的辅导在对象、目标和方法手段上都有所不同。

治疗性的辅导：重点为学生的问题，诊断、治疗皆以该问题为中心；辅导对象仅限于少数有问题的学生；经常使用测验或其他测量工具，并注重测验结果的解释、运用；大部分偏重个别咨询式的辅导；与教师讨论该学生的问题；注重与家长的联系，以求解决学生的问题。

预防性辅导：仍以问题为重心，但辅导工作在问题发生之前或正在发展之际进行，目的在于防止问题的发生或扩大；仍注重对学生的诊断与治疗，但为预防性质；预防对象较治疗性辅导更广，以求遍及全体学生，但实际上因工作人员的时间、精力之限制，仍以少数有问题倾向的学生为主；仍以个别咨询式的辅导为主，但亦运用团体辅导形式；与教师之间的讨论扩展到咨询范围；保持与家长的联系，为预防措施之一。

发展性辅导：以全体学生的发展为辅导重心，目的在于协助整个学校之教育措施，提供最佳的学习情境，以利于学生整体的发展；学

生问题不属于辅导重点，但如必要时，亦可协同学校其他人员，进行个别或团体式的辅导；与教师保持密切联系，特别注重以发展的观点，对教学方法、教材教具等提供积极性的建议，以作为教师的参考；与家长的关系亦着眼于如何共同建立良好的学习环境、如何协助学生发展等。

三种功能的心理辅导，体现着学校心理辅导的不同对象和侧重点。但就其内容来说，无论哪种功能的辅导都包含着这样几方面的内容：生活辅导、学习辅导、生涯辅导及心理健康辅导等。

生活辅导：所谓生活辅导，即辅导人员协助学生从家庭、学校及社会等生活中，获致良好适应的历程。学生所生活的家庭、学校及社会，有其共同约定的生活习俗与规范，亦有其认同的生活意识形态，必须遵从才能为其他成员所接纳，如其违背生活团体的共同模式，则可能被视为"异类"或适应不良。协助学生遵从生活习俗与规范，以增进其适应各种生活情境的能力，即为生活辅导。

学习辅导：所谓学习辅导，即辅导人员协助学生发展潜能，增强学习的效果，以达到自我实现的历程。学生从事各种学习活动，常因学习材料、方法、过程、动机、兴趣、智能、性向等因素形成不同的学习效果。对于较高成就的，设法协助其获致更高的成就；对于较低成就的，亦应利用各种适当的方式协助解决其学习上的困扰因素，提高学习的效果。这种协助从事有效的学习活动，以增强学习的效果，即为学习辅导。

生涯辅导：生涯辅导的概念源自职业辅导，最初意在协助个人作职业的选择。但随着时代的发展，狭义的职业辅导已不足以适应个人的整体生活与现代社会的要求，生涯辅导一词乃应时而兴。所谓生涯辅导，是指一套有系统的辅导计划，在辅导人员协助下，引导个人探究、统合并运用与下述内涵有关的知识、经验及价值评估结果：①自我了解；②工作时间及有关的影响因素；③休闲时间与活动时个人生活的影响与重要性；④生涯计划中必须考虑的各种因素；⑤在工作与休闲中达成自我实现必须具备的条件。

心理健康辅导：所谓心理健康辅导，即辅导人员协助学生了解自己的情绪，了解自己情绪背后的认知模式，懂得以恰当的方式调节自己的情绪，预防心理障碍的发生。青少年学生处于情绪不稳定的阶段，他们在自己的学习和人际交往中，容易被各种挫折或不如意的事情所影响，出现消极情绪。特别是青春期的学生，性生理的成熟和性心理的发展，可能带给他们许多困扰，处理不好则可能造成心理疾患。另外，青少年学生处在个性发展的重要时期，怎样发展良好的个性、树立正确的自我意识，也是辅导工作的重要内容。总之，这种以促进学生健康情绪和健全人格为目的的辅导，即为心理健康辅导。

三、对高中生进行心理疏导的原则

心理辅导作为一种特殊的助人形式，它所遵循的原则和要求是有其独特性的。了解辅导的原则，就能更好地理解心理辅导的重要性，把握辅导的方向。国内学者张小乔就个别心理辅导提出了五个原则：理解支持的原则、保密性原则、耐心倾听与细致询问原则、疏导抚慰和启发教育原则、促进成长的非指示性原则。我们认为这五个原则同样适合于学校心理辅导工作，现将这五个原则具体阐述如下：

1. 理解支持的原则

来找心理辅导员的人，一般都意识到自己在情绪和行为上存在某些问题和困扰，想要通过辅导员的帮助而得以解决，因此他们对辅导人员抱有很大的希望。同时，他们也会存在某些担忧和疑虑，担心辅导人员不能诚恳相待，不能理解他们的苦衷，不能给他们强有力的支持。因此，在心理辅导过程中，理解支持的原则是非常重要的。具体来说，对来访者的理解支持体现在这样几点上：

（1）辅导人员热情自然的态度。辅导人员热情而自然的态度，有助于来访者的情绪安定，有利于形成和谐的交谈气氛并建立相互信任的人际关系。这里的关键在于辅导员是怎样理解心理障碍的，如果他视有心理问题的人都是不可理喻的，甚至是可怕的，那么他的态度和表情就难以自然。这样，不仅会加重来访者的紧张情绪，也会令来

访者对自己的心理问题感到难堪，进而更加不接受自己。当然，如果辅导员能正确理解心理困扰者，但并无真正帮助之心，而是迫于工作需要加以应付，那么他的热情也是难以真诚的。所以，作为心理辅导员，必须要有一颗乐于助人的心。

（2）辅导人员的理解和关心。通常，来访者的心理问题是各种各样的。有时，有的来访者的问题在常人看来确实是一种不可理解的怪癖，有的甚至是让人反感和厌恶的，但辅导人员对此应有正确的理解。例如，偷窃癖、性变态等行为就比较难以让人理解和原谅。作为心理辅导员应试着去理解这些症状背后的原因和症结，而不是一味地批评。理解的关键在于，着眼点不是放在"他的行为是否正确"方面，而是要放在"他为什么要这样做"方面，这样才能更好地理解对方。

（3）辅导人员的支持和保证。一个人在心绪不宁或精神上感到痛苦的时候，最需要别人的支持与安慰，有时几句温暖人心的话，一些关心的表示，都可以使一个情绪快要崩溃的人重新振作起来。所以，辅导人员应认识到这一点并对来访者给予及时的支持。当然，对来访者的支持要注意实际性和技巧性，不要说一些空洞的安慰话，比如说一些"你会没事的，放心吧"的话，这不能真正让对方感到安慰。对来访者的有效支持主要包括专心的倾听、理解性的同感、情感的反应和适当的保证等。

2. 保密性原则

保密性原则是心理辅导中最重要的原则，它是鼓励来访者畅所欲言的心理基础，同时也是对来访者人格及隐私权的最大尊重。通常，来访者到心理辅导室寻求帮助时，是不愿意让别人知道的，尤其是如果当事人还有一些不能让人知道的秘密，比如是一个曾经被性侵犯的受害者或曾有不轨行为的人，他们会有很大的心理压力。只有在他们确信辅导员会对他们的谈话内容保密时，也即建立了相互信任的咨访关系后，才可能谈出自己未向任何人泄露过的内心隐秘，这时也才是真正解决其心理困扰的开始。所以，保密性是辅导员必须严格遵守的

原则。

一般而言，保密性体现在不得随意向他人讲述来访者的情况，不得将来访者的资料任意公开等。对来访者的咨询档案，也应设立健全的储存系统来确保资料的保密性。通常，只有在下列两种情况下可以突破不公开当事人身份的原则：一是有明显自杀意图者，应与有关人士联系，尽可能加以挽救；二是存在伤害性人格障碍或精神病患者，为免于使别人受到伤害，也应做一些预防工作。

3. 耐心倾听和细致询问的原则

心理辅导不是心理学讲座，辅导的过程绝不是由辅导员向来访者讲述心理学知识，而是启发来访者自己讲述问题。所以，倾听是心理辅导中的重要步骤，只有认真倾听才能了解对方存在的心理问题，才能正确判别和评估。具体来说，心理辅导员在倾听时要注意以下几点：

（1）倾听要耐心，尽量不要打断对方的谈话。通常，来辅导室寻求帮助的当事人，其问题千头万绪，一言难尽。他们自己受困扰于自己编织的心理网中，对自己的问题不能清晰地认识，所以来访者的谈话有时是杂乱无章的，有时很啰唆。这就要求辅导员要耐心，尽量从对方的杂乱谈话中找到关键线索，并帮助其理清头绪。如果来访者的谈话拖的时间不太长，则尽量不要打断他的倾诉，这既是对来访者的尊重，也是让对方有机会尽情宣泄。

（2）倾听要专注，及时给予鼓励。辅导员在倾听过程中要集中注意力，专心倾听。如果辅导员东张西望，或思想开小差，不仅不礼貌，更可能漏掉一些重要的信息，影响资料的收集和咨询效果。此外，在倾听过程中，辅导员也要有适当的应答行为，如首肯、简要地重复或适当的简语插话等，以表明自己的理解和专注，并鼓励对方继续讲述。

（3）不要过早进行判断和评估。在比较全面地了解当事人的情况之前，辅导员不要轻易地作出判断和评估。这是因为太早的判断，可能会导致判断的失误，还会中断或误导对方的讲述，影响资料搜集

的深度和准确性。

（4）在倾听时注意对重要线索的细致询问。在来访者的倾诉过程中或告一段落的时候，辅导员可以就一些不明确的问题进行提问。注意在提问时要具体化，细致有线索性。细心询问是为了澄清问题，而澄清问题只是为了把握来访者心理问题的实质。只有把握了来访者问题的实质，才能更好地帮助来访者理清问题的头绪，进行有的放矢的支持和帮助，做到对症下药。

4. 疏导抚慰和启发教育的原则

在心理辅导过程中要对来访者进行情绪疏导和适当的抚慰与鼓励，因为来访的人多是有心理负担、情绪低落的人，他们需要理解、支持与安慰。同时，来访者的心理困扰大多与他们看待问题不恰当或不合理有关，因此辅导中还需要对其进行启发教育，在认识上给予他们帮助。具体来说，对来访者的疏导抚慰和启发教育包括：

（1）心理辅导员应尽力给予热情的关怀和支持。俗语说："良言一句三冬暖"，对于来访者来说，他们常认为自己是最孤独、最不幸的，他们对自己的困扰与痛苦感到烦恼与无助。因此，心理辅导员要通过自己热情的态度和温暖的言语使有心理重负的人感到关怀与力量，以减轻他们的孤独感和无助感。

（2）辅导员要帮助来访者适当宣泄情绪。来访者的情绪一般都很焦虑、忧郁或不满。这些不良情绪不仅困扰着他们，影响他们的心理健康，也妨碍了他们对自己问题的分析与认识。因此，辅导员需要通过关心、抚慰、倾听与鼓励等帮助当事人宣泄情绪。有的心理辅导室还专门有情绪宣泄室，让来访者在宣泄室通过打沙袋、打橡皮人，或在宣泄室中尽情吼叫与哭泣来宣泄自己的不满或怨恨情绪。

（3）帮助来访者树立自我改变的自信心。许多来访者在求助之前，都对自己的心理问题进行过不断的自我调节，或也寻求过一些他人的帮助，但都失败了。因此，他们对自己的问题能否改善信心不足。为此，辅导人员要善于发现来访者心态中的积极因素，及时给予肯定，使他们看到自己在克服障碍、增强适应能力中的有利因素。同

时，辅导员也要积极帮助来访者解除心中的郁闷，帮助他们理清思绪，找到问题症结之所在并帮助其寻求解决问题的对策。

（4）重视正面的启发教育，帮助来访者改变看待问题的角度。来访者的问题虽然是多方面的，但较多的是人际关系问题以及青春期心理、生理等方面产生的问题。无论是一时的挫折还是长期的不安，都可能造成来访者的消极厌世心态或与周围环境的对立情绪。他们中有的人埋怨别人多，检查自己少，要求别人善待自己，而不考虑如何善待别人；还有一些人持有不正确的人生观、价值观和婚恋观。对于这些情况，心理辅导员应注意正面的引导。在认真耐心听取他们倾诉内心烦恼的基础上，与他们共同分析问题，帮助他们调整看问题的角度和方法，学会正确对待自己和他人，从而建立新的认知结构，提高适应能力。

5. 促进成长的非指示性原则

心理辅导中的非指示性原则是美国人本主义心理学家罗杰斯提出的，他认为心理辅导应以双方的真诚关系为基础，这种关系不是一种灌输的关系，而是一种启发或促进内部成长的关系。因为人有理解自己、不断趋向成熟、产生积极的建设性变化的巨大潜能，因而心理辅导的任务在于启发和鼓励这种潜能的发挥并促进其成熟或成长，而不是包办代替地进行解释和指导。心理辅导的过程中，在弄清来访者存在的问题进而寻求解决问题方法的时候，辅导员不应主观地指示来访者一定要怎样做或一定不要怎样做，而是与来访者共同分析、讨论，设想有助于问题解决的各种方案以及不同方案可能导致的不同后果，但究竟采取哪一种方案去解决问题，则应由来访者自己进行选择，辅导人员不能代替。

当然，心理辅导的非指示性原则在具体到咨询的对象时，可有程度上的差异。通常，大学生或成人，他们的领悟力比较强，在辅导员的同感和协助下，能够认识自己的问题并自我调节、自我改善。但对于中小学生，在进行心理辅导时，则可能因为他们的领悟力和知识经验的不足，对于辅导员的启发分析不能较好地理解，或者即使是理解

了，但对自己该如何改变，仍缺乏足够的信心、必要的知识经验与自我控制能力。尤其是在中国传统教育机制下，青少年比较习惯于听从老师的指导，老师布置什么，自己就做什么，自我的能动性相对不足。因此，机械地遵循非指示性原则，有时咨询的效果可能反而不好，学生可能会认为咨询师没有水平，提不出好的解决问题的方法和措施。所以，我们认为，对不同的对象，心理辅导的非指示性原则在程度上可以有所不同，但即使是有一些具体指示，其前提也是在来访者充分自我认识的基础上，通过自我的认知和行为调节来达到自我的改变。

以上是个别辅导需要遵循的原则。至于团体辅导，其原则与个别辅导的原则基本相同，也强调理解尊重性原则、发展性原则、启发教育性原则和保密性原则。不过，由于团体辅导针对的是比较多的个体，因此，还需要遵循共同性原则和综合性原则。即团体辅导中要注意各成员共同的志趣和共同的问题，使个体与团体相互关注，保持共同的信念、共同的利益和共同的目的；还要综合运用团体辅导的各种方法和技术，保证团体辅导获得满意的效果。

四、对高中生进行心理疏导的主要方法与技术

对学生进行心理疏导，首先需要与学生建立良好的关系，获得学生的信任。同时，要善于通过观察和反馈的技术来协助学生的自我了解，进而用心理学的方法和技术来影响对方，促进对方的自我改变。因此，心理疏导的技术主要包括以下三个方面：

（一）建立良好关系的技术

在个别辅导中，良好关系的建立是非常重要的，"良好的关系是辅导成功的一半"。辅导员第一次和来访者会面，就必须给予一种信任的感觉，使彼此能相互了解、信任和慰藉。通常，辅导员凭借着他的接纳、温暖的态度，对来访者表现出极大的关心，进而建立友好关系。

1. 初步建立关系

一般来说，当学生来心理室时，都会有些紧张。因此，辅导员可以和来访学生握手，亲切地呼其名字，加上热情问候和简单的寒暄，有利于减轻对方的紧张，留下深刻的印象。然后询问其来访的目的。询问时，要注意提问的技巧，尽量用开放性的语句提问。比如用含有"什么"、"为什么"、"怎么样"、"能……不能"等这样的句子来提问，能给予来访学生较大的回答空间，语气也要比较柔和。必要时，辅导员可以在会谈过程中将保密性原则、促进成长的非指示性原则自然地告诉学生。

另外，辅导室的环境布置要温馨和宁静，沙发要比较舒适，辅导员的坐姿要自然、放松，使来访者感到有安全感。一般而言，辅导员和来访者的座位不是面对面的，而是呈直角，两者的空间距离大约一臂之隔，这样既能听清来访者的讲话，又不至于使对方拘谨。

2. 深入关系的建立

辅导员主要透过真诚的关怀、专心地倾听和无条件的接纳态度，与来访者建立彼此信任的关系。

①真诚：真诚不是伪装的，而是来自于辅导员发自内心的对人的关怀。

②同感：专心地倾听，不仅包含着听懂来访者的讲话内容，更是要听懂来访者谈话中所包含的情绪和内心的矛盾冲突。这种深入的了解，就叫同感。

在辅导过程中，同感是非常重要的。试想，如果你对来访者没有设身处地地了解，不能充分地体察他的痛苦和困扰，来访者会信任你吗？而要做到同感的关键在于辅导员的立场，即辅导员能否暂时放下自己的参照标准，进入对方的内部框架系统，与来访者感同身受。另外，仔细地观察也是准确了解对方的重要技术。

③接纳：是对来访者的宽容和积极关怀。美国著名人本主义心理学家罗杰斯认为，要建立良好的辅导关系，无条件地接纳是很重要的。他认为，一个有爱心的辅导员必须相信：来访者是愿意改变和完

善自我的，即使他目前有许多问题，但是作为一个人，哪怕是孩子，也是有自尊的，需要积极的关怀和接纳。只有接纳对方，而不是批评，才能让来访者感到安全，愿意倾诉。

接纳技术是通过简单的句子如"嗯"，或重复对方谈话，或非言语的表情，来表示对来访者谈话的接纳和鼓励，意味着来访者可以就原主题继续下去。简单的接纳技术可包含三个因素：

①专注的面部表情及点头。

②声调及音调的变化，可以告诉来访者辅导员是在接纳他。

③与来访者的距离和姿势，能拉近彼此的距离，使接纳技术实施起来更为有效。

当然，接纳更体现在对来访者谈话内容的非批评的态度和言语上。辅导员在辅导中要尽量去理解当事人的情绪和感受，对于其中的一些不当的做法和错误的观念，应暂时接纳。只有辅导员无条件地接纳，来访者才会有安全感，才能将内心想说的一切和盘托出，而辅导员就可对来访者做更深入的了解。

（二）观察和反映的技术

1. 观察

在辅导过程中，辅导员要留神观察一些非言语的行为讯号，以了解当事人是否有神经质、羞愧、犹豫或紧张情绪，如不安地东张西望、眼皮频频跳动、脸上肌肉痉挛、频频搓手、手心冒汗、脸红、眼内含泪、口吃、眼神不敢正视对方、发抖、咬指甲、吮手指等，这些行为符号很可能具有特殊意义。

一般来说，非言语行为包括面部表情、躯体行为，如姿势、身体运动和动作，与声音有关的各种特征和能够观察到的生理反应等。辅导员在会谈中，需要对这些非言语行为进行仔细观察和理解。

①面部表情。人的面部肌肉和皮肤是富于活动性的，当情绪、情感发生时，总要伴随着一定表情和动作。如眼睛可以传神，笑眯眯的半闭状是含情的表现；双眼大张发愣是惊讶的表情；愤怒则是目瞪欲

裂；眼神温柔是深情的表现。眉毛也可表现情绪状态，展眉欢欣、皱眉忧愁、扬眉得意、横眉冷对、竖眉愤怒、低眉慈悲。此外，如耸鼻显轻视、恐惧而屏息、愤怒生气则鼻孔大张。悲哀时口角下垂，欢笑时嘴角向上，张口露齿，面部肌肉由长变横；生气时嘴唇掀起，愤怒时咬牙切齿，羞愧时面红耳赤等都能表达当事人的一定情绪。

②身体动作所传递的信息。除面部表情外，人的全身动作也表现和传递着感情。以头部活动为例，点头表示同意，摇头表示反对，低头表示屈服，垂头表示丧气。从身体动作来看，生气发怒时身体挺起，紧攥拳头，全身发抖；高兴时手舞足蹈，动作轻快；悲哀时动作缓慢，步履艰难；沮丧时全身松弛，有气无力。像"趾高气扬"、"垂头丧气"、"抱头鼠窜"、"呆若木鸡"、"形同枯槁"、"神采飞扬"等成语都是形容感情产生时身体动作的表现。

身体动作，又包括手势和身体的姿势。手势除了具有说明、强调、解释或指出某一主题、插入谈话的作用以外，还与身体姿势一起表达人的各种情绪。比如，一个情绪抑郁的人除了目光暗淡、双眉紧皱之外，他可能双肩微驼，双手持续地做某个单调的动作，身体移动速度相对较慢，似乎要经过很大的努力才行；而一个焦急的人，常会无休止地快速地运动手足，坐立不安，双手也可能在不断颤抖；一个行为退缩的人会始终将他自己的双手处于与身体紧密接触的部位，头部下垂；紧张或烦躁不安的人，往往会身体坐不稳，膝盖或脚尖有节奏地抖动，手指不停地转动手里的东西，摆弄衣服，乱摸头发等。这些身体动作都有意无意地传达了当事人的情绪反应和内心活动信息。

③声音特征。声音的特征包括音质、音量、音调和言语节奏的变化等。声音被看作非语言传播，可以表现人的感情状态。比如，气愤时可能提高嗓门，加快讲话速度，更清晰地发音吐字，也可能更直截了当地用沉默来表达。在气头上和高兴时说出的话可以完全相同，但语调不同，其意义也不一样。比如"我恨你"，这话可以让人听来是愤怒的、玩笑的或冷酷的。人们常用一个词来代表存在于我们的语言背后的东西或言外之意——这就是副语言。

在会谈过程中，辅导员要生出"第三只耳朵"，注意辨明当事人的声音特征的表现和变化。在上述几种声音成分中，人的声音大小的变化所反映的情绪特征往往可以通过日常生活经验来确认，说话节奏的快慢可能反映了每个人的个性特征。而语调和语速的变化中包含更多的情绪变化，声音的提高表明了人们对所谈事物的看法和情绪；音调的降低也是这样，可能表明对方主观上意识到所谈的内容与人们一般看法不一致，或是说到了使之痛苦忧郁的部分。说话节奏的变快可能表明情绪的激昂与兴奋，而节奏变慢可能说明对方正在进行某种思考，或要说出某事在心理上尚有阻力。辅导员对于这些声音的具体分析既要结合谈话的内容，又要联系整个会谈的前因后果。非言语行为传递的信息有时并不能马上确认，但只要留心注意，其中的含意可以搞清。

总之，非言语行为通过面部表情、身体运动、声音变换和一些自发的生理反应，使言语信息如同书面语言加了标点符号那样，变得更加栩栩如生。它们的作用就像是逗号所表示的停顿，句号所表示的完结，感叹号所代表的惊叹，重点符号所表示的强调，令说话者的思想、情感、个性等较为充分地显示出来。因此，辅导员在观察人的非语言行为上一定要下工夫。

2. 情感反映

情感反映是指辅导员对来访者所表明的感情加以把握，并反映给对方的意思。通常，辅导过程中，来访者都有一些负性情绪和内心的冲突，辅导员需要敏锐的觉察，并及时给予反应。比如，学生说："同学们不喜欢我，现在我也不喜欢他们，为什么他们都这么恶劣，笑我穿的衣服。我家买不起像那些讨厌的家伙们穿的衣服，他们不用喜欢我，可是我希望他们不要再笑我。"辅导员需要给予情感反应："你觉得愤恨不平，觉得同学不应该取笑你穿的衣服。"这里，辅导老师透过"你觉得……"这样的句型，来反映当事人的情绪情感。当然情感的反映并不止于语言的反映，还应该包括非语言方面，譬如当来访者在谈话中很悲伤时，辅导员可以通过拥抱、握对方的手以及

递纸巾给对方等，来表达对其情感的关注。在辅导过程中，情感的反应是很重要的，有利于对方对自己情绪的觉察和了解，也体现着辅导过程中的人情味。

3. 沉默的处理

辅导过程中有时会出现沉默的现象，即当辅导员的回答传达给来访者时，来访者的回答可能有中断数十秒或数分钟之久的情形。这时，辅导员需要根据具体情况，来判断现在的沉默到底代表怎样的意义。

一般来说，由来访者引发的沉默主要有三种性质：一是创造性沉默，指来访者对自己刚刚说的话、刚刚产生的感受的一种内省反应；二是自发性沉默，往往源于不知道下面该说什么好；三是冲突性沉默，指可能由于害怕、愤怒或愧疚而引起的阻抗，也许是内心正经历着某种抉择。对沉默的处理方法主要有：

①初期避免沉默。辅导有了进展之后才伺机用之。

②沉默时间不宜太长。

③沉默时要表示耐心地等待，不可显现焦躁或不耐烦的样子。

④借沉默之际可以喝茶，以保持自然愉快的气氛。

4. 引导和澄清的技术

引导就是在倾听过程中，针对来访者的问题，给予具体化的、紧扣主要线索的询问。引导可以是直接的询问，比如学生说："那样的家，我真不想回去。"教师可以直接引导："为什么?"也可以间接地引导："你能不能说得更清楚一点，在你眼里，那是怎样的家，它怎样使得你不想回去?"

引导语的运用很重要，辅导过程中常用的引导语包括：

你觉得……你的意思是……

你似乎……我觉得你……

根据你的观点……可能你觉得……

根据你的经验……我不敢十分确定，你的意思是……

据你所知……我得到的印象是……

你想……我猜你是想……

你相信……这是你的意思（感觉）吗？

使用引导技术时，要注意以下几点：

（1）引导必须顺着来访者谈话的思路、针对来访者某些重要的讯息来引导，切忌随意打断来访者的谈话或随意转换来访者的话题，否则就是以辅导员为中心，而不是以来访者为中心了。

（2）引导的语句要清晰，能让来访者理解；引导的声音特征也很重要，尤其要注意恰当的语音语调。

（3）引导要酌情变化。在辅导员和来访者的关系没有确立前，应避免使用引导技术；当建立初步的信任关系后，使用间接引导比较好；只有在双方都比较了解、彼此信任的情况下，方可使用直接引导技术。

有时当事人处在强烈的困扰中，他的言谈与思考常常不够清楚明确，此时辅导员就需要采用澄清的技术，将当事人所说的或想说的零碎资料连接起来，或把当事人模糊的、隐含的，而且未能明确表达的想法与感觉说出来。澄清的目的可能是为当事人，亦可能是为辅导员自己，总之是使两人的沟通更顺利而深入。不过往往因为接触不够深入，辅导员可能亦无法明确了解令当事人困惑的原因，所以辅导员在做澄清时应使用弹性的语气，留给当事人肯定或否定的余地。

澄清与后面讲到的解释不同，辅导员在澄清时仍以来访者的参考架构为依据，并没有添加辅导员自己的想法或立场，而解释则加入了辅导员的思考。

（三）影响的技术

辅导过程除了需要良好的关系和较好的倾听、观察技巧之外，还需要辅导员更为积极主动地通过自己的专业理论知识和技术、个人的生活经验及对当事人特有的理解来影响对方，促进对方在认知、行为上的改变，进而获得心理的健康。常用的影响对方的技术包括有解释、指导、自我暴露、提供信息与忠告、影响性总

结等。

1. 解释

解释是指辅导员在充分理解当事人的基础上，以自己的观点来说明当事人所述事件的意义，让对方能从新的角度去了解自己的问题。解释是一种重要的影响技术，因为当事人来进行心理辅导时，往往是有自己解决不了的问题、困难和苦恼，之所以难以解决和应付，正是从他们自己的参照系出发所导致的。解释通过向当事人提供另一个参照体系，帮助他们在认知上得到改变，进而改变其不良的情绪和行为。

解释一般有两种。一种是来自各种不同的心理辅导与治疗的理论，另一种则是根据辅导者个人的经验、实践与观察得出的。在前一种解释中，辅导员可依据各种学派的理论对当事人的问题进行解释，或是心理分析理论的解释，或是行为主义学派的解释，或是认知学派的解释，或是人本主义思想的解释。究竟选择哪一种理论，取决于辅导员本身所相信的理论学派。也有的辅导员根据不同性质的问题，来选择比较能为当事人接受的理论给予解释。

无论是哪一种解释，在具体应用时辅导员都必须注意以下几点：

第一，解释必须在充分了解当事人问题的基础上进行。即辅导员要了解问题的重点，再以自己的语言摘要陈述，然后再加上自己的看法或解释。据此，解释的时间不宜过早，以免因为对当事人情况的不完全了解，而出现解释错误或不准确，影响当事人对辅导员的信任，使解释得不到应有的作用。

第二，深入浅出，简明扼要，避免冗长及过多使用专业术语。有的辅导员在进行解释时，不自觉地炫耀自己的专业水平，一会儿是"潜意识"，一会儿是"心理情结"，令当事人不明所以；或是在解释时啰啰唆唆，反反复复。这些情况都不利于当事人对辅导员解释的理解。

第三，解释尽量采取试探性的保留态度，以便当事人有思考、接受或拒绝的余地。辅导员可以采用"也许"、"可能"、"我想大概

是"等用语来进行解释，这样比较容易令当事人接纳。事实上，对辅导员的解释，当事人有时会持抗拒态度，尤其是出现下列情况时，解释更要谨慎：①当事人感到焦虑和紧张，这可能是解释与当事人的知识背景有出入，或解释不当所致。这时辅导员要暂时停顿，或以支持方法稳定其信心；②拒绝，可能因解释的不正确或当事人维护自尊而产生，这时辅导员要改变解释的角度；③漠不关心，当事人对辅导员的解释漠不关心，可能是解释不恰当，也可能是当事人正在想自己的问题。这时辅导员必须放慢解释的速度，甚至可以以暂时沉默态度来引起当事人的关注。

2. 指导

指导是指辅导员告诉来访者采取什么行动，包括直接让来访者做某些事或说某些话。指导被认为是最具有影响力的技巧，它应用各种心理学原理和技术帮助当事人改变自己。指导技巧繁多，这里仅介绍几种常用的指导技巧：言语的改变、角色扮演、训练、特殊的建议或指示等。

（1）指导言语的改变。此技巧的心理学原理是认知理论。该理论认为人的情绪和行为与其认知模式密切相关，如果当事人有不合理的思维模式，或绝对化、或极端化，则会导致其不良的情绪和行为。据此，通过改变当事人的言语（反映其思维活动），可以达到改变当事人不良情绪和行为的目的。如辅导员对当事人说："请把你说的'我应该怎样'改为'我希望怎样'；把'我干不了'改为'我可能干得了'。"

在辅导过程中，当事人最常见的绝对化语句是"我应该怎样"或"一定要怎样"，于是，辅导员就要帮助当事人将"应该"改为"希望"；把"一定"改为"争取"。曾有一位女高中生来心理辅导，她因为强迫性思维和行为而困扰。在辅导中，我们发现她之所以出现强迫症，关键在于她具有不合理思维。她认为，她应该是班上数一数二的学生，她一定要考上名牌大学。因此，她学习很刻苦，特别重视每一次考试的分数，经常担心自己在班级成绩排行表上的名次掉下

来，压力也很大。有一次考试，她发挥得不好，成绩不理想。为此当事人焦虑万分，非常担心自己达不到考上名牌大学的目标。于是，在过分焦急中她出现了强迫性思维，总是反复地想："人活着这么辛苦有什么意思，说不定哪一天地球就爆炸了。"在辅导中，辅导员要求当事人把"我应该在班上数一数二"改为"我希望自己在班上名列前茅"；"我一定要考上名牌大学"改为"我争取考上名牌大学"。这些不同语句，给当事人所带来的压力在程度上明显不同，前者是绝对化、没有退路、没有调和的余地、完全主观性的，没有考虑到客观因素或偶发因素的变化，后者则减轻了压力。

言语改变的指导除了在咨询过程中进行之外，也有通过布置作业的形式，让当事人在日常的生活、工作和学习中，随时发现言语中的绝对化、极端化思想，并及时改变自我用语，减轻压力，保持情绪的平静与稳定。

（2）角色扮演。角色扮演的心理学原理是社会模仿学习理论，其主要的技巧有下列几种：

空椅子技术：此技术仅需一人扮演，适合于当事人与他人交往发生困难的情况。两张椅子面对面摆放，当事人坐其中一张椅子，假装对面的空椅子就是那个使当事人发生交往困难的人。当事人先模拟彼此间曾有的对话，把它说出来，然后坐到对面椅子上去，以对方的立场说话。如此重复实施，往往会使当事人了解对方，站在对方的立场，理解别人。

角色互换：这技术操作与前者类似，不过参与的人有两个或者更多。两个人开始谈论，在适当的时候，辅导员介入，让两者互换椅子和角色。为使谈话能顺利进行下去，在互换前，要重复刚才说过的最后一句话。

角色代替：一旦角色扮演进入情景后，辅导员可能找另一来访者替换主要扮演者，以帮助他对自己的情境有更多的觉察，也让原来的扮演者有机会以旁观者的立场看看自己，更了解问题的症结。

多重技巧：把主角整个人分成过去的他、现在的他和未来的他三

部分。由三个不同的助理演员分别饰演三部分的他，等于是把当事人的生命史一幕幕地展现出来，令当事人对自己有一个完全的认识。

角色扮演可以减轻当事人的心理压力，帮助其学习各种与人交往或应付情景的技能，在团体辅导中也可以促进团体内感情的交流。辅导员在应用此技术时，应该注意角色扮演的内容要着重于"此时此地"，而不是局限于过去；所演出的内容紧扣当事人的问题所在，并要求当事人尽量投入角色中，自然真实；对角色扮演情境的设计也需要实际具体和可操作，并重视角色扮演的讨论与分析。同时，辅导员在使用角色扮演技术时，还应该以充分的同感去了解当事人所扮演角色的反应，并随时加以指导和调节。

（3）训练性指导。这种指导多以行为学习理论为依据，对当事人的各种行为训练提出具体的指导。辅导中常用的行为训练有放松训练、决断训练、生物反馈训练和系统脱敏训练等。在训练前和训练中，辅导员都会对当事人提出具体要求，指导他们做什么，不要做什么。下面以自体发生训练（以下简称自生训练）为例说明。

自生训练，简称 AT 法。此放松方法广泛用于各群体，帮助人们减轻焦虑和紧张，调节身心健康。辅导员在进行自生训练的指导时，首先要向受训者讲明此方法的作用和要求，对训练中可能出现的肌体反应给予说明。事实上有的人在进行放松训练时除具有头脑清醒、心情平和、全身舒适的感觉之外，有时还会有一种特殊的自我感觉，如感觉肢体有刺痛或震颤，并伴有不随意运动；或肢体有漂浮感、麻木感或跳动感等。这些现象被称为"释放现象"，是由受试者内环境稳态重新组合所引起的，是从交感神经控制向副交感神经控制的优势转化的一种表现。它具有调节人体身心功能和调整神经系统的作用，无需紧张。

然后，辅导员根据训练要求，通过语言的暗示有次序地帮助受试者放松。先平静而缓慢地呼吸，让受试者感到安静、放松；然后按照双脚—踝关节—膝关节—臀部—腹部—双手—手臂—双肩—下巴—额部—整个身体的顺序逐步放松，引导当事人体会肢体的沉重感和温暖

感；最后深吸一口气，慢慢睁开眼睛，感受全身从下至上的放松。整个过程一般持续 20 分钟。

每次放松训练后，辅导员还要和受训者讨论训练过程中的感受和心得，并分析训练中需要改善的地方。同时，布置家庭练习任务，让受试者坚持每天 2 次的练习。许多当事人不能坚持自我练习，所以效果不佳。因此，辅导员要与当事人订好合约，督促其坚持练习。一般来说，放松训练要坚持几个月以上才有比较明显的效果。

（4）特殊的建议或指示。指针对当事人的一些具体情况和要求，辅导员向其提供特别的建议或指示。如学生会有考试焦虑、学习方法的不恰当、人际关系不融洽、做事拖拉、不知如何处理示爱信等问题。这些问题的产生与当事人的行为方式不恰当或社会经验不足有关，因此辅导员可以提供帮助其处理这些问题的特别建议，比如改变对考试结果的认知、改进学习方法、改进与人交往的技巧、改变做事作风和提供处理问题的技巧等。特殊的建议或指示在我国的心理辅导工作中，尤其是学校心理辅导工作常常被采用。

3. 自我暴露

自我暴露的技术是指辅导员在必要的情况下适当地将自己的感觉、经验和行为与当事人分享，以增进当事人对自己问题的了解并获得自我改变的有益信息。

通常，自我暴露在咨询过程中，能产生下列作用：①辅导员自我表露的内容和当事人经验相似，可以增加当事人对辅导员心理上的认同，有助于双方沟通；②辅导员愿意将自己的私事或内心话表露出来，表示他信任当事人，这样自然也增加了当事人对辅导员的信任感；③一般而言，有困扰的当事人多倾向封闭自己，因此辅导员的自我暴露具有示范作用，让当事人学习更有效地开放自己；④经过辅导员的自我暴露之后，当事人不再只是倾诉者，同时也是一个倾听者。从辅导员的经验当中，当事人可以看到一些自己忽略的地方，有利于其思考和自我改变。

当然，自我暴露并非辅导员的随意暴露，在使用这个技术时，必

须把握下列原则：

（1）辅导员必须在认定自己的经验对当事人有所帮助的情况下才做自我暴露。自我暴露不是咨询的目的，而是一种促进当事人自我探讨、自我认识、自我改善的手段。

（2）辅导员自我暴露次数与量不宜太多，否则会使当事人怀疑辅导员的真诚性，或者加重当事人的心理负担。

（3）辅导员的自我暴露必须适可而止，避免长篇大论，反客为主。要知道，辅导的历程是以帮助当事人为前提的，不可让重点转移到辅导员的情感宣泄上。

4. 提供信息与忠告

这是指辅导员借为当事人提供建议、给予指导性信息，或为其提供具有指导意义的思想观点来帮助当事人的技术。通常，提供信息与忠告在职业心理咨询中最为重要，因为来访者进行咨询的目的就是为了获得有关方面的重要信息，并希望能借助辅导员丰富的资料和经验来帮助自己作出抉择。

辅导员在提供信息与忠告时，应注意以下几点：

（1）为当事人提供的信息与忠告要完全以当事人的利益为出发点，并尽可能使对方了解你提出的有关信息与忠告的根据。如果对方不以为然，辅导员应重新检查自己对其问题和想法的了解，帮助他另外寻找解决方案。

（2）为当事人提供忠告时，要注意言语的措辞，比如可以采用这样的语句，"如果我是你的话，我可能会……""如果那样的话可能会对你更好"等。措辞生硬可能会使当事人产生抵触心理，而委婉的话语易于被对方接受，而且用"假若我是你的话"这样的语句，更能反映辅导员的协助作用。

（3）忠告或建议不宜过多，毕竟辅导员有时并不能真正了解对方的苦衷，有时是站在自己的立场上看问题，忠告或建议过多反而失效。因此，使用该技术时应持谨慎态度。在大多数情况下，应当对方询问辅导员的意见或建议时再给予忠告、建议，一般不应主动提出过

多的建议。

5. 影响性总结

影响性总结一般在会谈即将结束时进行，辅导员可以先总结一下本次会谈发现当事人都有些什么样的问题，然后讲一下此次心理辅导中重点对哪几个问题进行了工作，第三步可以概括一下本次会谈的要点。影响性总结有助于会谈双方对此次会谈的情况有更为清楚的了解，更重要的是有利于当事人抓住会谈要点，加深其在会谈中所学到的东西的印象。

影响性总结可以通过辅导员提问、当事人回答的形式进行，这样效果会更好。比如问对方："让我们回头看一下，这次会谈对你有什么帮助"或"试试看，把你对此次会谈的感受说出来"或"对刚才我们讨论的如何改变胆怯行为的方法，你是怎样想的？打算怎样去实践？"通过这样的总结，有助于当事人弄清楚自己的行动方向。

通常，辅导终结的标准是：

①从自我实现的观点而言，来访者的人格已经有了良好的变化。

②来访者所说的症状或苦恼等外在问题，已经获得解决。

③内在人格变化与外在问题的解决之关联性能够充分被了解。

④辅导员与来访者就上列三点能够互相交谈，有所了解，进而确认辅导所完成的任务。

从事辅导的教师，对于辅导已经告一段落，或者已经接近尾声，应该有所了解。譬如：来访者已经恢复信心，而有沉着的态度，或感到有朝气，或者婉转地对辅导员表示谢意等，这些都会表现在来访者的言行之中，辅导员不难感受。如果来访者故意装作要结束，则辅导员也可以察觉，当感觉到不自然的情形，应该充分交谈。终结辅导的方法如下；

①提示时间。比如说："时间已经差不多，下次什么时候再来？"

②归纳要点。比如说："让我们回想一下，今天我们谈了什么呢？"

③谈论未来。比如说："下周晤谈也在同一时间和地点好吗？"

④动作暗示。比如看看手表或看钟或看窗外落日。

⑤简要记录。比如停止发问，开始伏案记录。

⑥提出课题。比如说："在你回去之前，我想提出一个问题，回去后大家来想想。"

⑦在终结的数分钟前，逐渐减低刺激与反应的强度，使当事人的心境平静下来，平静而满足地离开。

第二章　高中生学习心理问题及疏导

　　学习是学校生活的主题，而高中生的最终目标是高考，所以学习对他们来说更是重中之重。学习知识的过程受多种因素的影响，观察力、想象力、记忆力、思维能力、言语能力和创造力这些智力方面的个别差异直接影响学生学习的效率和质量，认知方式和学习策略也是影响因素，而动机、兴趣、情感、意志和性格等非智力因素对学生的学习也产生十分重要的作用，其中动机在各种非智力因素中又处于核心位置。在我国目前的教育体制中，考试是唯一的杠杆，是评价学生优劣的唯一标准，高中生们承受着来自父母、学校和自我等诸多方面的期望与压力。在这些压力面前，有的同学选择逃避学习，沉溺于电子游戏、网上聊天和色情书刊等；有的同学动机过强，对自我期望过高，面对挫折不能集中精力学习；有的同学过分看重考试结果，产生考试焦虑，影响考试甚至不能参加考试。所有这些行为表现都影响了高中生正常的学习与自我发展，所以，如何帮助他们缓解学习中的压力，克服学习中遇到的各种心理问题，是保证整体教学质量的关键，也是高中生良好成长的保证。

第一节　学习动机缺乏

　　学习动机，是指激发学生学习活动，维持已有的学习活动，并使学习行为朝向一定目标的一种内在心理状态。心理学家按强弱标准把学习动机分为两类：普遍型学习动机和偏重型学习动机。从教育心理

学的角度讲，具有普通型学习动机的学生对所有学习活动都有学习动机，并且这种特点未必是短期培养出来的，可能是在该生求学过程中一贯如此。具有偏重型学习动机的学生，则可能对某一门课程或某几门课程感兴趣，这可能是由于在求学过程中，因为学业成败或师生关系的影响而逐渐养成的。这类学生的整体学习成绩则会受到影响。此外，根据动机产生的诱因来源，还可将学习动机分为外部动机和内部动机。受外在环境影响而形成的学习动机，称为外部动机；因内在需求而产生的学习动机，则称为内部动机。对学习具有内部动机的学生，是对学习活动本身发生兴趣，活动本身就能使其得到满足，无需外力作用。外部动机则是指学习动机需要外部的报酬和奖赏加以激发。

一个人行为的背后，存在着各种各样的动机，有些动机占主导地位，有些动机处于从属地位，而行为就是由这个动机体系决定的。学习愿望是经常会产生的，但只有当愿望转化为动机后，才会真正地引发、维持和监控学习行为。心理学研究还表明，学习效果与学习动机强度之间，存在着倒"U"型曲线关系，中等强度的动机，学习效果最好，过强或过弱的学习动机都会对学习效果产生不利影响。

根据社会调查的结果，学生的学习动机多种多样，有的为父母而学，有的为老师而学，有的为考大学而学，有的则是为了能超过同伴、同学。还有的同学说："我整天整月整年地吃罢学，学罢吃，学罢睡，睡罢学，我感到没有什么意思，你说这有什么意思呢？""我上个月的月考考得比较好，我学起来干劲十足，但这个月考砸了，我学得没劲了，干什么事情都提不起精神。"通过分析这些同学学习动机以及学习行为的表现发现，他们要么是缺乏学习动机，要么是缺乏正确的学习动机。无疑，对这些同学需要给予及时的心理辅导。

一、学习动机缺乏的表现与原因

1. 厌学

表现：讨厌学习，不喜欢上课，不喜欢读书，不能完成作业，学

习活动、学习时间少，学习不努力。总是为自己的学习寻找借口，拖延时间，用其他活动来取代学习活动，占用学习时间。

原因分析：动机是个体能动性的一个主要方面，它具有引发行为的作用，能推动个体产生某种活动。如果在学生的动机体系中，学生选择的不是以学习为主要动机，而是以运动、游戏、娱乐等为主要动机的话，那么他的学习行为则会相应少于主要动机的行为活动。影响学生作出这种选择的是其内部动机、自身求知需求，也与学校教育活动的内容与方式、父母的教养及社会所提倡的价值观等外部因素有关系。中国的学校都以升学率为教学目标，父母也希望孩子能够通过上学的途径实现飞黄腾达、光宗耀祖，这种单一化的教育目的有时不符合学生的心理需要，甚至导致逆反心理，故而影响学生的学习动机。另外，社会上的一些拜金主义、读书无用论等价值观念，都会影响到学生的价值取向，进而影响学生的学习动机以及学习的积极性。

2. 容易受干扰

表现：在从事学习活动时，注意力差，不能专心看书，思考也不能集中，学习活动经常因其他活动或想法而中断。

原因分析：在明确学习动机与学习目标之后，则要依靠学习行为的执行才能实现学习目标。而意志则是个人为自愿选定的且自认有价值的目标全力以赴的内在心理过程。意志可以使个体的行为是自觉的、有目的的，也可以帮助个体在实现目标的过程中，克服种种困难。虽然求知是个体的内在需求，但学习的过程却常常是枯燥乏味的，如果缺乏意志，则容易出现以上表现。

3. 目标选择盲目

表现：有些学生的学习往往缺乏主动性、能动性，在目标选择上，常常追随大家的看法，而自己没有明确的目标。

原因分析：（1）从众现象。在学校这个大环境中，教师设定的教学目标要靠学生个人实现学习目标来体现，有些同学对学习目标的选择是自主的、明确的，但也存在大批的同学只是盲目地认同其他同学的学习目标，追随他们，其实并非自主的选择。这样，学习时就会

缺乏相应的积极性和主动性。（2）自我同一性阶段。处于高中阶段的学生，正是处于艾里克森所称的自我同一性阶段，在这个阶段，个体要达到认清自己固有的特点、爱好、理想，并且实现集体同一性，追求一种社会的认同感。实现"自我同一性"的学生能根据获得的与自己和社会相关的信息，为自己确定生活的策略，选择自己的人生方向（或人生目标）。而不能获得同一性的学生，则会产生角色混乱或消极同一性。前者不能正确地选择适应社会环境的角色；后者指个体形成与社会要求相背离的同一性。不能以学习目标为自己目标的学生，则可能处于角色混乱状态。

4. 伴随一定的负性心理或情绪

表现：对待学习和生活冷漠，没有热情，对什么都没有兴趣，觉得整个世界都是没有意义的，整个精神状态看起来都无精打采，对什么都不在乎。

原因分析：由于缺乏学习动机，这类学生的学习成绩一般不会太好，自尊和自我实现这方面的需要得不到满足，容易感到失败、沮丧。经常体验着一种负性情绪，严重时还可能发展为反社会行为。

二、学习动机缺乏的心理疏导

对于学习动机缺乏的学生，关键是培养和激发其学习动机。学习动机的培养是指学生把社会、学校和家庭的需要变为自己内在的学习需要的过程，是从无到有的过程；学习动机的激发则是指学生将自己已形成的学习需要调动起来，是从静到动的过程。在了解学生问题的基础上，应从以下几个方面有针对性地对其疏导。

1. 引导学生明确学习的目的和意义，激发学生的求知欲和好奇心

求知欲和好奇心是内部动机最为核心的成分，是培养和激发学生内部学习动机的基础。学习动力不足常常让学生很苦恼，一方面想提高成绩，另一方面，又容易产生浮躁、厌烦情绪，这可能与学生学习的失败体验有关。对学生的这种消极情绪要给予疏导，帮助他再度树

立以求知为主的学习动机，将学习与学生价值观相联系，激发学习的积极性，从而帮其做到"知学、好学到乐学"。体会到学习不是负担，而是生活中的最大需要，是提高自我能力和实现自我价值的需要。

2. 引导学生选择适合的目标定向，鼓励学生的自我强化

在成就目标理论中，有两种目标定向：一种是掌握目标，以掌握知识、获得能力为目标；另一种是成就目标，以获得对其能力的积极评价或避免否定的评价。以掌握目标定向的学生，总是挑战困难课程，关心自己掌握了多少知识。以成就目标定向的学生，总是选择容易的课程，关心分数，担心失败。在挫折面前，前者会获得进步，而后者可能会导致习得性无力感。引导学生将掌握目标作为自己的目标定向，在逐步掌握知识的同时，体验成功的感觉，对于取得的进步进行自我奖赏，借此产生进一步前进的动力。

3. 引导学生制定合适的学习目标，以期形成恰当的自我效能

自我效能是指个体对自己能够进行某一行为的能力或判断，即对自己是否有能力胜任某项学习任务的认知。学习成绩不良的学生，对自己的学习能力持怀疑态度，表现出较低的自我效能水平，在学习中放弃尝试或应有的努力，进而影响学习成绩。帮助学生依据自己的情况，制定合适的学习目标，让学生体验到成功的愉快，从而提高学习的积极性。

4. 对学习结果进行积极的、现实的归因

在自己的学习经历中，学生对失败的归因也会影响学习动机。学生对学习失败的原因主要归为：能力、努力、任务难度和运气等。把失败归于能力或努力不够时，会降低学生的自尊，容易使学生放弃努力。久而久之，就会产生习得性无力感，变得无助、冷漠，听之任之，破罐子破摔；如果将失败归于任务难度或运气，会产生愤怒。把失败归于能力或任务难度等稳定性因素时，则会预期同样的结果；归于努力或运气等不稳定性因素时，则会引起期待的改变。因此，对于这类学生，要对其进行归因性训练。隋光远提出的"积极归因训练"

有利于帮助学生改变不正确的归因，提高学习动机。这个训练包括两层含义，一层是"努力归因"，将成功或失败都归因于努力与否的结果，这样，学生不会因为失败而降低对将来取得成功的期望。第二层含义是"现实归因"，除努力因素外，影响学生学习成绩的因素还有智力、学习方法、家庭环境、教师等因素，帮助学生分析是哪种因素影响了学生的学习，并帮其找到克服的方法和勇气，增强自信心。这种训练，可以有效地调动学生学习的积极性，促进学生学习成绩的提高。

5. 利用原有的内部学习动机，使之向不同的学习情境发生迁移

在学生的行为动机体系中，学习动机可能并不突出，但是根据教育心理学的研究表明，学生的学习动机是可以迁移的。人生来有一种"认识的好奇心"，总是试图获取用以理解和控制环境的各种知识，而这是源于遇到的新信息与原有知识之间的不一致所导致的观念冲突，这种认识的好奇心是内部动机能迁移的根本原因。在咨询过程中，对于这类学生，可以在其原有动机的基础上，引导其发现学习新的知识，则有利于实现其原有动机的目标。

6. 激发实现自己目标的意志力

在咨询过程中，让学生理解，想得到任何东西，都必须付出艰辛的努力。学习是艰苦的劳动，要想获得知识，就必须克服各种困难，增强自己面对困难、挫折的承受力。

三、咨询个案举例

李某，男，某重点中学高中二年级学生，因为经常逃课，被母亲发现，而被强行送进咨询室。该学生父母都是初中未毕业，由于自己年轻时错过了接受教育的大好机会，都非常遗憾，所以对该生要求特别严格，希望该生能够考取名牌大学，开创辉煌的事业，从而实现自己年轻时的梦想。据当事人讲，他小学时是个很听话的学生，上课认真听讲，也很聪明，曾代表学校参加各种竞赛。升入初中后，老师课堂讲的内容自己已经自学完了、掌握了，认为就没有必要听课了，于

是开始逃课，和同学一起去打电子游戏。由于对学习的忽视，成绩不再像以前那样优秀，但是由于成绩还可以，父母也一直没有发现。这种状况一直持续到现在。父母发现他逃学后，非常伤心，但父母的话语他根本听不进。无奈，只好将其带来咨询室。他自己认为，天天上课，学那些没什么作用的知识，除了为考大学外，一点意义都没有。虽然他很喜欢物理和数学，希望将来能够从事与这两科相关的工作，但这一切仍然不能让他找到学习的动力。从他的情况可以看出，该生正处于形成"自我同一性"阶段。在个人方面，他认清了自己的特点、爱好、理想等，但由于家庭、学校和社会所倡导的目标与自己的选择有矛盾，还有父母和老师给予的压力令其产生强烈的反叛心理。

　　针对该生的情况，在咨询过程中，我们要认真倾听，鼓励他把自己的心里话都讲出来，并运用隐喻性鼓励等技术，引导当事人的深刻思考，鼓励他对自己的方向和目标作出自己的选择。

咨询师：听你妈妈讲，你经常逃课，是吧？

当事人：是的。上课都烦死了，老师讲的我都会了，再上还有什么意义？

咨询师：你都会了，是吧？

当事人：差不多会了吧。

咨询师：差不多会了？

当事人：能混过去就行了。天天学那些东西，做那么多无用的题，除了能考高分外，还有什么意义？

咨询师：你觉得学习没有意义，是吧？

当事人：不过，我还是很喜欢物理和数学，这两门课真是太奇妙了，我很喜欢。希望将来能够找个工作，与这两门课有些关联，就好了。

咨询师：你希望找个能运用这两门知识的工作，那你觉得把这两门课学好了，是不是将来就能在工作中取得好成绩？

当事人：当然，还需要其他的知识。但，我主要是不想学习。

咨询师：噢，不想学习。

当事人：妈妈天天逼我，要我好好学习，珍惜今天的好机会，他们年轻时想学都没机会啦。考个名牌大学，将来找个好工作啦，真是烦死了。

咨询师：妈妈逼你学习，你觉得很烦。

当事人：我明白他们的青春被耽误了，但是，也不要老是逼我嘛，我知道学习有用，我可以获得很多知识，但是妈妈逼，老师逼，我自己再逼自己，那我真是要疯掉了。

咨询师：你觉得自己的学习行为不是自己选择的，是吗？

当事人：是的。

咨询师：那如果不考虑妈妈和老师的因素，要你自己选择，你会怎么作决定？

当事人：那我会选择认真地学习，不断去挑战自己不懂的领域。没有妈妈和老师给予的压力与干扰，按我自己的兴趣来学，我就不会这么烦了。

咨询师：如果你自己选择，你会充满兴趣地认真学习。

当事人：是的。但这是不现实的。

咨询师：那你认为，该怎么办呢？

当事人：我想和妈妈、老师谈一谈，把我的想法好好和她们交流一下，其实我是很想学习的，她们就不要再逼我了。然后，我会按照自己的选择来做。

咨询师：好的。看到你自己找到了解决问题的办法，我为你感到高兴。

在咨询过程中，可以了解到对于该生最关键的问题是，妈妈和老师的逼迫令其产生了反叛情绪，使本来喜欢学习的他，丧失了对学习的兴趣。也正是因为这一点没有得到及时的疏导，而使该生浪费了很多的时间来与这些外部力量抗争。

许多案例说明，学习动机缺乏问题是一些高中生学习中存在的主要问题，而如何激发学生的学习兴趣，使他们有心向学，笃志于学，形成稳定而持久的学习动机，这是我们应该深思的重要问题。

第二节　学习动机过强

　　心理学家的研究表明，不同性质的任务对动机的要求有所不同：完成容易或简单的任务，动机水平越高越好；难易适中的任务也要求动机水平偏高；困难与复杂的任务的完成效果则与其动机的强弱存在一定的函数关系，表现为一种倒"U"曲线。即当动机较弱时，随着动机强度的增加，活动的效率会相应提高，对活动有着促进作用。当动机强度达到中等强度，处于适度水平时，活动的效率最高。而此时若继续强化动机，动机超过一定的程度，就会对活动的效率起消极的阻碍作用。

　　因此，学习动机过强或过弱都会影响学习效率，只有在动机适中的条件下才能充分发挥能力，提高效率。在考试中也是如此。学生学习动机太弱，缺乏对考试的心理准备，即使已掌握的知识也会因心理准备不足而不能很好地组织起来，因而很难考出好成绩。相反，学生学习动机过强则会产生焦虑，过分担心失败，反而影响实际能力和水平的发挥，从而影响考试成绩。

一、学习动机过强的表现和原因

　　动机过强和动机缺乏一样，会降低学习效率，而且更容易导致心理的困扰和生理的不适。绷得过紧的弦有断裂的危险，而动机过强也有导致心理崩溃的可能。学习动机过强的表现一般有：①过于勤奋；②争强好胜；③情绪紧张；④容易自责等方面。

　　学习动机过强和学习动机缺乏一样，是在个体、家庭、学校、社会等因素的共同作用下产生的。造成动机过强的直接原因主要有以下四点：

　　1. 抱负与期望超过自己的实际水平

　　爱因斯坦说过："对于一个严肃认真的年轻人来说，尽可能准确

无误地为自己确定所追求的目标，这是十分自然的事。"恰当的目标，有助于学生体验学习的乐趣，提高学习积极性。但是当自我设定的目标高于自己的学习基础和学习状态，与自己的真实水平不匹配时，学生或者因为达不到目标就灰心丧气，或者越发破釜沉舟地去拼，不断试图达到设定的目标，造成动机过强，反而影响学习效率。

2. 不恰当的认知模式

不恰当的认知模式会使学生产生过强的学习动机，加深对失败的焦虑，结果造成更严重的恶性循环。不恰当的认知模式有以下几种：

①凡事绝对化：这是指人们以自己的意愿为出发点，对某一事物怀有认为其必定会发生或不会发生的信念，它常与"必须""应该"这类字眼连在一起。一些学生坚信"只要我付出了努力，我就应该或一定会成功"。从而把努力和勤奋看作成功的唯一条件，这是产生过强动机的基础。事实上，任何成功都与自身能力和环境因素有关，努力是成功的必要条件，但非唯一条件。

②过分概括化：这是一种以偏概全、以一概十的不合理思维方式的表现。过分概括化在面对失败或挫折时，会认为自己一无是处，结果常常产生自责自罪、自卑自弃的心理，引发焦虑与抑郁情绪的产生。如一些学生持有"成绩差的人都是废物"等不恰当的观念。

③糟糕至极：如果一件不好的事发生了，将是灾难性的，这种认知会导致个体陷入极端不良的情绪体验的恶性循环中难以自拔。如一些同学持有"考不上大学就一无是处"等不恰当的观念。

3. 某种补偿心理的驱使

有些学生认为自己除了学习外无其他特长和爱好，只有通过考试成绩才能向他人证明自己的价值，因此将一切都化为学习的动力，想从学习上得到补偿。这种努力常常伴随着紧张的情绪（如害怕落到他人后面、没有得到奖学金、没法向家人交代等），使得他们处于极大的压力之下，他们不参加社交和集体活动、朋友少、寡言，其结果是形成焦虑、压抑、孤独心理，这种心理反之又会影响他们的学习。长此以往，他们会难以承受学习的压力，或因为怀疑自己的能力而彻

底丧失自信心。

4. 他人不适当的强化

美国著名心理学家威廉·詹姆斯说过："人类所有的情绪中，最强烈的莫过于渴望被人重视。"因此可以说赞扬是一种满足人的愿望，强化他人动机的有效方法。然而并不是一切赞扬都能有效地强化学习动机。一些来自外部环境如家庭、社会等社会文化环境中的赞扬和期望，会对学生的动机产生不适当的强化。比如人们倾向于赞扬发奋的学生，多数人更会支持那些动机过强的学生，称赞他们学习劲头足、刻苦、有志向，并期望他们做得更好，从而对他们产生了不适当的强化，使他们看不到动机过强的危害，进而对自己的学习产生影响。

除了上述原因之外，学习动机过强还与个体的某些性格特征有密切关系，如做事过于认真、追求完美、好强、固执等；此外，严厉的家庭教养方式和父母过高的期望，也会使一些学生为了迎合家长不切实际的期望，而产生过强的学习动机。

二、学习动机过强的心理疏导

对于学习动机过强的学生，关键是帮助、引导其建立恰当的学习动机。在了解学生问题的基础上，可以从以下几个方面有针对性地对其进行疏导。

1. 引导学生设置合理的学习目标

引导学生设定具体的、短期内能实现的、难度中等的目标，脚踏实地，循序渐进，不好高骛远。将宽泛的总体目标分成多个具体的子目标；将长远目标分成多个近期子目标，在一个子目标将要实现的时候，有条不紊地进入下一个子目标的实施中。这样才能有效地激发学生的学习动机，既能调动起动机过强学生的学习积极性，又不至于因目标过高而受挫。

2. 帮助学生建立正确的认知模式

首先要帮助学习动机过强的学生找出自己不合理的信念，特别是

关于努力与成功的必然关系的信念。然后与不合理信念进行辩论，使认知模式发生改变，从而逐步放弃不合理的信念，建立正确的认知模式，如"成功 = 努力 + 能力 + 方法 + 基础 + 机遇 + 环境 + 心态"；"只要努力了，考不上大学也没什么大不了，行行出状元"等。当学生自己放弃原有的不合理信念后，过强的学习动机就会减弱了。

3. 鼓励学生进行恰当的自我评价

由于受年龄、心理等因素的限制，中学生往往会对自己作出不切实际的评价。有的对自我的评价和发展估计过高，从而为自己加上了不必要的过重的包袱；有的对自我评价过低，会因为目标的无法实现和希望的破灭而悲伤、沮丧，甚至产生厌学情绪，对学习形成负面影响。因此要鼓励学习动机过强的学生，引导他们正确认识、评价自己的能力，准确地进行自我定位，使自我提高的需要切实转化为适宜的学习和发展动力。

4. 鼓励学生以宽容的心态对待自己

人们常常说要宽容他人，却又常常忽略了宽容自己。只有会宽容自己的人，才能心平气和地面对人生、面对社会、面对挫折，也才能以博大的胸怀去宽容社会、宽容他人。鼓励学生宽容自己，就是引导学生不要太苛刻自己，太难为自己。这包括：帮助学习动机过强学生降低对学习成败的敏感度，不苛求自己做个常胜将军，"不以考试成败论英雄"；要允许自己犯错误，允许自己非致命的缺点的存在，如考试中因为粗心或者复习没到位造成失误时，不要过分责备自己，而是要吸取教训，积累经验。但也要明确告诉学生，宽容自己不等于放纵自己，为自己找借口。

三、咨询个案举例

晓丽，女，高中一年级学生。读初中时拥有非常傲人的成绩，所有人都说她考上重点中学没有任何问题，但事实上，她中考并没有考好，但她觉得那只是一次失误。高一期中考试，在班上排十多名，觉得自己应该能考得更好些，所以加倍努力学习，谁想到，期末考试竟

然比上一次下滑了好几名。面对越考越差的成绩，她产生了深深的挫败感，学习的自信心没有了，觉得自己脑子太笨了，不是学习的料，期中考试后的努力换来这样的结果，她真的无法接受，感觉自己整天精神恍惚，都快要崩溃了。从家长那里了解到，晓丽学习非常用功，很好强，只是个性非常执着，也很情绪化，会因考试没考好当场落泪。

在这个案例中，晓丽表现出过强的学习动机，并且认为"只要自己努力，就一定能取得好成绩"，但当努力后的成绩并不如自己所期待时，就认为"考不好显得自己很没用"，从而产生较严重的负性情绪，而其根源在于晓丽存在一些不合理的信念和认知模式。

针对晓丽的情况，在第一次心理辅导过程中，首先为晓丽提供一个情绪释放的过程，给予晓丽情感上的理解、支持和陪伴。并帮助晓丽寻找自身的不合理信念。

在第二次心理辅导时，引导晓丽与自己的不合理信念"考不好显得自己很没用"进行辩论，从而改变她的认知模式，逐步放弃不合理的信念，建立正确的认知模式，如"一次考试的不理想，并不代表自己真的很笨很没用"。

在第三次心理辅导中，则采取辩论以及换位思考的方式让晓丽懂得，付出努力并不一定马上收获好的结果，因为成功需要的因素很多（如"成功＝努力＋能力＋方法＋基础＋机遇＋环境＋心态"），努力并不是成功的唯一条件。另外要让晓丽明白，适当的学习动机对学习有促进作用，而过强的学习动机，反而会对学习产生负面影响。

当晓丽改变自己的认知模式后，她在面对自己学习生活中遇到的挫折与困难时就能更理性地进行分析了。并且她开始接受自己的学习现状，也意识到自己现在所要做的，是积极思考如何改进自己的学习策略和学习方法，而不是把自己困于"努力一定会考好"的主观想法中。

第三节　厌学心理

　　中国儿童心理卫生专业委员会的课题组最近对两所中学的调查显示：59.3%的学生有厌学情绪，其中有学习困难的学生，也不乏成绩优良的学生。厌学心理的产生与发展会直接影响学生的学习和成绩，甚至会危害他们的身心健康。还有某些调查表明，大多数学生的厌学并非因为智力低下，而是因为某些原因使得学生对学习失去了兴趣和信心。患"厌学症"学生比例之高，已经影响到了广大学生的成长与发展，因此消除厌学情绪是迫在眉睫的事情。

一、厌学的行为表现与原因

　　厌学是学生对学习产生厌倦乃至厌恶情绪，从而逃避的一种心态。有些学习好的学生也有厌学心理，但成绩中下等的学生则尤为严重。主要表现有：上课精力不集中，走神、发呆、讲话、捣乱、睡觉或者做些小动作，无视课堂纪律，不愿看书，不愿写作业等；经常迟到、早退、旷课、逃学，对老师、家长的一些要求有抵触情绪；典型者，对三分之二以上学科失去兴趣，每天只是在外部压力下机械、被动、不动脑子地学习。每天在这种状态下学习，学生的学习成绩非但不能提高，反而越来越差，形成恶性循环。

　　青少年正处于长知识、长身体的阶段，他们对外部世界充满好奇心，有着强烈的求知欲，所以厌学并非学生成长过程中的必经阶段，而是一种病态的现象，是多种主客观因素交互作用的结果。下面，我们就讨论一下是哪些因素使得学生对学习失去了兴趣。

（一）学生自身的因素

　　1. 学习动机不明确

　　学习动机是激发和维持学习活动的动力。调查研究发现，某些学

生存在着不良的学习动机，"为了考取名牌大学"，"为了考试及格"，"为了父母"等等，不是以掌握知识为目的的学习动机是非常脆弱的，也是不能持久的。

2. 学业负担过重

科学研究表明，任何知识的学习过程，对知识的理解与巩固都需要人的感觉、知觉、注意、记忆、思维和想象等心理活动的参与，学习需要投入很大的心智努力，必然会伴随着一定的精神紧张，如果学习时间很长，则容易产生心理疲劳感。当前高中生的学习只有高考一个杠杆，为了取得好成绩，只有投入比别人多得多的精力和时间，而这样必然会导致学生总是处于学习的高度紧张状态，造成学生心身的疲惫不堪。

3. 依赖心理强，缺乏责任感

大部分学生都是独生子女，从小受到宠爱，总是处于一种被人照顾、被人关爱的地位，对父母有种强烈的依赖感，缺乏对自我的管理能力。有些同学兴趣广泛，但缺乏持久性，学习上缺乏自觉、自律，易出现浮躁、动摇、退缩行为，不能从对自我负责的角度来约束自己，而总是放纵自己。

4. 自卑、失败体验多

有些学生在学习过程中遇到困难，遭遇失败与挫折，或者曾受到老师的讥讽、家长的打骂等，逐渐形成了对自我消极评价的泛化，认为自己没有能力把学习搞好，于是自暴自弃，逐渐失去了对学习的兴趣。

5. 人际关系差

由于性格原因，或者因为人际交往挫折体验，或经常与同学们吵架甚至打架，在学校没有好朋友，感到孤独、寂寞、没意思，也会产生厌学心理。

（二）学校教育因素

1. 应试教育

各个学校现在都以升学率作为教育的指标，学生和老师都面临巨

大的竞争压力，部分老师只抓尖子生，忽略"升学无望"的学生。使得这些同学得不到尊重、关心与帮助，自尊心不断受挫，由最初的惭愧、内疚心理演变成反叛心理，寻衅闹事，"破罐子破摔"，进而通过一些不良行为来宣泄自己的不满，学习消极、作业抄袭、旷课逃学等。最后对学习完全失去兴趣，成绩也就越来越差。

2. 教学模式

教学方法单一，教学观念陈旧，只重知识的传授，忽略心理的沟通交流和教学的互动，这些教学模式都造成了学生在学习上的习得性的被动。学习的积极性、主动性都得不到调动，压抑了学生的求知欲和好奇心，使学生对学习缺乏新鲜感，失去探索的欲望，久而久之就形成了厌学心理。

（三）家庭教育因素

我们国家人口众多，经济发展也比较落后，人才的竞争非常激烈。为了孩子将来能够有好的发展，父母在对孩子的教育上，也只注重好的学习成绩，对其他方面的发展都予以压制或限制。孩子的自我发展单一、生活单调，时间长了，体验不到生活的乐趣，对学习就会产生厌恶甚至憎恨心理。有些家庭在对孩子的管教上，或者溺爱有加，或者放任不管，或者要求过分严厉，而只有民主的教养方式才能让孩子形成积极健康的心态。有些家庭对孩子的学习不关心、不过问，使其觉得学习好坏无所谓。当孩子成绩下降或未达到预期要求时，有些父母会打骂孩子。还有些家长给孩子树立了不良榜样，一边要求孩子好好学习，一边自己打麻将，吃喝玩乐，不仅影响了孩子的学习，也对孩子的心理造成了伤害。

（四）社会风气因素

社会上流行的"拜金主义"、"读书无用论"等思想，也会对学生的价值观念形成很大的冲击，可能会使得学生放弃繁重的学习，而倒向"实用"的拜金主义。另外社会上流行的一些低俗文化也会吸

引好奇心强的青少年们，电脑游戏、色情书刊，甚至毒品等，学生对这些缺少辨别力，如果沉溺于这些东西，不仅耽误了青春，也影响了学习。

二、厌学的心理疏导

学生的厌学心理已经严重地影响到学生的学习、成长与发展，那么怎样才能帮助他们克服厌学心理呢？学生厌学心理的形成，是社会、家庭、学校和学生共同作用的结果，但是所有的外因都是通过内因起作用的，并且诸如社会环境、学校教育模式、家庭教养方式等，都不是个人力量能够左右的。所以，引导学生进行自我心态的调整是非常重要的。

针对不同学生的厌学原因，可以采取不同的方法：

1. 对于学习动机缺乏的学生，要激发其学习动机

学生本身是有着强烈的求知欲与好奇心的，在成长的过程中，由于诸多外界因素的影响，使得这些动机被掩蔽、压抑了。对于此类学生，可以做一些认知方面的调节，比如，告诉他们学习本身是为了获取知识、提高能力，以便将来踏上社会后能够较快、较好地适应社会，在社会中生存；学习可以增加对人生的体验，对人生、对社会能够有一个好的理解。另外，也可以用其感兴趣的科目引发对其他科目学习的动力。

2. 对于感觉学业负担过重的学生，要疏解其压力

高中的教学方式依然是"满堂灌"、"题海战"，学生们普遍感觉学习任务重、压力大，除了学习，几乎没有其他的生活内容，甚至都没有时间进行体育锻炼。并且，有些成就动机比较高的学生，还要进行自我加压，给自己增加学习任务，制定高的学习目标，来激励自己的学习。但是，由于这些压力超过了其承受能力，学生反而不能专心学习，学习成绩不但不能提高，还会下降。对于此类学生，要尽量舒缓其压力，引导学生客观地认识自己，结合自己的实际情况，制定恰当的学习目标。

3. 对依赖心强的学生，要激发其责任感

对于这类学生，可以引导其进行自我反思，让其体会到做人首先要自立，在理解自己要为自己的现在和将来负责的基础上，通过一些行为上的训练，帮助其确立目标，并且制订计划，督促其执行计划，为自己的目标顽强拼搏。

4. 对于自卑和学习失败体验较多的学生，要激发其自信心

激发其正向思维，使其在看到自己缺点的同时，也可以看到自己的优点。每个学生的兴趣、知识、能力是有所不同的，但并没有高低贵贱之分，只要根据自己的兴趣特长来发展自我，每个人都会取得成功，没必要因为自己某方面能力的欠缺而小看自己。关键是要结合自己的情况，确立适合自己个性特点的目标，不必钻牛角尖，要客观地评价自己。

5. 对于有反叛心理的学生，要引导其明白学习的真正目的

有些外部环境，比如社会、学校和家庭，确实存在着一些弊端，限制、约束着高中生的个性发展，但可以引导他们明白，任何事物都是存在缺陷的，世上没有绝对完美的事物。所以，要允许有缺点的东西存在，要理解这一点，好好学习，将来用自己丰富的知识来减少这类问题，让下一代能够在一个好的氛围中成长。学习本身的目的是为了增长知识，虽然一些外界的因素使得这一目的有所变异，但把厌学作为反叛外界因素的借口，只会影响自我的成长，并不会有其他什么作用。

6. 对人际关系差的学生，要鼓励其多与同学交往

要鼓励学生在交往过程中多进行换位思考，多站在他人的角度上想问题，学生则会明白自己的行为在他人眼中的印象，学会理解与接纳，逐渐改进自己与他人交往的技巧，学会与人沟通，与人交往。

除了对学生厌学心理进行适当的引导外，社会、学校和家庭也要做些努力，创造一个适合学生健康积极成长与发展的环境。

1. 优化社会文化环境

端正全社会的舆论导向，特别是电视、电影、文学艺术等宣传作

品，内容应健康向上，减少暴力、色情等不健康内容。同时，加强网吧、电子游戏室的管理。努力让青少年在一种健康积极的社会氛围中成长。

2. 教育体制的改革仍需深入

应该切实全面推进素质教育，教育工作者们要提高认识，真正肃清"应试教育"，深刻反思片面追求升学率的模式的危害性，真正做到面向全体学生，因材施教；在教学过程中，老师们要积极调动学生的积极性、主动性，在教师学生的互动过程中，成功完成教学任务。还有，在教学工作中，老师们要做到一视同仁，明白每个学生都有自己的长处，不能因为学习成绩差就歧视、讥讽该学生，或放弃对该学生的爱护。当不再以升学率作为教学评估目标时，则要依据学生的发展特点与需要，建立评价的标准，客观、公正、全面、科学地评价学生，做到真正地对学生负责，同时也是对国家的未来负责。

3. 学校与父母多多沟通，多多交流

共同分析学生厌学的原因，共同商讨解决办法，达成共识。如果发现是家庭的原因，则父母要采取一定的措施来补救。多与孩子交流、沟通，尊重孩子，多给孩子一些权力与自由，相信孩子有能力处理自己的事情。增进彼此的相互理解，帮助孩子克服厌学心理，促进孩子的成长。

三、咨询个案举例

小王，女，高中三年级学生，独生子女，在年级中任班干部，又是预备党员，成绩一直是中上水平，学习和生活一直都很顺利。近两次考试成绩有所下降，自觉心烦，不能集中精力学习，对自己失去了信心，觉得自己赶不上了，对学习丧失了兴趣，心情非常郁闷。不知如何是好，又不敢告诉父母，担心父母失望。

这位同学的成就动机较强，自我要求较高，当面对挫折时，不知如何应付。而出于对自我的保护，避免面对失败的体验，干脆逃避学习，在潜意识中认为，如果自己不学习，则不必面对学习失败的结

果了。

针对该生的情况，第一步，主要进行认知方面的调节。一两次考试不好，是多种因素左右的结果，可能是老师出的题自己不熟悉，也可能是自己状态不好，并不能说明自己的能力水平就降低了。

第二步，则要引导小王重新定位，将自己定位在比较客观的位置上。对成绩不能主观强求，要将奋斗的过程与结果分离，也就是重视奋斗过程，淡化考试结果。考试是选拔学生的一种手段而已，考试分数低，能力并不一定低。学习过程本身，是以增长知识、提高能力为目的，而并非以能够拿到高分为目的。当班干部和预备党员只能视为一种锻炼机会，不能视为一种心理枷锁。

另外，引导其明白，现在的厌学只是自己担心高考失败为自己寻找借口，其实她并非厌学，逃避学习只是她潜意识中的一个借口而已。借口是一个人停滞不前的祸根，害怕失败本身就是导致失败的重要原因，我们能够做的则是树立信心，放下包袱，尽自己最大努力，为了自己的目标去拼搏奋斗。

通过四次交流，该学生对自我认识进行了调节，在学习和班级工作中，能够做到放下包袱，全心全意地准备考试。最后，在高考中取得了很好的成绩，考取了一所名牌大学。

第四节　考试焦虑

焦虑是一种复合性情绪状态，包括焦虑反应、速度焦虑和焦虑症。焦虑反应是人们对即将来临的紧张事件进行适应时，在主观上产生的紧张、不安等期待性情绪状态。焦虑症是神经症的一种，其紧张、不安等症状较严重，但原因不明确。考试焦虑是在一定的应试情境激发下，受个体认知评价能力、人格倾向与其他身心因素所制约，以担忧为本质特征，以防御或逃避为行为方式，通过不同程度的情绪性反应所表现出来的一种心理状态。就焦虑程度来讲，考试焦虑介于

前二者之间，已明显影响正常学习和生活。患者对引起焦虑的原因十分明确，考试结束，即会解除。

考试焦虑水平存在高低差异，主要与以下因素有关：首先，能力与考试焦虑呈负相关。能力强，考试把握大，信心足，情绪较稳定，焦虑水平低；能力差，考前、考中信心不足，产生害怕、紧张、不安情绪，考试焦虑程度高。其次，抱负水平与考试焦虑呈正相关。抱负水平高，目标定得高，对自己要求严，而实际能力水平低，考前准备又不充分，易产生焦虑情绪。一旦考试受挫，遇到困难问题，就会产生紧张不安情绪。再次，学生的焦虑程度与竞争环境也有关。竞争性越强，则学生焦虑程度越高；竞争性不强的环境，则学生的焦虑水平也较低。最后，焦虑水平也与考试经验有关。经验丰富，则焦虑程度低；经验不丰富，则焦虑程度高。

一、考试焦虑的表现与成因

当考生体验到考试的刺激情境，会形成对这一情境的知觉。如果对此情境作出存在潜在"威胁"的判断后，就会唤起一系列的应激反应，如：心跳加快、面红耳赤、呼吸加剧、双手颤抖、恶心、呕吐、腹泻、多汗、尿意频繁、头痛、失眠等生理反应。同时出现注意力分散，看题时错位错行，思维混乱，思考的速度、深度、灵活性都会出现轻度障碍；答题卡壳，明明会的知识却什么也想不起来，回忆出现障碍，只能记起只言片语，不能进行正常的分析、归纳、推理。

考试焦虑是一种不愉快的情绪体验，大多数学生在应试时都会受到焦虑情绪的困扰。这种痛苦的反应既可能是一种暂时性情绪状态，经自我调节，会很快消失，也可以持续发展成为焦虑性神经症，一旦遇到应激情境便会选择性地去注意那些潜在性的危险因素，并夸大危险程度，低估自身的应对能力。

（1）考试情境。考试焦虑是在考试情境激发下产生的，这种特殊的情境是引发学生焦虑的直接原因，称为应激源，即引起紧张的刺激物。当应试者置身于一定的刺激情境之中，便会形成对这一情境的

知觉。如果他作出这一情境对自身具有潜在"威胁"的判断后，就会唤起一系列的应激反应。

（2）生理因素。考试焦虑程度与生理因素有关，神经类型强而稳定者，能够正确对待考试并产生积极的反应，焦虑水平低；神经类型水平弱而不稳定者，对弱刺激敏感，体验深刻，面临考试时很容易引起情绪波动，焦虑水平较高。

（3）应激源。焦虑程度还与应激源的强弱有关，小型考试，应激源较弱时，焦虑水平较低；而特殊的关键性考试，应激源较强，引起的焦虑水平就较高。

（4）认知评价。焦虑水平主要取决于个体的认知评价，认知评价是造成应激源与个体反应之间的一个重要的中间变量。如果一个人把某次考试与自己的终生前途相连，其焦虑水平则会较高。心理学家拉扎若斯认为：对应激源的认知评价可分为两个阶段，第一阶段为初级评价，即个体对应激源的性质和重要程度所做的评价。如考生对考试性质、考试利害关系的预测等，它决定个体有无必要对这种刺激进行防卫。第二阶段为次级评价，指个体对应激情境的危害性作出肯定识别后，随即形成的对有关应对策略的权衡和分析。如考生对自身应付能力的估价。次级评价对学生身心状况有重要影响，如果次级评价正确，将有助于个体心理的内在平衡与稳定。对个人能力的估价低于对考试程度的估价时，则会引起个体持续性等一系列变化，加剧焦虑反应。这种焦虑反应，作为反馈信息输入到个体已有的经验结构中，在下次应试中，曾经的消极体验通过认知过程的思维定势加工，再次引起情绪波动，导致考生注意力分散，记忆减退等，使考试情境富有威胁性，导致考生自我评价过度消极，产生自卑感，从而对考试顾虑重重，失去信心。如此恶性循环，就使该考生形成了对考试的焦虑。

```
 考试性质      遗传素质     威胁因素
    │            │           │
    ↓            ↓           ↓
应激源 → 情境知觉 → 应激反应 → 认知评价 → 焦虑反应较强
          ↑          ↑          ↑              │
       经验结构     人格特征   自身的应付能力    反  馈
          ↑
```

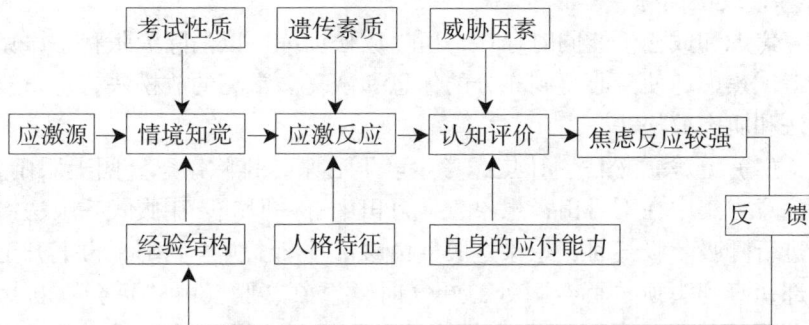

二、考试焦虑的心理疏导

心理学认为考试焦虑是一种对考试恐惧的反应。适当的焦虑可以给学习者一些心理压力，提高思维的张力，成为学习的动力。但是，过度的考试焦虑则会降低考试效率，使"应考能力"下降，甚至会使身心健康受损。因此，对学生考试焦虑情绪的疏导是非常重要的，一般可以通过以下认知调节和放松训练方法实现。

1. 自信训练

自信训练是运用交互抑制原理，通过培养考试焦虑考生自我表达正常的情感和自信心，使得消极的自我意识得以扭转，借以消除和缓解考试焦虑的一种有效的训练方法。杨静等提出团体自信训练可有效缓解或消除考试焦虑。团体自信训练大致分为三个步骤：（1）让考生学会随时随地觉察并抓住个人消极的自我意识，如神经性倒胃、面部肌肉紧张，对即将来临的考试浮现出某些朦胧的担忧等等，并将这些担忧逐条写在纸上；（2）捕捉到消极的想法后，就用现实的、积极的想法加以对抗。在团体讨论的过程中，对不理性的、与现实不符的想法进行质辩；（3）反复训练，并养成向消极的自我意识挑战的习惯。通过反复训练，考生会形成对消极自我意识的敏感性，并能够对其进行理性分析，与这些想法对抗，从而可以获得一种与事实较为相符的看法，形成一种对世界较为客观的认识。

2. 放松训练

焦虑和放松不能同时存在，所以放松训练可以消除紧张状态，克服考试焦虑，使身心得到充分的休息和恢复。常见的放松法有意念放松法和肌肉放松法。

（1）意念放松法。让焦虑考生静下心来，排除杂念，闭上眼睛，把注意力集中在下丹田，想象着在丹田中有一股气，用腹式呼吸法慢慢进行呼吸。吸气时，想象这股气由腹部逐渐上升至胸部，再上升至头部，直到头顶"百会"处；吐气时，想象这股气由"百会"自后向下顺着脖子、脊梁下降，直至回到丹田。这样一吸一呼，反复进行。由于集中了全部注意力，使焦虑考生逐渐达到排除一切杂念、心静神宁的境地，从而消除紧张状态。

（2）肌肉放松法。王景芝、魏真等提出肌肉放松法，通过循序交替收缩和放松自己的骨骼肌群，细心体会个人肌肉的松紧程度，最终达到缓解身体紧张和焦虑状态。最早提出并使用这种技术的是美国心理学家舒尔兹。这里利用肌肉放松技术对付考试焦虑，消除一些因考试焦虑引起的身体反应，进而达到集中注意的目的。一般程序如下：每天，在30分钟内，通过语言自我暗示做从头到脚的放松训练，按照由下至上的原则，即脚趾肌肉—腿部肌肉—臀部肌肉—胸、背、肩部肌肉—臂部肌肉—颈部肌肉—头部肌肉。放松动作要领是使该部位肌肉处于紧张状态10秒钟，然后慢慢放松，并注意体验放松时的感觉（如发热、沉重等）。这种训练可使人的精神重新振奋，并且形成有意的精神集中，对各种干扰进行回避的习惯。如果能持之以恒，不仅能消除考试焦虑，而且能全面促进身心健康。

3. 系统脱敏法

系统脱敏法，又叫交互抑制法，是行为疗法中的一种基本方法。最早由沃尔甫创立，最初用于动物的试验性神经症治疗，以后逐步扩展到对人类焦虑症、恐怖症和其他神经症的治疗。这种方法主张通过诱导焦虑考生缓慢地暴露于导致焦虑的情境，以心理放松状态来对抗这种焦虑情绪，循序渐进地使患者的神经过敏性反应逐步减弱至消

失。心理学研究表明，肌肉放松状态与焦虑情绪状态是一对拮抗过程，一种状态的出现会对另一种状态起抑制作用。根据这种原理，把引起考生焦虑的刺激情境按照强度的不同进行从低到高的排列。先从最弱的刺激开始，让焦虑考生想象自己正处于这种情境中，通过放松训练使考生能够全身放松予以对抗。然后再想象刺激情境，再放松，如此循环，最终使得考生不再对该情境产生焦虑反应。再逐渐呈现更强的刺激情境。焦虑等级一般分为 5~10 个级别。

4. 心理分析，提示原因

心理动力学认为，考试焦虑与早年考试的创伤性经验和个性缺陷有关。许多当事人在小学阶段常因考试挫折受到老师与家长的过度惩罚，他们大多性格内向，追求完美。这种痛苦经历沉淀于内心深处而不会磨灭，导致考试焦虑的发生。通过心理分析疗法追寻焦虑考生童年时代的创伤性经验，可以使考生对考试焦虑原因及其因果关系有一个正确认识。这样考生会逐渐调整自己的认知评价，从而逐渐形成健全的人格。

上面介绍的方法主要用于疏导学生的紧张焦虑情绪和帮助学生形成对自我的积极客观的评价。除此以外，老师和家长应给学生们创造宽松的成长环境，端正育人观念，帮助学生正确认识考试的意义，引导学生立足于平时的努力学习，注重掌握知识而不要过分看重考试的结果。同时，还要帮助学生掌握应试方法。

三、咨询个案举例

李某，女，高中三年级学生，在最近的模拟高考的考场上因为极度焦虑而昏厥。该生进入高三前，学业一直很顺利，考试成绩一直保持在班级前 20 名，老师和同学都说她会考上一所不错的大学。但是进入高三后，在一次考试中，她一向擅长的化学发挥不好，成绩很不理想，因而自信心大受打击。结果期中考试也受到影响，总成绩下跌至班级 30 多名。面对这样的成绩，她不敢告诉父母，怕父母会担心，对自己失望，觉得功课再也不可能赶上去了。结果，上课不能集中精力听课，习题也

做不下去，总是思考下次考试能不能考好的问题。总之，整个精神状态都是特别焦虑的。进入高三下学期，考试增多，使其焦虑加剧。在最近的这次考试中，坐在考场上，她头脑发懵，什么都回忆不起来，简单的题也不会做了。越想越怕，后来，就晕了过去。

这个同学成绩一度不错，可见她的问题不是因为学习能力差，也不在于缺乏考试技巧，而在于一次考试失利左右了她对自己能力的判断，对考试结果的过度关注影响了她日常的学习，这种焦虑也影响了考试的发挥。针对她的这种情况，主要从以下几个方面入手：

1. 调整认知，重塑自信

该生的主要问题是不能客观地认识与评价自己。从多年的成绩来看，该生的能力还是不错的。因为一次考试失利，她就对自己的能力表示怀疑，不能接受，认为自己就完了。可见，她在自信心方面有所欠缺。咨询老师让她在一张白纸上分为两栏，分别列出自己的优点和缺点、长处和短处，并和她一起分析她的缺点，看她对自己的判断是否客观。咨询老师还引导她向自己消极的、不理性的想法进行质辩，指出其不现实性和不必要性。并且给她留下作业，当一出现那些消极想法时，自己练习向它们提出质辩。

2. 鼓励她与父母沟通

她焦虑的来源在于害怕父母知道后，对自己担心、失望。因此，建议她与父母进行沟通，把自己的实际情况告诉父母，看父母的反应是否与她的预期一致。结果，当她告诉父母后，父母对她的情况非常关心，对成绩虽然有些担心，但仍然鼓励她，别在意考试结果，只要尽心尽力去做就行。如果高考最后考不上大学，再想其他办法，可以去找工作，也可以复读一年，来年再考，一切事情都会有办法解决的，让她不必太担心。与父母交流后，她才了解到其实是她太多虑了，父母并没有给她那么大的压力，是她自己给自己加压太多。到这一步，她的焦虑情绪已经有所缓解。

3. 系统脱敏，调整情绪

首先，咨询师和李某一起商讨，列出可引起她焦虑的具体刺激情

境，并将其按照自弱到强的顺序排序，如下所示：

刺激情境	焦虑程度	等级
平时上课	有点紧张，烦躁不安	1
考前一周	比较紧张，有点害怕	2
考试前一天晚上	很紧张，失眠	3
走在去考场的路上	非常紧张，心里想如果不考多好	4
坐在考场上	非常担心，非常紧张，手脚冰凉	5
收到试卷	极度焦虑，脑子空白	6

其次，咨询师给予指导语，按照上述方法进行放松训练，直至李某体验到完全放松的感觉。

然后，从第一级开始，咨询老师给予指导语："想象一下，正在上课，同学们正在认真听讲。你想象一下此刻的感受，并把这一情境在头脑中保持一会儿，然后用生动的语言加以描述。现在告诉我，你想到了什么，你的感受如何？"李某："正在上课，同学们都在认真听课，我怎么都听不进去。还有那么多试题没有做完，这下完了，考试又考不好了，成绩一下降，再也赶不上了，很着急，更听不懂老师在讲什么了……"这时，咨询师指导她体验放松的感觉，深呼吸，并保持一会儿，再慢慢把气呼出来。反复做几次，直至她能够体验到完全放松。然后再指导她重新想象刚才的情境，重新放松，直至想象中不再伴随焦虑反应为止。

然后，进入下一个等级的循环。

咨询师教给她放松的程序，告诉她回去后每天要至少练习一次，并在感到紧张的时候，随时进行练习。

经过几次的训练，该学生基本上可以通过自我调节来控制自己的焦虑情绪，在后来的考试中取得很好的成绩，与父母的关系也得到了很大的改善。

第三章　高中生人际交往问题及疏导

马克思说："人的本质是社会关系的总和。"自从有了人类社会，人际交往就成为人类社会的重要活动方式之一。人际交往是所有社会关系得以实现和发展的手段，是人类社会得以存在和发展的基础和保证。在社会心理学中，人际交往被定义为在社会活动中人与人之间进行信息交流和沟通情感的联系过程。只要我们生活在这个社会中，就无时无刻不在进行着个人与个人、个人与团体，以及团体与团体之间的交流与沟通，也正是在人际交往的过程中，我们个体也完成了社会化的过程。

那么，我们为什么必须要进行人际交往呢？为什么不可以独自生活呢？从个人的角度分析来看，与人交往是我们人类一种天生的、本能的、内在的需要，通过交流，可以传递信息、交流情感，彼此获得情感支持和快乐感觉，还可远离孤独。在交往中，还可以增加我们个人的知识经验，完善自我、提高自我。个体可以借助交往来认识或证实自己，从而可以表现自己，并且影响他人。

人际交往是通过语言符号系统和非语言符号系统这两类工具实现的。语言符号系统包括语言、手势语、旗语、电报代码等，其中最主要的是语言。非语言符号系统包括动作、表情、体态、语调等。伯德慧斯尔就人际交往过程中非言语沟通发生的数量进行过推测，他认为，在人际互动中，有65%以上的信息是由非言语的形式传递的，可见非言语沟通在人际交往中占有非常重要的地位。

高中生的交往对象主要是同学、老师和父母，在交往过程中，同

学们会遇到许多的挫折与困难，正是通过克服这些挫折与困难，同学们逐步获得人际交往的知识与经验，成为能够应付人际交往各种情境的社会化的人。但是，在交往中，也存在社交恐惧、人际孤独、人际冲突等不良的交往模式。本章主要介绍这几种不良模式的应付方法。

第一节　社交恐惧症

社交恐惧症也称"恐人症"，是高中生群体中常见的人际交往障碍，指个体对正常的社交活动有一种异乎寻常的强烈恐惧和紧张不安的内心体验，从而出现回避反应的一种人际交往障碍，是恐怖症在人际交往中最常见的一种表现形态。根据对象划分，可以分成两类：一般社交恐惧症，在任何社交场合，患者都会感到焦虑；特殊社交恐惧症，只会对某些场合特别恐惧。根据症状划分，可分为：赤面恐惧、表情恐惧、异性恐惧和口吃恐惧。其中，表情恐惧是指患者总是担心自己的面部表情会引起别人的反感，多与眼神有关。

一、社交恐惧症的表现与原因

社交恐惧表现为对社交场所或人际接触的强烈恐怖，其恐惧程度与实际危险不相称，发作时会有心率加快、面红耳赤、颤抖、出汗等植物性神经症状。患者常常出现回避的行为，逃避与人接触，虽然知道自己是过分恐惧，实际是没必要，也是不合理的，但是无法控制。社交恐惧症并非是一种罕见的疾病，约占恐怖症的一半。但是，当患者对这种疾病了解不多时，就会产生自责情绪，觉得自己没出息，上不了场面，甚至也不知求助，只是默默忍受痛苦，从而有些患者出现继发性抑郁情绪，甚至有些人产生轻生念头。总之，这种疾病，给患者的身心都造成了极大的痛苦。

判断一个学生是否患有社交恐惧症，可用以下的专业测试表来进行测试，但测试结果仅供参考，关键还是要看心理医生或治疗师的

诊断：

①我怕在重要人物面前讲话。　　　　　答：（1234）

②在人面前脸红我很难受。　　　　　　答：（1234）

③聚会及一些社交活动让我害怕。　　　答：（1234）

④我常回避和我不认识的人进行交谈。　答：（1234）

⑤让别人议论是我不愿意的事情。　　　答：（1234）

⑥我回避任何以我为中心的事情。　　　答：（1234）

⑦我害怕当众讲话。　　　　　　　　　答：（1234）

⑧我不能在别人注视下做事。　　　　　答：（1234）

⑨看见陌生人我就不由自主地发抖、心慌。答：（1234）

⑩我梦见和别人交谈时出丑的窘样。　　答：（1234）

记分方法：每个问题有 4 个答案可以选择，它们分别代表：
（1）从不或很少如此；（2）有时如此；（3）经常如此；（4）总是如此。根据你的情况在上表中圈出相应的答案，此数字也是你每题所得的分数。将分数累加，便是你的最后得分了。

如果得分范围在 1~9 分，没有患社交恐惧症。如得分在 10~24 分范围，已经有了轻度症状，照此发展下去可能会不妙。如得分在 25~35 分范围，已经处在社交恐惧症中度患者的边缘，如有时间一定要向心理老师求助。如得分在 36~40 分范围，则已经是名严重的社交恐惧症患者了，快去求助精神科医生。

通过对社交恐惧患者的研究发现，它的发生是生理、心理和社会多方面共同导致的。

在生理层面上，社交恐惧症的发生与人体内一种叫"5-羟色胺"（又称血清素）的化学物质的失调有关，这种物质负责向大脑神经细胞传递信息以控制人的情绪。此外，专家们还认为，社交恐惧症与遗传可能也有关。

社交恐惧常伴有强迫性恐惧情绪，是后天形成的一种条件反应，通常是在学习的基础上建立起来的。一种是直接经验，"一朝被蛇咬，十年怕井绳"，早期经历过某种精神创伤和窘迫生活事件，如初

次进入大场面、在人前意外丢丑、初次感受到异性的注视或初次关注异性等，在这些挫折刺激情境中，学生产生了紧张、不安、焦虑恐惧的情绪体验。一旦这种体验形成固定的心理结构，当再次遇到相似的情境，即使此时个体已有能力应对，不必再害怕，但由于不能客观地评价，恐惧情绪再度被唤起，从而产生了逃避退缩的行为。当一些意外的恐怖事件发生时，个体产生应激反应，乃是人类自我保护的本能反应，但是，以后的过度反应是用儿时幼稚的经验来指导此刻的行为。另一种是间接体验，也就是通过学习获得的。看到或听到别人因交往失败陷入窘迫的境地，受到讥笑、拒绝，学生本人就会感到痛苦、羞耻。甚至通过电影、电视、小说、报刊等也可学到这种经验。

社交恐惧症是通过上面两种方式获得的，另外还有一些重要的影响因素，如教养环境、方式和学生性格特点，还与青春发育期的性教育和由性而产生的压抑有关联。

家庭背景是一项重要的影响因素。如果家长的管教方式比较专制，则孩子从小性格受到压抑，无论怎样做，都会受到父母的辱骂，这样孩子总是生活在焦虑和恐惧状态之中，并且会逐渐对自我形成无能的判断，变得比较自卑，不相信自己能做好任何事情，包括人际交往。还有学校老师的管教方式，有的老师对学生实行体罚、留下写作业或者对学生比较冷漠等，都会影响孩子对于人与人之间关系的理解与建立。学习是学生生活的主题，现代家庭大部分都是独生子女，孩子不能掌握必要的社交技能与技巧，在人际交往中，常常不知道如何来应付，不知道如何与人交往，从而产生焦虑情绪。或者有的学生对自己的外貌没有信心，担心遭人拒绝。有的学生甚至觉得自己的家庭背景比较差，父母不做官、没有钱等而很自卑，在这种自我设限的状态下，为了避免受到伤害，在人际交往中，有些学生选择逃避与退缩。高中生正处于青春期，性机能的成熟使得他们对异性产生好感、爱慕，并产生追求异性的想法。但这种想法与道德标准是冲突的，于是这些想法受到压抑或指责，学生自己也可能会产生一种羞怯感或罪恶感。于是，就极力掩饰这种好感，处于这种矛盾冲突中，有些学生

会对人际关系中的人或情境产生神经质反应，然后泛化到其他的人或事，从而引发社交恐惧症。这主要是由于与异性的正常交往受到压抑所致。

另外，社交恐惧症患者往往表现出一些相同的性格特点，如胆小、孤僻、敏感、退缩、羞怯、依赖性强等，但这些影响到底怎样，目前并不清楚。

二、社交恐惧症的心理疏导

据统计，平均每十人中就有一人为社交恐惧症所困。如果得不到及时治疗，许多患者将因长期的人际关系障碍及社交功能丧失而并发酒瘾、毒瘾或抑郁症等其他精神疾病。因此，及时治疗是非常重要的。针对上述社交恐惧症的发病原因，主要有以下几种治疗方法：

1. 认知调节

社交恐惧症的问题主要在于不能依据情境和人物的改变而采用恰当的应付方式，这种行为的背后乃是对事实存在不合时宜的认知判断。通过调整他们的认知，令其明白自己想法的非理性和荒谬之处，个体就会自动地进行行为的调整，放弃原来的想法，而采取理性与恰当的行为来应付。

认知调节的方法主要有：钟氏认知领悟疗法和理性情绪疗法等。认知领悟疗法，由我国心理治疗专家钟友彬先生依据心理动力学疗法的原理并结合我国实情及人们的生活习惯而提出的。该方法通过直接和患者一起讨论分析表现的症状，并对这些症状进行解释，使患者认识到病态情感和行为的幼稚性，领悟到这些感情与行为是幼年儿童的心理和行为模式，与他的实际年龄和身份不相称，从而主动放弃这些想法和行为。必要时，也可让求助者回忆容易记起的幼年经历作为佐证，但不必追究深处无意识的动机。而治疗的关键在于，患者对治疗师解释的领悟，这种领悟是在治疗师的引导下达到的。因此，疗效的取得不在于揭示了幼年的创伤，而在于患者对治疗师解释的信任。这样，患者将发现以前的想法及行为可笑，自己也就抛弃了原有的态

度、行为，症状也自然消除。这一过程是双方交互作用的结果，患者的积极努力尤其重要。理性情绪疗法（简称 RET）是 20 世纪 50 年代由艾利斯在美国提出的。RET 的基本理论是 ABC 理论，A（Activating events）是指诱发性事件；B（Beliefs）是指个体在遇到诱发性事件之后相应而生的信念，即他对这一事件的看法、解释或评价；C（Consequences）是指在特定情境下，个体的情绪及行为的结果。该理论认为，诱发性事件 A 只是引起情绪及行为反应的间接原因；而 B 即人们对诱发性事件所持的信念、看法、解释才是引起人的情绪及行为反应的直接起因。不合理信念具有三个特征，绝对化的要求、过分概括化和糟糕至极。在治疗的过程中，与非理性的信念进行辩论是重要的一环，通过辩论，可以让患者放弃过去幼稚的不理性的想法，而形成一种新的情绪和行为。

2. 行为疗法

行为疗法的理论主要来自于行为主义的学习理论。非适应性行为也是学习的结果，同样，也可通过学习消除那些习得的非适应行为或获得所缺少的适应性行为。针对交往恐惧症的行为疗法主要有系统脱敏和满灌疗法。两者的不同在于，系统脱敏疗法是先让患者放松，然后按照从弱到强的顺序逐步克服恐惧情境；而满灌疗法原则是一开始就让患者置身于最令他恐惧的情境之中，或者想象自己最害怕的情境。系统脱敏疗法对于较轻微的恐惧症有疗效，对于症状严重的恐惧症患者满灌疗法效果好一些。关于系统脱敏疗法的原理和操作在前文有关考试焦虑的章节已经详细介绍，这里关键是要根据各个患者的不同情况，确定患者的恐惧等级。例如，某高中女生在与异性进行交往时特别害怕，总觉得别人都在注视她。根据她的情况，可以这样来界定她的焦虑等级：

①她坐在图书馆里学习，图书馆里人并不多。

②后来，图书馆里学生人数逐渐增多。

③有一名女同学坐在她的对面。

④观察这名同学，并与她交谈。

⑤这时，一名男同学坐在她的身旁。

⑥勇敢地向这位男同学请教问题。

在患者体验到放松训练所带来的松弛感觉后，让患者从最弱的情境开始想象，当她紧张时，即引导她放松，然后再进行重复，直至不再对这个情境焦虑，即进入下一个情境。可以教会患者自己放松，在生活中遇到焦虑或恐惧的情境时，则可以自己进行放松，以缓解当时的焦虑程度。

满灌疗法，不需要经过任何放松训练，就直接让患者进入他最恐惧的情境中。一般采用想象的方式，鼓励患者想象最使他恐惧的场面，或者治疗师在旁反复地甚至不厌其烦地讲述他最害怕的情景中的细节，或者用录像、幻灯片放映最使患者恐惧的镜头，以加深患者的焦虑程度，同时不允许患者采取堵耳朵、闭眼睛、叫喊等逃避措施。患者由于过分紧张、害怕会出现心跳加快、呼吸困难、面色发白、四肢发冷等植物性神经系统反应，但由于患者最担心的可怕灾难并不会发生，这样焦虑反应也就相应地消退了。治疗师会预先告诉患者：在这里各种急救设备齐全，医护人员皆在身旁，他的生命是绝对安全有保障的，可以立即放心地展开想象、仔细聆听或观看使他最害怕的情景。另一有效的方式是要患者直接进入他最感恐惧的情境。

三、咨询个案举例

一名高中三年级的女生小苗，一年前，一天上课的时候，不经意抬头间，她发现讲台上的数学老师特别帅（这位老师是刚刚分配到学校的男老师），不知不觉就看呆了，等她回过神来，感觉老师、同学们都诧异地看着她。虽然没有人因为这件事情取笑过她，但是她却因此而常常自责，我怎么会那样看老师啊？老师和同学们会怎么看我啊？爸爸妈妈知道了，会不会以为我学坏了？开始，小苗不敢再看老师，担心同学们发觉。后来，发展成不敢和男同学说话，不敢与男同学对视。再后来，经常不由自主地注视女同学的胸部和男同学的阴茎部位。这时，她觉得自己的行为很坏，并努力控制自己不去看，但越

想控制，越控制不住。因此，在与同学交往中总是退缩，并且内心非常紧张，还会出现表情不自然、手发抖的症状。

针对该生的问题进行分析，可以发现，问题的关键在于她对自己的行为采取了不恰当的认知判断。首先调节其认知，以期她能够形成合适的认知。然后，再对其采用系统脱敏疗法，帮助她逐步克服恐惧情境。

第一步，原因分析，调节认知。在咨询的过程中，和小苗一起讨论。问题的起因在于上课时对老师的注视，让她觉得自己是个坏女孩。在与同学的交往过程中，这种感觉得到泛化，认为与男生交往就是坏女孩。以致最后出现退缩行为，不敢再与同学们交往。但她不了解，高中生正处于青春期，对异性的关注乃是正常的行为表现。而她的道德观不能接受这一点，于是与异性正常交往的需要受到压抑，反而表现得愈发明显，不由自主地关注男性和女性的身体特征。由于她不能恰当地认识自我、接受自我，就造成了对自己评价过低的后果，因而更加不敢与人交往。虽然从来没有人取笑过她，而且可能从没有人注意过她对老师的注视。

第二步，系统脱敏，重塑行为。按照由弱到强的顺序，确定她的恐惧等级为：与女同学一起学习；一起聊天；与自己以前比较熟悉的男同学讨论问题；与男同学一起参加一些活动；向最初恐惧的老师请教问题。按照前面介绍的系统脱敏的方法来操作。

经过八次咨询，在与他人的交往过程中，小苗能够自如应对，再没有出现退缩的想法及行为。

第二节　人际孤独

有些同学感觉自己是茫茫大海中的一叶孤舟，处于孤立无援的境地，他们害怕交往，把自己封闭在自己的圈子里，独自体验着无尽的孤独。孤独感是一种与世隔离、孤单寂寞的情绪体验，心理学中把这

种心理状态称为心理闭锁。我们人类本不是孤独的生物体，而是"社会性动物"，所以人类最怕孤独，对孤独有一种本能的恐惧。于是，我们想尽办法来克服和驱除孤独，多与人交流，多与人沟通，多结交朋友，让我们的生活丰富多彩，希望孤独没有机会占据我们的生活。但是，有时这种感觉无论怎样也驱除不掉，因为只要我们能够感受到自我的存在，感受到生命的存在，就会有孤独感的存在。它是与我们人生始终相伴的一种体验。同时我们也可以看到，并非所有的孤独感都是不利于我们自身的存在与发展的。有时正是因为处于孤独的体验中，我们对人生、对世界才能形成自己的感悟。这种状态，我们称之为享受孤独，这种心态不但对我们的身心没有负面影响，反而会促进我们的成长。而另一种孤独，则是我们都想极力逃避的，那就是孤单无助、寂寞难耐、心态冷漠的感觉。这说明你处于一种不愉快的体验中，需要作出些改变，来改善自己的心理状态。那么，怎样评定是否处于孤独状态之中呢？大家可以参考下面的量表测试一下。

①同学们在笑时，你是否不大会笑？ 1. 是 2. 否
②你是否觉得到同学家玩不如在自己家里玩？ 1. 是 2. 否
③你和大家在一起时，是否也觉得自己是孤单一个人？ 1. 是 2. 否
④你是否觉得和同学一起玩，不如自己一个人玩？ 1. 是 2. 否
⑤同学们在交谈时，你是否想加入？ 1. 是 2. 否
⑥你和大家在一起时，是否觉得自己是多余的人？ 1. 是 2. 否
⑦你是否讨厌参加运动会和文艺演出会？ 1. 是 2. 否
⑧你的朋友是否很少？ 1. 是 2. 否
⑨你是否不喜欢同别人谈话？ 1. 是 2. 否
⑩在人多的地方，你是否觉得很怕？ 1. 是 2. 否

上面的题目中，选"是"得1分，选"否"得0分，当得分在0～3分之间时，则评价是爱好社交，喜欢寻求刺激，喜欢与他人在一起。当得分在4～10分之间时，则评价是孤独、抑郁，不善与人交

往，自我封闭。这个量表的测验结果仅供参考，具体结果还要依据心理老师的判定。

一、人际孤独的表现与原因

有的同学感觉自己在这个世上孤独一人，没有人能够理解、支持自己，和谁都没有共同语言；有的同学在人数众多的热闹场合，却感到自己依然是孤单一人；有的同学担心因为长相不好，或者家庭条件太差，而遭到同学们的拒绝，不敢与同学交往，终日独来独往，封闭自己等等。孤独感是一种主观体验，孤单并不能称为孤独，朋友少或没有朋友的人并不一定认为自己孤独；相反，有很多朋友的人可能会感觉自己很孤独。在人生的不同时期都可能产生孤独感，而青少年时期和老年期特别容易出现这种体验。那么，为什么会这样呢？

1. 主观因素

（1）独立意识的增长。在人一生的发展过程中，高中阶段是非常重要的时期，在这个过渡时期，学生们从不成熟走向成熟。在这期间，他们掌握的知识日渐丰富，接触的社会实践也日益增多，对社会、对人生，都慢慢产生了自己的看法，但这些想法可能与父辈的思想并不相同。这时，为了维护与验证自己的想法，便开始疏远父辈。但现实又让他们产生不安全感，为了走出这种困境，多数人竭力寻求与同龄人交往。然而在交往过程中，可能会出现一些关系处理不当，或者感觉依旧没有人能够理解自己，找不到自己想要的朋友；或者由于某些已经存在的心理问题，而使他们在同辈交往过程中退缩。反叛父母的思想，在与同辈的交往过程中受挫或者不满意，找不到与自己有共同语言或情投意合的朋友，最终只能转向自己，与自己沟通交流，陷入深深的孤独之中。

（2）自我意识的发展。在高中阶段，学生的生理与心理发展已接近成熟，自我意识也逐渐强大起来，已基本能正确进行自我观察、自我评价和自我调控。他们常常会产生关于自己的许多独特的想法和憧憬，既发现自己心灵中的美，也发现自己丑陋的一面。随着慢慢长

大，个人隐私也逐渐增多，为了保护自我，于是在自己与他人之间构筑出一道"城墙"，封闭自己内心的秘密。

独立意识是一种向外的力量，自我意识是一种向内的力量，它们会同时作用在青少年的身上，当这两种力量出现失衡时，则容易导致孤独感。

2. 客观因素

每个人的成长经历不同，有的同学由于自己出生或成长环境不好，会产生自卑心理，而有意疏远其他同学；有的同学因父母不和或离异，性格有点怪异，不合群；有的同学家庭条件好，或者因为自己学习好，鄙视其他同学，认为其他同学都没有自己优秀，而孤芳自赏；也有的同学刚刚搬家，到新的环境里，朋友比较少，也会产生孤独感；当今社会，竞争非常激烈，有些同学为了在学习的竞争中获胜，担心在交往过程中，其他同学会得到他的学习方法、信息而超过自己，有意减少与其他同学的沟通、交流机会，也会产生孤独的体验。可引起孤独感的因素是非常多的，孤独感的程度也是不同的，有的可以随着时间的推移，环境的改变而得到克服，而有些严重的，则需要心理方面的帮助才能克服。

二、人际孤独的心理疏导

长期处于孤独的状态之中，身心都承受着巨大的痛苦，并且容易产生挫折感、寂寞感、狂躁感或抑郁感，严重的甚至会厌世轻生。所以，消除孤独感，打开封闭的心理，对于高中生的心理健康是特别重要的。当发现学生处于孤独的状态中时，不必惊慌失措，可以从以下四个方面协助其进行自我调整：

1. 进行客观、恰当的自我评价

生活中，如果对自我不进行客观的剖析，那么对自我的评价可能是"唯我独尊"，也可能是"妄自菲薄"，这两者都是自我意识发展不完善的表现，只看到了自己的长处或短处，而不能客观、冷静、合理、辩证地看待自己。既看到优点，也看到缺点，才是对自我作出的

真实评价。这样克服了自卑与自傲，也就跨出了走出封闭自我世界的第一步，相信自己一定能够超越孤独。

2. 理解人际交往的真正含义

由于现在的学生中独生子女较多，在家庭的成长环境中，自己一直都是中心，总是处于被关爱的地位，于是就不能理解别人，不懂得怎样去爱别人，或者未曾想过怎样表达自己对他人的关爱。在同龄人中间，大家都是平等的，你想要别人关爱，自己也要关爱别人，这样才能互相支持，互相帮助。明白了这一点，在交往中，就要学会开放自我，拓展自我心灵的空间。理解与接纳同龄人的同时，不自傲清高，也不自卑多虑，在学习以及兴趣爱好等各个方面，都与大家多沟通、多交流。同样，对待自己的长辈，也应持一种理解与接纳的态度，两代人之间虽然由于观念的不同存在着代沟，但沟通可以成为两代人之间的桥梁。有了它，两代人就可以互相理解，不伤害感情，寻求到解决问题的恰当方法。

3. 掌握一定的社交技巧和策略

心理学家对"人缘型"学生进行心理调查，发现他们普遍具有尊重人、关心人、乐于助人、真诚待人的个性特征；100%的被调查者认为结交知心朋友必须具有持重、耐心、忠厚老实、热情开朗、聪明颖悟、爱独立思考、能力强、谦虚等特点。所以，要注重这些方面心理素质的培养。还有，在社交中要善于自我心理调节，培养心理平衡能力；了解对方的心理特点，平和矛盾，多站在别人的立场上考虑问题。此外，还应该改正自己的不良习惯，培养良好的社交风度：说话和气，与人为善，行走从容，热情开朗等。还要学会劝说和谈判的技巧，创造心理相容的良好氛围，逐步提出要求，求同存异等等。

4. 培养广泛的兴趣、爱好

为自己安排好丰富、有益的业余生活，让自己忙起来，充实的生活内容会让孤独无容身之地。

三、咨询个案举例

小李，高中二年级学生，感觉自己非常孤独，来寻求心理帮助。爸爸是工人，初中之前，小李和妈妈住在乡下。后来，为了让小李有一个好的受教育环境，全家搬到了城里。由于来自农村，家庭经济条件不好，小李穿的衣服都不如城里同学的好看，即使自己学习很好，但是在城里同学的面前依然感觉很自卑。但是又因为自己住在城里，和那些农村来的同学也玩不到一起，甚至她自己都有些歧视来自农村的同学。随着自己知识和阅历的增加，小李发现爸爸妈妈越来越不能理解她，和姐姐聊天时，姐姐总是说自己的想法幼稚。初中的时候，哥哥刚刚大学毕业，那时两人还比较有共同语言，小李有什么想法都和哥哥交流，感觉还很幸福。后来哥哥参加工作，小李说哥哥的观念也变得随波逐流，流于世俗，与他也没了共同语言。等到了高中的时候，她感觉自己在这个世上孤孤单单，没有一个人能够理解自己，没有一个朋友，心情不好时，只有和自己的心交谈。

由于家庭环境的变迁，让小李失去了往日的朋友，在新的环境中，没有寻找到朋友。在打扮漂亮的同学面前失去了自尊，将自己埋在深深的自卑当中。在城里和农村两个学生群体中，她都找不到自己的位置，没有归属感。由于年龄的差异，思想观念的不同，与家人之间也竖起一道墙。小李拒绝所有的与人交往的机会，只有把自己关在心灵的保护墙之内，才感到自己是安全的。由此可以看出，小李在人际交往中的问题在于担心自己被拒绝，不被接纳，还有就是有些"自我中心"意识，希望世界都是按照自己预想的那样运转。关键在于她没有同理心，不能体会他人的感觉，用自己的判断标准来判断他人的行为和心理。在咨询中，要引导她运用角色扮演技术，培养她站在他人角度来想问题的能力，明白她的自我形象与在他人眼中形象的差异，以及能够理解与接纳他人的观念和想法，而不总是"自我中心"。

首先，鼓励她积极与同学交往。在咨询过程中，讨论她认为自己会被拒绝的情境，让她自己体会他人拒绝她时的表现和感受。然后，

鼓励她在这些情境下和同学交往，看同学们的反应是否和她的推断一致。结果，大部分同学都不像她想象的那样拒绝她，这样她参与交往的信心得到了锻炼，认识到自己对他人的假设是不全面的、与事实不符的。

然后，心理老师和她一起探讨为什么她和家人没有共同语言。父母、哥哥姐姐和她都不是同龄人，生活中接触的事情不同，看问题的角度不同，不能只看到结果与自己的判断不同，就失去了和他们沟通的耐心。这种情况下，要和他们进行深入探讨，了解他们看问题的前提、假设、判断标准等，一起讨论，看哪种结果更适合，哪种看法更好。

第三节　人际冲突

2004 年 2 月，云南大学发生了震惊全国的人命案，生化学院生物技术专业 2000 级学生马加爵一人残暴地杀害了与自己平日关系不错的四位同学。而起因是，打牌时被疑作弊，接着发生了争吵，马加爵心中非常生气，加上平日的小摩擦，结果他一人逐一将四人杀害。案发后，有人将其杀人动机归为贫穷，甚至包括马加爵本人。但是，中国人民公安大学犯罪心理学教授李玫瑾奔赴云南，对此案进行全面调查后认为，真正决定马加爵犯罪的心理问题是他强烈、压抑的情绪特点，是他扭曲的人生观，还有"自我中心"的性格缺陷。当李教授问他逃亡一生和杀害四个人，选择哪个更值得时，他回答："我以前没有想过，逃亡的时候想过，觉得自己傻，可以选择吵架就算了，没有必要杀人。"由此可以看出，引发这个悲惨事件的原因就是在人际冲突中，采取了不恰当的行为方式。这个事件本身足以让我们反思，如何教育和引导学生恰当地解决人际冲突？以及怎样才能防止这类恶劣事件的发生？

冲突指的是因矛盾而引发的相互排斥、抵触、争执、对抗和争斗

现象。生活中的冲突可以说是无处不在，只要有人类存在的地方，就会存在冲突。人际冲突是与人际吸引相反的概念，是指人与人之间互不接纳、互不相容的现象，包括背离、排斥、侵犯等方面，表现为不满、拒绝、对抗、破坏、暴力、报复等形式。人际冲突可以分为个人与个人之间的冲突、个人与群体之间的冲突及群体之间的冲突。针对高中生而言，主要的个人冲突有与同学、朋友间的冲突，与老师之间的冲突，及与父母之间的冲突。

一、人际冲突的表现与原因

高中生的心理正处于发展时期，情绪性格还不稳定，缺乏人际交往与人际沟通的技巧，社会经验也不丰富，人际冲突现象时有发生。在人际冲突发生后，明显的表现形式有吵架、骂人、打架斗殴，也有暗暗的隐性斗争。当群体间存在冲突时，则可能出现群体之间闹情绪，言语上的互相攻击，严重的也可能会出现群殴现象。

人际冲突是由于利益关系、观点不一、个性差异等引发的人际交往对象之间的紧张状态和对抗过程。在面对冲突时，冲突处理方式的选择和化解强烈的冲突情绪是关键问题。高中生产生人际冲突主要有以下原因：

1. 人际交往知识、技巧的缺乏引发冲突

高中生还处于知识和人生经验的积累阶段，各个方面发展还不成熟，在面对人际冲突时，所采用的解决方式有时非但不能缓解冲突，反而会激化冲突。

2. 缺乏沟通引发冲突

由于冲突双方沟通渠道不畅，信息交流不够或信息被曲解造成双方的误会而引起的人际冲突。无效率的沟通或者沟通不够，会使得学生在了解信息不够的情况下，就得出对人对事的歪曲判断，从而引发冲突。或者由于沟通少，由淡漠至误解，也会引发冲突。

3. 社会文化及价值观的差异引发冲突

不同学生来自不同地区或者不同的家庭背景，各自的成长经历、

家庭的教养方式都不相同，学生不可避免地存在一些生活习惯、行为方式和价值观念方面的差异，这些差异的存在会引发冲突。

4. 个性特征的差异引发冲突

人格是人在各种心理过程中经常地、稳定地表现出来的心理特点，包括气质、性格等。这种差异也会引发人际交往中的各种冲突和矛盾。另外，由于先天和后天因素的影响，有些人还会形成不健全的人格，如偏执、攻击、强迫、自恋、依赖、反社会等，这些不健全的人格可直接导致人际冲突。

5. 利益关系

冲突双方有时会在实质利益或资源的争取上产生冲突。在学校里，三好学生的名额、保送大学的名额、班级学生干部评选等，也会成为引发冲突的导火索。

二、人际冲突的心理疏导

高中生由于缺乏对交往原则和技巧的了解，才引发一些冲突和矛盾，因此需要对他们加强这方面的教育，从而减少或避免高中生人际冲突的出现。

（一）人际交往的原则

世上不可能找到两片相同的树叶，同样，也不可能有两个完全相同的人，人与人的差异是普遍存在的，所以冲突也是不可避免的。有了冲突后，如何积极寻找解决的方法化解冲突，才是最重要的。如果能够遵循下面一些原则，相信冲突可以比较容易化解：

1. 平等原则

广泛意义上的平等，指的是社会中人与人在政治、经济、文化上享有同等的权利。在交往中的平等是指人格上和精神上的平等。不能因为自己学习好，或者家庭经济状况好，或者父母有权势而歧视其他同学。同样，也不能因为自己的情况比不上其他同学而自卑，在交往中处处退避、处处忍让，这些都不是平等交往的表现。平等本身是尊

重他人，也是尊重自己。

2. 信用原则

信用原则是指在人际交往中，诚实守信，言行一致。"一言既出，驷马难追"，"言不信而行不果"，都强调了信用的重要性。现代社会，经济发展是社会的主流，很多人认为讲究诚信是傻子，有研究表明整个社会都在面临诚信危机。但是，如果没有诚信，我们的社会要靠什么来维持呢？所以，在全国范围内开展诚信教育是非常必要的，媒体也应该多加强这方面的宣传力度。

3. 理解原则

在面对冲突的时候，如果总认为只有自己的观念是合理的，别人的都无可取之处，那么冲突就不可避免了。但是，如果能够进行换位思考，站在对方的角度想一想，则可能会理解对方为什么会有与自己不同的观点，进而双方互相理解、互相接受，冲突很容易就能够化解。

4. 宽容原则

金无足赤，人无完人，每个人都是有缺点的，要学会接纳自我和包容别人。包容本身并非懦弱，而是一种豁达。

（二）人际交往的技巧

1. 语言沟通和非语言沟通

语言是我们思想内容的载体，是人际交往的工具，它可以传递思想，交流感情。非语言沟通指个体运用动作、表情、体态、语调等方式进行的交往活动。我们说话的音量、音调、节奏、停顿、语速，以及变音转调等在人际交往中都携带大量的信息。所以在交往中要讲究谈话的技巧，以营造良好的人际交往氛围。为表达对对方的尊重，不要使用侮辱性的语言，比如，"农村来的，土老帽"、"你妈不就是个卖鸡蛋的吗"、"我是班长，你得听我的"等等。同时，我们要掌握倾听的艺术。交往过程中，人们常常想别人能接受自己的观点，而较少想到接受他人的看法。有效的沟通包括双方意见的交换，并尽可能

完整地交流信息。因此，要积极地倾听，及时地反馈，不轻易打断别人。另外，自我的巧妙表达也可以创造融洽的交流环境，实现信息情感的传递与交流，进行成功的人际交往。这类技巧是非常多的，学生应在自己的人际交往实践中多多摸索，多多积累。

2. 增加个人吸引力

在人际交往之初，容貌和仪表起着重要的作用，良好的容貌和仪表易引起晕轮效应，易让人认为漂亮的人同时也具有其他优点。第一印象也是特别重要的，第一次交往时，要注意自己的一言一行，一举一动，良好的第一印象会促进交往的继续和深入。理想的自我形象是：容貌仪表富有魅力、谈吐高雅、语言生动幽默、举止得体、知识丰富、能力突出、个性健全完善，同学们应朝着这个方向努力。良好的人格品质和品性是维持和提高人际吸引力的重要方面，心理学家列出了一些人际吸引效应品质，如下表所示，供大家参考：

最值得喜欢的	优点与缺点参半的	最不值得喜欢的
真诚	固执	作风不好
诚实	循规蹈矩	不友好
理解	大胆	敌意
忠诚	谨慎	多嘴多舌
真实	理想化	自私
信得过	容易激动	眼光短浅
理智	文静	粗鲁
可靠	好冲动	自高自大
有理想	好斗	贪婪
体贴	腼腆	不真诚
可信赖	猜不透	不友善

（续上表）

最值得喜欢的	优点与缺点参半的	最不值得喜欢的
热情	好动感情	信不过
友善	害羞	恶毒
友好	天真	讨厌
快乐	闲不住	虚伪
不自私	空想家	嫉妒
幽默	追求物质享受	冷酷
负责任	反叛	邪恶
开朗	孤独	自以为是
信任别人	依赖性	说谎

3. 情绪宣泄

在冲突发生时，个人意愿和活动受到挫折，不可避免地会伴随强烈的情绪体验，这时不要过分压抑自己的愤怒，但也不能通过打架来宣泄，而是要选择合适的方式。曾担任美国总统的托马斯·杰弗逊，在临终时给他的孙子蒙蒂西洛留下了日常生活十诫的遗言。其中之一就是："当你气恼时，先数到10，然后再说话，假如怒火中烧，那就数到100。"情绪的宣泄，可以采用体育运动、听音乐、或向朋友诉说等不危害他人、社会也接受的方式。

（三）人际冲突的疏导策略

上述人际交往的原则和技巧可以有效地预防人际冲突的发生，但是因为人的差异总是存在的，所以冲突无论怎样都是难免的。冲突可能有利，也可能有害，关键取决于如何正确处理。

首先，要冷静。无论感到多么愤怒，提醒自己一定要冷静。以自己的理智来控制愤怒的情绪，保证自己恢复正常的思维。其次，分析事情的来龙去脉，辩证地看待冲突，分析自己错在哪里，对方错在哪

里。再次，和对方说明，共同协商寻求双方都能接受的解决方式。最后，成功化解冲突。在上述过程中，要运用人际交往的诸多技巧。

三、咨询个案举例

小周，高中一年级学生，他打算去打另外一个班的同学小高，因为下午篮球比赛时，小高多次冲撞他，让小周很没面子。当着两个班同学的面，也为了比赛能够进行下去，小周没有和小高发生冲突。但是，比赛结束后，小周越想越气，决定要对小高进行报复。但他似乎又觉得自己的行为有些不妥，所以以来心理老师这里求证一下，这样做到底对不对。

心理老师：在行动之前，你能来这里找我，我感到很高兴。小高的行为很令你生气，是吗？

小　　周：是啊，比赛的时候，他一次又一次地冲撞我，要不是为了比赛，看我不揍瘪了他，当时真是气死我了。我是班长，怎么也不能和他一般见识，但是，不教训他一下，又感觉太窝囊了。

心理老师：我很能理解你此刻的感受，不打他一顿，好像难解心头之恨。但似乎你认为去打他一顿，又不是最合适的解决方式，对吗？

小　　周：是啊。这点小事，似乎又不值得。

心理老师：看到你能够控制自己的情绪，理智地来解决问题，我很为你高兴。现在，我们来讨论讨论事情的整个过程，好吗？

小　　周：好吧。

心理老师：球场上，你觉得小高为什么会冲撞你？

小　　周：肯定是因为他们输球，生气喽！

心理老师：虽然小高的表达方式不合适，但你仍能够理解他，是吗？

小　　周：是的，我们输球的时候，我也会很生气。

心理老师：现在你明白小高冲撞你，只是想表达他的气愤，你还那么生他的气吗？

小　　周：（沉默片刻）不怎么生气了。

心理老师：每个人都会有缺点，在人际交往中，有时我们需要理解与包容别人，才能创造良好的社交氛围，建立良好的人际关系。你说，对吗？

小　　周：老师，您说得很对。我以前的想法太傻了，现在知道该怎么做了。

　　一个月后，一次偶然的机会，在校园碰到小周，他告诉我，他和小高已经成为好朋友了。看到他们能成功地化解冲突，笔者也由衷地为他们感到高兴。

第四节　群体事件

　　2009年4月，某中学高一学生李某因与学校"南湖十四煞"帮派成员小亮同追一个女生而发生冲突，招致杀身之祸。他们都是十六七岁的青少年，每个人的胸口都文了一个"煞"字，拉帮结派一起号称"南湖十四煞"。他们的法律意识很淡薄，一个曾经练了6年长跑的名叫小伟的孩子在被警察追上时，他不担心自己将受到处罚，反而嘿嘿一笑，开起了玩笑说："我以为仇家要砍我，早知道是你们'条子'抓我，我就不跑这么快了，害得我跟刘翔一样破纪录了。"审问时发现他们盲目爱"面子"，乱讲"哥们义气"，7个孩子中，除了当事人小亮知道打架原因，其他人都不知道为什么要砍人，砍的是什么人，他们说大家一起玩的，"兄弟"有难一定要无条件帮忙。盲目地"拉帮结派"，"小弟成群"，所谓的"哥们义气"和极端暴力，终究造成了7个孩子落网、8对父母流泪的悲惨局面。

　　群体是指两个或者两个以上相互依赖和相互作用的个体，为了某个共同的目标而结合在一起的彼此之间有情感联系的人群。高中生中比较常见的群体事件就是拉帮结派，并以此小团体为主导，欺负同学、排挤他人，甚至起哄老师，严重影响他人和校园秩序。

一、拉帮结派的表现与原因

由于身心的发育，青少年学生的独立性和自主性逐渐增强，他们不愿意向家长、教师敞开心扉，不愿意受社会、家庭、学校的制约，更愿意在同辈人中寻求"知己"。这样，几个趣味相投的"哥们"便聚合在一起，形成相对独立的小团体。这种小团体具有很强的统一性，又具有很强的封闭性、排他性。一旦团体的某位成员与他人发生矛盾，他们就会采取统一行动。各种各样的小团体在高中校园中非常普遍，而拉帮结派形成的团体具有明显的负面色彩，经常参与各种打架斗殴等群体事件。

高中生拉帮结派主要有以下原因：

1. 主观因素

（1）身心因素。由于高中生大多思想单纯，在行动上缺乏深思熟虑，具有兴奋性和冲动性的特点。他们遇事易激动，好动感情且情感强烈，往往只凭直觉的心理体验而不顾一切地从众。从生理上来讲，他们精力充沛、情感丰富、敏感好奇；而从心理上来讲，此时他们正处于易激动、易冲动、群体互动性强的心理期。这些特点，使高中生们容易成为群体事件的受众者和参与者。除此之外，由于高中生处于青春期的高峰阶段，强烈的独立性，以及争强好胜的心态容易造成人际关系的不和谐，产生冲突继而引发群体性突发事件，如打群架、斗殴等。

（2）耍酷，出风头，好面子心理。处于青春期的高中生，自我意识比较强烈，渴望赢得尊重和赞美。在校园里拉帮结派，高调行事，寻求所谓的"与众不同"，这让他们获取极大的心理满足；把同学们对其的"害怕"、"崇拜"甚至是"唾弃"，当作威风、酷、有面子的象征；在到处张牙舞爪以及恃强凌弱的过程中，体验所谓的"虚荣感"和"满足感"。

（3）人际关系紧张。随着经济的发展，物质生活条件的改善，使得小孩都是家中的瑰宝，这样也在一定程度上造成他们自尊心过

强、意志品质薄弱的个性。尤其是处于青春期的高中生，不但与父母关系不能够和睦相处，而且同学之间的关系也非常紧张。尤其是那些学习成绩稍差、在校表现不好的学生，学习上得不到肯定，但又逞强好胜，争风吃醋，受不得半点委屈。于是四处拉帮结派，寻求所谓的"保护伞"，今天教训这个，明天教训那个。

（4）思想单纯，法制观念淡薄。加入校园帮派的成员中，或是因为好奇，或是因为虚荣，或因为单纯的无聊，在没有意识到其重大危害的前提下，就已经"朦胧"地加入其中。在体验强烈满足感的同时，丝毫没有意识到将会面临违法犯罪的可能。

2. 家庭教育因素

高中，是孩子身心发展的最重要时期，也是学习压力最大的时期。部分家长不懂得孩子的心理特点和教育规律，对孩子期望过高，致使孩子压力大、负担重，导致很多孩子厌学、逃学甚至辍学，这种极端教育易导致孩子性格偏执或产生不良的行为习惯。有的家长过分宠溺，"皇子""公主"般地呵护，致使孩子骄傲，自尊心强，受不得半点委屈；还有部分家长动辄使用暴力，使孩子的内心留下巨大阴影，迫切希望寻找"保护伞"，同时感到内化暴力是解决问题的最好方法。

3. 周边消极环境的影响

由于有些校园周边治安存在漏洞，常常有学生遭到恐吓、教唆。一些同学误认为能够多认识一些小混混是件很光彩的事情，造成学生间的摩擦升级为有社会闲杂人员参与的斗殴。另外，不良传媒（电视、电影、网络、报刊）和社会暴力文化成为校园暴力、群体事件的催化剂。

二、拉帮结派的心理疏导

1. 端正认识，意识到拉帮结派的危害

我国每年因帮派之争而导致的重大恶性事件不胜枚举。而每年因此受伤或者入狱的人数也数以万计。许多社会上的帮派成员绝大多数

都是十六七岁的高中生，或是在高中时辍学的"小混混"。校园里的帮派发展容易让他们产生极大的认同，进而无可救药般地加入"黑社会组织"。他们法制意识淡薄，行为冲动，容易受人摆布和驱使。因此，必须端正认识，意识到拉帮结派的重大危害，从思想源头抵制诱惑。

2. 学会控制冲动，加强自身修养

当处在冲动的情绪当中，务必要克制自己，把自己的想法告诉老师或者好友，请他们帮忙寻求更好的解决方法。同时加强道德修养，培养良好的心态，改进人际关系，多看健康读物，多参加有意义的活动，学会自我调节过激情绪。

3. 探寻解决矛盾的有效方法

高中阶段是心理变化较大的时期，部分同学情绪不稳，血气方刚，做事易冲动，自控能力差，尝试模仿暴力行为来解决问题，却很少考虑社会意义和后果。部分中学生心理狭隘，自私，唯我独尊，讲义气等。因此，在进行疏导的过程中，需要全面认识其心理发展的规律，充分理解其内心的想法，然后共同探寻面对挫折和冲突的解决方法。

4. 充实学校生活，获取正能量

马斯洛的需要层次理论提出人都有基本的生存需要、安全需要，以及更高层次的尊重的需要、归属和爱的需要。校园里拉帮结派的学生大多都是学习成绩较差，表现不好，以及被老师和同学所讨厌的一类。由于他们正常的心理需求得不到满足，便容易从另一个极端来获取。他们容易因彼此处境相同、心理需求相同而自发组织成为小团体，并产生强烈的认同感。他们经常不务正业，不学习，打着"自我保护"的旗号，到处挑事，打架斗殴，以此博取关注，满足内心缺失的安全感和满足感。因此，在面对这一群体的时候需要更多地从内心需求的角度出发，关心、理解、协助他们全面地分析原因，克服学习上的困难，迎头赶上而不是自暴自弃。

5. 慎交友，交益友

良好的伙伴关系对中学生的心理健康发展意义非凡。同学们大多思想单纯，相信朋友之言，听从朋友之劝。然后不分良莠，交友不慎，就可能深受其害。因此，多交良友、益友，从他们那里获得积极向上的正能量。

三、咨询个案举例

小王，高中二年级学生，因不慎加入帮派组织，内心惶恐而前来咨询。

来访者自述：高中以前，我是个很乖的学生，学习成绩很好，是大家眼里品学兼优的好学生。但进入高中后，学习难度陡增，学起来很吃力，成绩下滑得厉害。老师没有以前那么关注我，同学们也都迎头赶上，这让我很难受。再加上高一的时候爸妈经常吵架，要离婚，弄得我心情烦躁、抑郁。三个月前，我和一个好朋友在校外吃饭，说了内心的苦闷。同学让我忘记这些事，跟着他去参加一些刺激的活动。处于好奇，就跟着他们一伙人去了电玩城玩电玩，那一次玩得很开心，于是被邀请加入他们的组织。之后也经常去一些网吧、电玩城。每次都没让我付钱，感觉大家都很照顾我，因而产生强烈的归属感。后来才知道，他们就是我们学校所谓的"飞龙帮"。一个半月前，他们紧急集合，说是有重要的事情要办，等我到了才知道，原来是有一个兄弟被欺负了，老大招呼我们集体去报仇。我内心很恐慌，想退出，但是他们不让，说我不能不讲义气，逼着我去参与。那一次，他们集体拿着刀去砍人，把我吓坏了。但说实话他们真的很讲义气，只是每次参与打架我的内心都很煎熬。

心理老师：刚听了你的描述，感觉你在"飞龙帮"里面很矛盾，对吗？

小　　王：是的，刚开始去参加活动的时候觉得很疯狂、很刺激，但是新鲜感一过就没意思了，等我知道他们就是"飞龙帮"，而且经常打架斗殴，我感到很恐慌，想退出，但是又觉得要讲义气，不

能临阵脱逃。

心理老师：我能想象你此刻的感受，有种进退维谷的感觉。"飞龙帮"在你煎熬的时候给你带来了一些快乐和满足，但当你冷静下来，发现也不是自己想要的。

小　　王：老师你分析得很对，就是这样。我当时晕乎乎的，对他们根本都不了解，只觉得是同学介绍的，好玩，他们对我又很关照，所以就加入了。再说那段时间爸妈总是吵架，要离婚，我很不想他们离婚。加上学习成绩又差，很郁闷。哎！各种不顺心……

心理老师：那你现在前来咨询，想要老师帮你解决哪些问题呢？

小　　王：我想老师帮我分析，我是要继续待在里面，还是主动退出来呢？

心理老师：这个问题，我感觉到你内心其实已经有想法了。

小　　王：我其实很想退出来，不能继续下去。我现在高二，离高考不远了。虽然现在成绩比以前差了一些，但是我还想考大学，为爸妈争气。可是，有时候我又很贪恋在"飞龙帮"里面的美好，觉得除了打架斗殴外，有些活动很刺激。最起码，我觉得自己是受重视的！

心理老师：这样看来，支撑你待在里面的最大动力是觉得自己被重视，有一种内心的满足感。我们试着分析你当时为什么会加入"飞龙帮"，行吗？

小　　王：我知道，当时我心情很烦躁，学习成绩也不好，不再是老师眼中的好学生。爸妈关系也不好，对我的关心少了很多。内心很憋屈，没有地方宣泄，然后就稀里糊涂地加入进去了。在那里让我体验到了以前没有经历过的东西，比如玩电子游戏，一起出去喝酒吃饭等。

心理老师：从你的分析中看，似乎"飞龙帮"在你最困难的时候向你伸出了援手，但是你在毫不知情的情况下稀里糊涂地加入了，这表明其实你并不是自愿加入的。支撑你待在里面的重要原因是你渴望被关注、被尊重的心理得到了满足，以至于尽管你很排斥他们打架

斗殴，但却还是有些留恋的。

小　　王：对，就是这样的心理，我觉得在那里面有我在学校里得不到的满足感。其实我知道我肯定不能继续在里面待下去，迟早会出事的，他们的行为很残暴，有时候还会动用管制工具，想想都让我很害怕。老师，我现在完全明白了，但是我接下来要怎么做呢？尤其是我的学习。

心理老师：我觉得现阶段，首先需要坚定自己的立场，参加帮派组织是危险的，而且是违法的，很欣喜看到你能意识到这一点。其次，就是你担心的学习，我建议可以设定一个目标和一个详细的具体可操作的学习计划，一步一步地去实施。你小学、初中成绩都很好，证明你的学习能力是很强的，只是进入高中后学习难度加大，会让你有些措手不及，不再是班上的佼佼者了，心理上有明显的落差。加上父母要离婚，让你的内心受到了极大的冲击。这一切来得有些突然，你还没有完全适应。

小　　王：谢谢老师这么理解我……（哭泣）我知道该怎么做了。

接下来小王又做了三次心理咨询，主要是针对具体的学习计划以及心态的调整，强调多和现在的自己比较，而不是盲目的和优秀的同学以及自己过去的"辉煌"进行比较，一步一个脚印。咨询到最后，小王告诉老师，已经彻底退出了帮会，学习成绩也有了明显的进步。

第四章　高中生自我意识问题及疏导

自我意识是主体对自己的心理、身体、行为以及自己与别人、自己与社会之间关系的意识。它是一个由许多要素构成的体系，主要包括自我认识、自我体验、自我控制等方面。它是高中生自我教育的基础，它的发展直接关系到高中生健康个性的形成。进入高中阶段，随着身体发育的成熟，以及社会、成人对其态度的改变，高中生越来越把注意力指向自身，不仅自我意识的能力和水平提高了，而且自我意识的内容进一步丰富和深刻。与初中生相比，高中生的自我意识出现了很多新特点。例如，高中生要比初中生更善于从旁观者的新角度来观察自己，更善于内省、思考自己和自己的问题；自我评价能力进一步提高；对自身的形象更为关注；自尊心更加强烈等等。但由于身心发展尚未完全成熟，高中生对自我、对他人的评价往往又不够全面、客观，容易出现偏差，从而导致自卑、自负、嫉妒、逆反心理的形成，严重影响了高中生生理和心理的健康发展。

第一节　自卑心理

自卑心理，有时也称自卑感，指的是因对自己的能力及某方面的心理品质的评价偏低，而产生的不如别人的一种自我意识。随着高中生自我意识的增强，他们更加强烈地关注自己，希望自己一切都超过别人，这种自我显示的欲望往往是与自己的能力有距离的。另外，一

些高中生会因太过在乎别人怎样看待自己而陷入神经质的状态中。在这种心理基础上,高中生很容易因为各种各样的事而产生自卑感,甚至一些在成人眼里算不了什么的问题,也会导致高中生产生自卑感。自卑感强的学生,容易在生活和学习上遭受挫折,挫折感反过来又会进一步加重他们的自卑感。这一恶性循环往往会使这些高中生变得不肯面对现实,丧失奋发向上的动力,严重影响了他们的学习和生活。因此,对自卑感强的高中生及时进行心理疏导,对于他们个性的健康发展有重要意义。

一、自卑心理的表现与原因

(一) 高中生自卑心理的表现

在生活和学习中自卑感较强的学生,常有如下一些心理行为表现:

(1) 为人处世自信心不足,常常低估自己的能力,看不到自己的长处和优势。不仅如此,而且还总习惯于拿自己的缺点和别人的优点作比较,由此对自己心怀不满,觉得一切都烦人,事事不顺心,生活中充满了悲观、暗淡和沉闷压抑的气氛。

(2) 人际交往方面,往往表现得胆小怯懦、沉默寡言、猜疑心重、遇事冷淡且缩手缩脚。不敢大方地与人交往,尽量避免参加集体活动,唯恐在他人面前出丑而遭到拒绝与嘲笑。与人交往时,不敢大胆地表达自己的看法、观点,缺乏必要的生活勇气和信心。

(3) 自卑感强的高中生,往往还会采取一些消极的心理防卫方式。例如,有的学生由于看到别人比自己强,又不敢正视自己的弱点,就把对自己的不满情绪转嫁到他人身上,靠贬低别人来平衡失衡的心态。还有的学生会伪装自己,用自负、清高的外表对自己的短处加以掩饰或否认等等。

（二）高中生自卑心理的成因

高中生自卑心理形成的因素，总的来说可以概括为生理因素、个性因素、家庭环境因素、受挫经历因素、学校环境因素五个方面。

1. 生理因素

高中生对自我认识的兴趣，首先表现在关心自己的身体形象上。从中学开始，个体以新的方式来感知自己的生理面貌，比较注意和关心自己的外貌，如身高、体形、服装等，喜欢受到好评。这种兴趣在高中阶段更有所加强。

对体形和外貌的关心，一方面是高中生自我意识逐步走向成熟的表现，他们已经很关注他人、集体对自己的评价，重视自己给别人的印象。另一方面，这又给部分学生带来了烦恼。特别是对一些相貌上有缺陷、发育较晚或先天发育有疾患的高中生来说，他们往往会因此而产生自卑心理。例如，有的学生因脸上长满了青春痘或皮肤粗糙而感到自卑，因而羞于在众人面前露面，怕被人耻笑、看不起。还有的学生因为个子矮小或者体形过胖，怕被人指指点点、评头论足，而拒绝参加各种集体活动等等。这种因体形或相貌上的缺陷而形成的自卑心理，严重影响了学生的人际交往，特别是异性交往。因为高中生正处于性意识发展的第二阶段——爱慕期。随着青春发育期高峰的出现，孕育于疏远期的与异性接近的愿望会逐渐明朗化，并且以情感吸引和实际接触需求的形式表现出来。这种情感吸引和实际接触需求的特点之一是相互显示，喜欢在异性面前表现自己，以引起对方的注意，并希望得到异性的肯定。而那些对自己的外貌或体形感到自卑的学生，会特别在意异性对自己的评价，但他们又因为自卑而觉得无法在异性面前很好地表现自己，因而往往会刻意逃避与异性的交往。

高中生的第二性征一般都已明显发育，机体的发育也渐趋完成。这时学生的容貌和体形都已接近成人。但有的学生由于遗传、内分泌等因素的影响，到高中阶段第二性征仍不明显。这部分学生往往会有自卑心理。例如，有的男生到高中还没长胡须，因而觉得自己不像男

子汉，从而产生自卑心理；还有的女生因为乳房小，有的男生因为阴茎小而感到自卑等等。

2. 挫折和心理创伤的影响

高中生正处在身心发生较大变化的时期。这个时期，他们的心理出现重要的转折，独立性与成人感显著发展，不同层次的多种需要不断产生。但由于他们个性发展尚不稳定，受认识、情感、意志发展等方面的制约，加之他们涉世不深，在日常的学习和生活中并非都是一帆风顺的，常常会遇到各种困难和挫折。由于个体认识上的差异，不同的人对待挫折的态度会有所不同。有的学生会把挫折看成自己人生道路上的考验，因而能坦然面对；而有的学生一旦碰到挫折，就往往容易产生悲观失望的心理，进而怀疑自己各方面的水平、能力，产生自卑心理。例如，有的学生因一两次考试失败，就觉得自己一无是处，怀疑自己没有能力学好。这里还涉及归因风格的问题。归因风格是指个体在长期的归因过程中形成的比较稳定的归因倾向。一般来说，习惯于把成功归因于运气，把失败归因于个人能力不足的学生，自卑感往往比较强烈。

此外，有的人在经历了创伤性生活事件的打击后，也会形成自卑心理。例如，有些曾经受过处分的高中生，尽管现在各方面表现都非常好，但是一旦在现实生活或学习中触及他们心底里的"伤疤"，他们就会表现得非常自卑。

3. 个性因素

个人在能力、气质、性格方面所表现出来的某些不足也会诱发自卑心理。如在能力方面、智力水平偏低的学生，在生活、学习中经常处于落后地位，虽经努力，也无法赶上，于是时常为自己能力不足而在同学、老师面前抬不起头来。

此外，一个人的气质和性格类型也是影响自卑心理形成的重要个性因素。就气质类型而言，抑郁质的人往往细致敏感、怯懦、孤独、遇事缺少主见、迟疑不决、多愁善感，因而在外界不适当的刺激下，极易形成自卑倾向。性格是人对现实稳定的态度及其行为方式的个性

心理特征。瑞士心理学家荣格最早把人的性格划分为内倾和外倾两种类型。内倾型的人一般表现为沉静、谨慎、多思、孤僻、反应慢、适应环境困难；外倾型的人一般表现为开朗、活泼、爱好交际、情绪外露、不拘小节、易于适应环境。研究发现，有严重自卑倾向的学生大多属内倾型性格。

4. 家庭环境的影响

家庭是个体社会化的起点，其不良环境因素会直接或间接导致青少年的自卑心理。

首先是家庭经济状况的影响。近年来，随着家庭经济收入水平的提高，物质上的攀比之风在中学生中盛行，这种不良现象在高中生中表现得尤为突出。那些家庭富裕、整天身穿名牌的学生，往往成为大家羡慕和争先模仿的对象。在这种不良风气的影响下，那些虚荣心比较强，但是家庭经济状况又不太好的高中生，往往就会产生自卑感。有关调查发现，在城镇中学里，来自农村的学生的自卑感比城镇学生强；来自贫困家庭的学生的自卑感比来自富裕家庭的学生强。

其次，家庭教养方式及家庭结构也会影响高中生自卑心理的形成。现在的高中生，特别是城市高中生，很多都是独生子女，他们从幼年起就处于家庭的核心地位，再加上家长不适当的溺爱，逐步养成依赖心理，使他们遇事畏惧退缩，一遇失败和挫折就容易产生自卑心理。对于很多不是独生子女的高中生，自卑心理也普遍存在。分析其原因，主要是因为他们与独生子女相比，得到父母的关注可能相对较少。特别是那些在兄弟姐妹里排行最大的学生，可能会感觉父母把更多的爱给了弟弟妹妹，忽略了自己，因而容易产生自卑感。还有部分学生，他们有着比自己优秀很多的哥哥或姐姐，父母总是要求他们以哥哥姐姐为榜样。当他们无法达到这一标准时，就会遭到父母的责备及周围人的嘲笑，在这种压力下，学生很容易形成自卑心理。在有的家庭里，父母重男轻女的封建思想非常严重，生活在这种家庭的女生，一般都会有不同程度的自卑感。此外，对于大多数高中生来说，考上理想大学是他们的唯一目标，也是家长的最大期望。但是，有的

父母对子女的期望往往过高，而不考虑子女的实际情况，一味对他们"高标准，严要求"。这些学生往往难以达到父母的要求，经常遭受失败，缺乏积极的情感体验，从而极易导致自卑。

再次，父母的性格对高中生自卑心理的形成也有重要影响。如果父母一方或双方性格很内向，看待问题的态度很悲观，做事犹豫不决、胆怯退缩，子女往往会受其影响而变得自卑。

5. 学校环境的影响

学校是高中生的主要活动场所，对其自卑心理的形成也就居于主导地位。

首先是教师的影响。教师对学生的关心、鼓励、评价、期望等都会影响到学生的自尊心。教师的消极评价与期望是导致青少年产生自卑心理的直接因素。

其次是同伴的影响。对于高中生来说，他们的同伴关系比亲子关系、同胞关系和师生关系更为密切。性成熟带来的心理动荡，以及过渡期社会地位本身的不稳定性，使得高中生产生了获得心理和社会地位安定的强烈要求，并希望能依赖朋友来使自己的要求得到满足。他们只有在与朋友建立了良好的友谊时，才会得到心理上的安定感，满足安全和归属的需要。那些性格古怪或品行有问题的学生，由于受到同伴排斥，往往会产生自卑心理。

再次是学业成绩的影响。学业成绩越低，学生的总体自卑的程度也就越高。这主要是因为学生的主体活动是学习，他们主要通过学业成绩来评价自己的能力，体验成功和失败，学业成绩本身就是学业和成就感的重要体现。

最后，学生由初中升入高中还面临着环境适应的问题。高中的学习压力比初中大很多，学习内容的增多还要求学生在学习方法上作出重大调整。如果不能很好地适应这些转变，学生就很容易对自己的能力产生怀疑，进而产生自卑心理。

二、自卑心理的心理疏导

对于高中生的自卑心理，可以从以下几个方面进行疏导：

(一) 正确认识自己，提高自我评价

首先，以他人为镜认识自己是高中生认识自我的最基本途径。高中生对自己的认识，常常是以他人对自己的评价、态度为参照点的，并在一定程度上反映了他人的评价和态度。自卑的学生通常会特别在意别人对自己的低评价，尤其是他们心目中的权威人物，例如当老师对他们某一方面的表现作出低评价时，他们就很容易对自己的能力产生怀疑。其次，高中生对自己的认识，常常也是在与别人的比较中得出的。自卑的学生往往习惯拿自己的短处与他人的长处比，结果当然是越比越觉得自己不如别人，越比越泄气。再次，与初中生相比，高中生更经常地通过对自己内部世界的分析、内省这一途径来认识自己，但由于心理发展尚未成熟，仍不善于通过这一途径认识自我，他们对自我的评价往往不够全面。自卑的学生经常会自我反省，因为他们对自己的不足有较多的了解，就力求自我完善，因而对自己要求较严，但越严越觉得自己不足，加上晕轮效应的影响，只看自己的不足而忽略了自己的优点，这样就会形成消极自我评价的恶性循环，使自己越来越自卑。

可见，高中生要克服自卑心理，关键是要客观全面地评价自我。"尺有所短，寸有所长"，由于先天或后天的原因，每个人在能力、素质方面都会有较大的差别。也就是说，每个人都有自己的长处和短处，因此要客观全面地认识自己，既要善于发现自己的优点，又要从容接纳自己的缺点。不能因为自己某一方面的缺点，就对自己全盘否定。此外，还要找到一个合适的参照系来评价自己。在与别人比较时，选择与自己各方面相类似的人、事比较，否则与自己悬殊太大，或者拿自己的弱点与别人的优点相比，总免不了产生自卑感。除此之外，还要学会自己和自己比较，例如把现在的我和过去的我进行

比较。

（二）消除不合理认知

首先要消除对自卑心理的不合理认知。自卑心理是个人普遍具有的一种心理状态。一定的自卑心理对个人的发展具有激励和促进作用。其实每个人都有自卑感，只是程度不同，表现也不同。所以应当正确地对待自卑，不能只看到自卑的危害，更不能因为自己自卑而自卑。

其次要正确认识挫折。挫折具有普遍性，即人人都可能遇到挫折，这是不以人的主观意志为转移的。失败与成功的关系是辩证的，消极因素在一定条件下可以转化为积极因素。把失败看作成功的阶梯，这样，在挫折与失败面前就能保持冷静和自信。

（三）积极的自我暗示

因为自我认识不足，自卑的学生常会觉得"我不行"，例如还没考试就觉得自己肯定会考不好。由于事先有这样一种消极的自我暗示，就会打击自信，增加紧张，产生心理负担。在学习和交往中，就不敢放开手脚，就会限制能力的发挥，工作效果必然不佳。这种结果又会形成一种消极的反馈作用，影响到以后的行为。也无形地印证了自卑者消极的自我认识，使自卑感成为一种固定的消极自我暗示，从而形成一种恶性循环，使自卑感进一步加重。因此，当面临某种情况感到信心不足时，不妨进行积极的自我暗示，用"我有能力干好这件事"、"我一定会成功"、"我也有过人之处"等话语鼓励自己，增加自己的信心。

（四）充分发挥补偿作用

所谓补偿，就是通过发挥自己某一方面的优势来弥补某一缺陷，从而将某种缺陷转化为自强不息的巨大推动力量。奥地利心理学家阿德勒曾把自卑看作是人类最大的能源。在学习和生活中正视自己的不

足，并充分发挥补偿作用，能有效地克服自卑感。例如，有的学生外貌上有缺陷，于是努力学习，通过优异成绩来弥补外貌缺陷所带来的自卑感。可见，"补偿是克服自卑的强有力的武器"。合适的补偿目标，能使人从中寻求新的前进动力，增强自信。

（五） 增加成功体验

首先，学会表现自己。自卑感强的人有一个共同特点就是做事情时缩手缩脚。因此，要想方设法做些力所能及且把握较大的事情，哪怕这些事情很小，也不要放弃争取成功的机会。只要有了成功的经验，成就感增强了，就会渐渐地确立自信心。通过在各项活动中不断表现自己，还能发展意志力，提高抗挫折能力，在克服困难的过程中逐渐摆脱自卑感的困扰。

其次，适当调整期望值，制定切实可行的目标。有的人对自己的期望值过高，所定目标远远超出自己的能力范畴，几经努力，目标仍未达到的时候就可能心灰意冷，容易产生自卑心理。这就有必要重新调整期望值，制定切实的目标。因为一次成功对于有自卑心理的人来说是一种极佳的奖励。成功的结果使人的能力得到肯定，可以强化自尊心，形成良性循环；如果目标不切实际，无法实现，那只能使人灰心，产生自卑。当目标较远大，一时无法实现的时候，不妨把大目标分解成一些具体可行的小目标，一个一个去完成。在实现小目标的过程中，不断体验成功的喜悦，从而不断走向更高的目标。一连串的成功必将增强一个人的自信心，弱化自卑感。

再次，适度回忆成功的往事。成功经历是对一个人实力和能力的证明，所以一旦被自卑感困扰，不妨仔细回忆一下自己过去获得的成功，让自己重拾信心。

三、咨询个案举例

某高中二年级女生，因为觉得自己很没用，样样事情都干不好而前来咨询。当事人自幼父母离异，她与母亲和姐姐相依为命。母亲是

个清洁工，收入很低，因而家庭经济状况很拮据。姐姐各方面表现都很优秀，正在一所重点大学念书。据当事人自述，她的母亲是个悲观、敏感、多疑的人，整天郁郁寡欢，很少有笑容，而且经常在她们面前倾诉一些不愉快的事情，例如别人如何瞧不起她，如何欺负她，而她无依无靠，只得忍气吞声等等，通常还一边讲一边哭。母亲对她要求很严格，总是拿她和姐姐比较，要求她要像姐姐一样优秀。当事人觉得她自己从小就生活在姐姐的影子里，但为了不让母亲失望，她会很努力地去做每一件事，却又常常做不好，特别是在学习方面，远远比不上姐姐。因此，她常常觉得自己很没用。

当事人性格比较内向，很少主动与人交往，因而几乎没有朋友。学习上有困难时她不善于开口请教，除非老师提问，否则课堂上她从不主动举手回答问题。除了硬性要求参加的集体活动，其他集体活动她一律不参与。由于各方面表现平平，班上的同学几乎忽略了她的存在。她时常感到很孤独。进入高中后，她的孤独感更加强烈。小学到初中她都在乡下上学，高中后，由于妈妈工作上的调动，她转到了城里的一所中学。来到一个新环境，她发现很多地方都不适应。由于自小在乡下长大，她有很重的地方口音，普通话说得很难听，常引得同学们发笑。城里的学生普通话都说得很好，平时也是用普通话进行交流。有时课间听到同学们在谈论逸闻趣事的时候，尽管她也很想发表一下自己的见解，却从不敢插嘴。升上高二后，班里换了一位语文老师当班主任。班主任经过一段时间的观察、了解，发现了当事人内向的性格，于是为了锻炼她的胆量，同时提高她的普通话水平，在语文课上经常提问她，每次叫人朗读课文，必定少不了她。但是由于害怕出错，加上自觉普通话说得不好，每次回答问题她都很紧张，越是紧张就越是出错，有时甚至出现口吃现象，经常惹得全班同学哄堂大笑。因此，每次回答完问题后她都没办法集中注意力继续上课，总是对自己回答问题时的表现耿耿于怀，从而陷入深深的自责当中，责怪自己没用，连朗读课文这点小事都做不好。对此，她感到很苦恼。

显然，当事人具有严重的自卑心理。其原因主要与不合理的自我

评价、家庭环境以及内向的性格有关。咨询时主要从以下几个方面着手：

1. 认真倾听，给予同感和支持

当事人前来咨询时，情绪较为低落，一边倾诉一边哭泣。咨询师对此主要是给予耐心的倾听，尽量不打断对方的讲话，让对方在平静祥和的气氛中宣泄悲伤情绪。在倾听过程中，咨询师随时给予鼓励和同感的反馈，尤其是对当事人因为感觉自己很没用，样样事情都做不好的苦恼心情给予理解与同情。同时，让当事人认识到，她目前的心理状态可以借助心理咨询调整过来，帮助她树立信心。

2. 启发引导，帮助当事人发掘自身优点，消除不合理的自我评价

当事人的自卑心理，很大程度上是由于她不恰当的自我评价导致的。因为普通话说不好，就把它归结为个人能力问题，认为自己很没用，这显然是由一个方面的短处就对自己全盘否定。这时，咨询师主要引导当事人对自己普通话说得不好的原因做一个全面的分析。让当事人认识到，由于自小在一个不重视普通话的环境中长大，这一客观环境因素的限制是造成她普通话说得不好的一个重要原因，让她把问题的着眼点从对自己能力的怀疑中转移出来。同时，引导当事人把比较的视野从别人身上转向自己。让她认识到，由于生活的环境不同，起点不同，不能一味地把自己的短处和别人的长处进行比较，要学会自己和自己比较，看到自己在努力中已经取得的进步。

此外，为了帮助当事人全面认识自己，形成积极的自我评价，咨询过程中，让当事人在纸上写出自身的优缺点。结果发现，当事人很快写出了自己的一大堆缺点，例如"做事犹豫不决，自信心不足""普通话说得不好""成绩差""脾气坏""长相差"等等。轮到写优点的时候，却考虑了很久才勉强写了两个："做事细心，认真负责""字写得不错"，还不断向咨询师强调这算不上是优点。可见，当事人对自己的认识很不全面，对自身的缺点过于敏感，片面夸大自身的缺点，而忽视了自身的优点。咨询师发现，当事人写字的确写得很

好，有一定的书法功底，于是对她的这一长处给予了肯定，使她认识到：她的这一长处非常突出，而且这一长处正是许多同学的短处。同时，和她一起分析了补偿作用，使她认识到：一个人某一方面的不足可以通过其他方面的长处来补偿。

3. 鼓励当事人在行动中树立自信

首先，对当事人进行个性分析，帮助她认识自己个性中的弱点。当事人希望与人交往，渴望得到他人的关心，但由于对自身的缺点过于敏感，害怕别人看不起自己，因而没有勇气主动与同学们沟通。此外，当事人对高中生的人际交往特点没有一个正确的认识，因此，咨询师在咨询过程中与当事人一起分析了高中生人际交往的特点，使她认识到：高中生良好的人际关系是建立在交往双方积极主动的基础上的。要让别人认识自己，接纳自己，就要加强主动性，不能只是被动地自我怜悯。同时，鼓励当事人在行为上进行积极的改善，如积极参与集体活动、学会通过关心他人来获得友谊等。

其次，鼓励当事人在实践中发挥自身的长处，增加成功体验。当事人的书法较好，于是鼓励她积极参加各种宣传工作，争取机会在实践中发挥优势，表现自己，体验成功，从而增强自信。

最后，当事人对自己的要求过分严格，样样都以姐姐为标准，当无法达到标准的时候，就会对自己的能力产生怀疑。因此，在咨询过程中，要使当事人认识到每个人都有自身的特点，不必活在别人的影子里。让她适当降低自我期望值，做好自己的事，对于克服自卑感有重要作用。

通过以上咨询，当事人对自我有了新的认识。由于肯定了自身的优点，当事人感觉信心有所增加，紧皱的眉头也松开了。咨询师进一步教给当事人一些人际交往的技巧，并嘱其制定适当目标，在行动中一步步树立自信。

第二节　自负心理

进入高中阶段的青少年，其自我意识逐步趋向成熟，对自我的评价更为独立、抽象，且明显地从对外部行为的评价转向对内心世界的评价，渐渐形成各具特色的自我评价模式。但由于高中生的自我意识仍处于逐渐完善的过程，对自我的评价并不全面，容易产生评价的偏差：评价过低形成自卑心理，而评价过高则造成自负心理。

一、自负心理的表现与原因

（一）高中生自负心理的一般表现

1. 自视过高，有强烈的优越感

由于缺乏挫折的经验，以及长期成长于称赞的环境之下，自负的学生对自己的能力有着充分的信任，自我感觉良好，认为自己非常了不起而自傲自大；同时又往往低估他人的成果，把他人对自己的付出看作理所当然，常常是一副高高在上的样子。强烈的优越感使得自负者过高地评价自身的重要性，因而时时、事事都容易从自己的利益出发，甚少顾及他人，无求于人时，对人没有丝毫的热情；有求于人时又苛刻指使，态度恶劣，往往落得个门庭冷落的结果。

2. 固执己见，具有排他性

自负的学生容易看不起别人，总认为自己比别人强得多，因此往往会执着于自己的判断与抉择，对事物的态度一旦形成，他人就难以对其进行改变。在一般情况下，他们都不愿意改变自己的看法或接受别人的观点，明显地表示出对他人能力的不信任。不尊敬长辈，对长辈的教育表现出反感，有时甚至会逆向而行。在自己的见解与他人发生冲突时，喜欢与人争辩，用尽各种手段搜集资料以支持自己的观点。更有甚者会采取唯我独尊的态度，不允许相异的意见存在，将自

己的观点强加于人，迫使他人与自己意见一致，在明知别人正确时也不愿意作出改变。这是自负心理的一个突出特点，无论是由何种因素引起的自负，均表现出这一特性。

3. 独立自主，但又缺乏客观性

高中生对独立有着强烈的要求，特别是自负的学生，对这种追求显得最为执着。他们在遇到问题时，总是倾向于采取自己独立解决的策略，不愿意他人参与到自己的事情当中，除非走投无路，他们不会轻易向周围的人求助。一般来说，他们面对问题的态度都很积极，也有一定的动手能力，如果不是十分棘手的问题往往都能得到解决。他们享受独立解决问题的满足感，同时这也是对自负心理的支持与强化。但由于自负者难以接受他人的意见，在制定策略时多从自己的角度出发，且过高地评价自己的能力，因而在解决问题时常常会过于主观、片面，不能理智地处理好较大的难题而埋下祸根。

4. 过度防卫，有明显的嫉妒心理

自负的学生总觉得自己高高在上，有很强的自尊心，喜欢抬高自己贬低别人，把别人看得一无是处。好大喜功，不轻易接受他人的帮助，即使接受了亦将自己看成是关键而把收获归功于自己。高度的优越感容纳不了他人的成就，当别人取得比自己好的成绩时，就会觉得自尊受到打击，嫉妒之心油然而生，极力去打击别人、排斥别人，同时也会努力抬高自己，直至再次超越他人为止。当对手失败时，容易产生幸灾乐祸的心理，甚少向别人提供帮助，在无法超越别人的情况下常用"酸葡萄心理"来维持自己的心理平衡。

5. 孤独离群，人际交往困难

自负的学生由于自视甚高，容易给人自傲自大的不良印象而受到疏远，其本身的性格品质更是使得他们在人群中备受冷落。他们固执，排斥他人的建议，不把别人的观点当作一回事，且常常把自己的观点强加于别人身上，无论是观念上还是行动上都无理地要求别人服从自己，缺乏平等交往的意识。他们很少主动请求同学、长辈的帮助，自己更是不会去关心帮助他人。太过主观使得他们不懂得如何与

同学合作，狭隘的心胸使他们不能与强于己者相处，而优越的自我感觉又令其放不下架子与不如自己的人来往。所以即使表现突出，也得不到同学的拥戴，甚至会遭到排斥。自负的学生往往意识不到自身的问题，只是一味怨天尤人，责怪他人不理解自己，从而陷入更大的深渊。

（二）高中生自负心理的成因分析

　　高中生自负心理的形成有着其年龄阶段的特殊原因，同时也掺杂了其他生理、心理、社会因素。

　　在生理上，一般而言，高中阶段的青少年生长发育形态以及生理机能的发育已逐渐趋于稳定，身体形态已接近成人，身体素质也接近人生的高峰。在适应了初中时期因身体快速增长而带来的陌生与不安之余，亦摆脱了儿时由于身体弱小而无助、心有余而力不足的无奈感，生理的日益成熟加强了个体对自己能力的信任，为自负心理打下了可供依赖的生理基础。

　　在心理上，不同于初中阶段的暴风骤雨、动荡不安，高中生开始回归到一个较为平静稳定的状态，其自我意识的发展进入了更高的层次。高中生更为倾注于认识自己的身心发展及其社会价值，他们能够较独立地评价自己和他人，并且不再就事论事，而是进行抽象性的自我评价。此外，他们还有强烈的自我教育要求，无时无刻不在考虑如何完善自己。这是青少年自我意识向成熟发展的标志，但同时也是一个危机四伏的阶段。把认知转向自己的内心世界，渴望自己的社会价值得到他人的认可，希望成为十全十美的人。然而，其评价机制尚未完善，独立却不客观，显示自立的企图，排斥他人的善意帮助，虽能够进行自我教育，但容易把自我教育看成唯一的教育手段而作为完善自己的依赖。高中生强烈的独立欲望容纳不了成人的干预，而其自我评价又常常存在着一种利己化的倾向，这往往导致他们不能够客观地、全面地认识自己，进而作出不正确的自我评价。

　　如果把生理和心理基础比喻为暗涌，那么致使个体偏离正确航

线、驶向自负的舵手则是其所处的家庭、社会环境及其生活经历。

首先，家庭教育是一个人自负心理产生的第一根源。虽然高中生能够独立地进行自我评价，但这种评价在很大程度上取决于周围的人对他们的看法，而家庭则是他们的第一参照系。现在的高中生大多是独生子女，在家中缺乏竞争对手，是唯一的宝贝，容易受到长辈的过分宠爱，家长的夸赞、表扬、忍让会使他们有种"唯我独尊"的过分优越感。另外，如果父母也是自视甚高之人，在长期的耳濡目染下，子女就更容易产生自负心理了。

其次，人的认识来源于经验，生活中遭受过许多挫折和打击的人很少有自负的心理，而生活中一帆风顺的人则容易形成自负心理。中学生，尤其是面临高考的高中生，往往会视分数为第一生命。如果个体在校一直以来都是成绩优秀，深受老师的宠爱，习惯在同学们羡慕的眼光中成长，就难免会产生自负的心理。

最后，当今社会竞争激烈，要在竞争中得以生存，便要尽量向他人展现自己的优越之处。在这种讲求自我展现的社会中，青少年如果得不到正确的引导，便会陷入过度表现的旋涡当中。

除上述原因之外，自负心理的产生还涉及一个特殊的原因——自卑的自我防御。此类人自尊心特别强烈，当为自己某些不足深感自卑而又无法弥补时，便通过对自我的放大获得补偿。例如一些家庭经济条件较差的学生，生怕被经济条件优越的同学看不起，便假装清高，在表面上摆出一副看不起这些同学的样子。这种自负心理是自尊心过分敏感的表现，是一种对自卑的自我防御。

二、自负心理的心理疏导

有自负心理的学生往往自我评价过高，习惯于脱离群体独自行动，然而又缺乏对挫折的耐受性，容易产生心理障碍，因而应着重从以下四方面进行疏导：

（一）调节自我评价水平

调节自我评价水平是根治自负的最佳办法。自负者常常夸大自己的长处而缩小自己的短处，缺乏自知之明。因此，要引导他们全面认识自我，既要看到自己的优点和长处，又要看到自己的缺点和不足，不可"一叶障目，不见泰山"。针对高中生要求自我教育的特点，可鼓励其多阅读名人的谦虚事迹，以便从中得到启发；可引导学生摆脱过于独立地评价自我的缺点，让其以更长远的眼光看待问题，把自己放在群体中考察。调节自我评价水平主要在于让自负的学生认识到，自己可能确实具备出众的才华或某方面的天赋，但同时也存在着不如他人的地方。当其在某一领域得到赞许与荣誉时，他人可能在另一领域得到同样的东西，而当没有如愿以偿地在各方面超过他人时，也并不意味着低人一等。

（二）学会平等交往原则

自负的学生视自己为上帝，不愿意和别人合作或分享成果，且常会不自觉地轻视他人、利用他人、攻击他人等，因而他们往往会受到其他同学的疏离，人际关系比较糟糕。老师和家长应培养他们平等的观念，让他们认识到世界上没有人有"高人一等"的权利，"尺有所短，寸有所长"，别人某方面不如你并不代表低你一等，所以应该尊重他人而不是唯我独尊；善于制造学生间合作的机会，让学生体验互助互补的好处，在享受自己成功的同时学会感激他人的帮助，学会欣赏他人的成功，甚至共同分享成功的喜悦。自负者向往他人的赞许与接受，但其我行我素的个性却又使他们与这一愿望背道而驰，而同学的及时提醒将会起着一定的约束作用，逐步使其意识到在维护自我个性的同时，也应注意他人的生活自由与个性。

（三）端正对待挫折的态度

人生逆境十之八九，一个人一生中经受适当的挫折并不完全是坏

事。自负的学生甚少或从没经历过挫折的打击，对挫折基本没有免疫力，就如温室的花朵，一旦遇到风霜雨雪就很容易被击垮。因此，必须端正他们对待挫折的态度，使其认识到人生不可能一路坦途，在现实生活中遇到挫折是难以避免的，但世界上的事情并不是永远绝对的，同样的困难，结果往往会因人而异。激励他们面对挫折树立积极的态度，同时亦给予反面的例子，提醒学生注意戒骄戒躁，既不能灰心，也不要轻视挫折。

（四）训练挫折的耐受力

挫折可以磨砺人的意志，也能唤醒人们潜在的能力，青少年也只有在经受各种挫折的考验中才能逐步成长。对于自负的学生而言，其成长历程缺乏挫折的考验，不知失败为何滋味。因此，教育者可以有意识地对其进行挫折式教育，提高他们的挫折耐受力。比如，给予适当的吃苦机会，包括劳累、挨批评等生理和心理上的苦难经历，磨炼学生的意志；在可接受的范围内针对自负的学生制造一些失败的体验，让其在生活、学习等方面学会从跌倒中爬起来，然后继续前进；于关键的时刻给予表扬与鼓励，这种表扬与鼓励要及时、公开、充分，以调动他们勇往直前的积极性。需要注意的是，在进行挫折教育时要适度适量，既提供机会又不过分，千万不能把教育变成折磨，否则只会适得其反。

三、咨询个案举例

小丽，女，16岁，高一某班的班长，她是一个各方面表现都比较突出的学生，不但人长得漂亮，学习成绩也很好，能力又强。可美中不足的是，小丽在班上人缘很差，许多同学都不愿意接近她，甚至有些老师也不喜欢这个自视过高的孩子。

据了解，小丽是个很有才能的学生，能写会画，舞蹈也不错。高一军训时，她在集体中表现突出，当小排长时把排里的事务管理得井井有条，一人包办的宣传横幅，图画精美、内容充实，让人赞不绝

口。在其积极策划的联欢活动上，她优柔婉约的舞姿又不断赢得大家热烈的掌声。军训结束后，小丽便理所当然地被同学们推荐当上了班长。然而，随着时间的推移，班上的同学越来越容忍不了小丽的行为，反响很大，要求改选的呼声越来越高。

小丽太"能干"了，除了身为班长所必须完成的任务之外，她恃着自己优秀的学习成绩和艺术才华，把学习委员与文娱委员的工作都包揽了，使得这两个职位形同虚设。在开班会时总是把自己放在领导的位置，从头到尾都是她在说话，她的设想别人不能有异议，如果别人不同意，她就会与人争辩，直到别人接受她的意见为止。虽然她的成绩很好，但从来都不主动帮助其他同学，而当同学请教她的时候又语气恶劣，伤害他人自尊却又不醒悟，就连老师也觉得这个学生有点傲，经常知错不改，我行我素。就这些问题，班主任也曾经找小丽做过思想工作，委婉地向她转达了同学们的意见。但小丽的态度始终很强硬，总是把责任归到别人身上，坚持认为自己的做法是正确的，同时也表示自己很苦恼于同学的不理解，有时还会有点高处不胜寒的感觉。

在家中，小丽是独生女，小时候因父母工作繁忙而将她寄养在姥姥家。姥姥与舅舅住在一起，家中还有三个年纪比她大很多的表哥。小丽是那里最小的孩子，而且还是女孩，所以在姥姥家很受宠爱，表哥们都让着这个小表妹，不管对错，他们总是迁就她，长辈也常把好的东西留给她，小丽俨然是舅舅家的公主，享受着贵宾般的待遇。上初中后，父母才把小丽接回家。对于没有陪伴女儿度过童年，小丽的父母深感愧疚，为了作出弥补，父母更是对小丽百般溺爱。虽然经济条件不是十分富裕，但也算得上是小康之家，小丽的饮食穿着与富家孩子无异，父母把最好的都给她，只要是小丽想要的，父母都会尽量满足。加上小丽又十分聪明，不但学习成绩好，在课外辅导班表现也很突出，多才多艺，更是受到父母的宠爱。

小丽严重的自负心理已经对她的人际交往造成了影响，对此，主要从以下几方面进行疏导：

首先，要让小丽意识到自己的问题。如果当事人不觉得自身存在问题，那么往后的疏导将会很难进行，也无法取得良好的效果。用角色扮演的方法，事先与小丽商量好，本次活动她扮演的是一个旁听者的角色，不可发表意见，然后根据小丽平日的表现及性格特点，设计一个专横独断的角色让班上一名同学扮演，模拟公司会议的场面展开。表演结束后让小丽分析主角的缺点，并引导其进行自我分析，这些缺点会带来什么不良后果等，而辅导老师则在适当的时候进行补充，让小丽逐步发现自己的不足。这是非常重要的第一步，要注意小心引导，循序渐进，切忌针锋相对，避免造成学生的逆反心理。

几次交谈过后，得知小丽特别崇拜天才类型的人物，总觉得他们高人一等，梦想着自己也能够像他们那样受到世人的瞩目。为此，辅导老师借了一套名人传记给小丽，并让其阅读后写下自己的读后感，与老师一同分享。同时老师也举了几个例子，引导小丽逐步认识到：天才也需付出努力才能得到成功，而天才也只是在某一方面或某几方面取得成功，在其他方面他们都与常人无异，有的甚至不如普通人，即使成功了也并不代表着他们高人一等，且大多数天才型的成功人士往往都很谦虚，拥有宽广包容的胸怀。其后，让小丽罗列自己以及同学的优缺点，并分析自己哪些缺点是可以从其他同学身上补足的。在小丽的分析产生偏差时，辅导老师则及时进行补充修正，在交谈中逐步引导小丽发现同学的优点并摆正自己的位置。

教给小丽一些交往原则，使她认识到人与人交往应遵循平等互利的原则。别人也具有与自己相同的需要，知己知彼、实事求是地全面分析自己和他人，才能使交往顺利进行。在与同学的交往中，让小丽逐渐学会自我抑制，做一个好听众，真诚耐心地听取别人的意见，听完后再说出自己的想法，共同商量、讨论，学会相信别人的能力，取长补短，将事情办得更好更完美。

与老师、家长协商，给予小丽适当的挫折体验。在学校，对于小丽在工作上的某些决策，班主任偶尔予以否决，并且事先想好合理的否决理由，以免她发现否决的故意性；在家里，建议其父母把心肠放

硬，不再事事顺其意，逐渐做到拒绝小丽不合理的要求，并安排一定的家务要求小丽完成。暑假期间让小丽到乡下姑姑家体验农村生活，帮忙参与夏收，承担晒谷一职，感受农民的艰苦，领悟成果的来之不易，以便更好地珍惜现在的生活和父母的付出。

新学期开始，小丽的转变有目共睹，人际关系开始缓和，不但班长工作更加出色，还主动参与班上"一加一"活动，帮助其他同学提高成绩。

第三节　逆反心理

逆反心理是指客观环境与主体需要不相符合时产生的一种心理活动。具有强烈的情绪色彩，即带有强烈抵触情绪。高中生正处于青春期发育的高峰期，生理发展迅速走向成熟，而心理的发展却相对落后于生理的发展。生理、心理发展的不平衡性，以及生理和某些心理发展同道德或其他社会意识发展之间的不平衡性，容易造成高中生内心的种种矛盾和冲突。他们看问题往往比较偏激、片面，行为冲动，情绪变化多端，极易产生逆反心理。逆反心理严重的学生往往都有不同程度的问题行为，难以接受教育和规劝，令老师和家长感到十分头痛。因此，为了高中生个性的健康发展和教育工作的顺利进行，对高中生逆反心理进行探讨，研究这种心理的表现与成因，采取有效的方法加以疏导，具有十分重要的现实意义。

一、逆反心理的表现与原因

（一）高中生逆反心理的表现

高中生逆反心理的表现形式及特征主要体现在以下三个方面：

1. 看待问题时，常常陷入各种认识上的误区

存有逆反心理的学生，时常戴着一副有色眼镜去看问题，他们的

认识带有极大的主观性、片面性。例如，对舆论所做的正面宣传以及家长和老师的教导全盘否定，怀疑其权威性、真实性，因而拒绝认同；认为纪律和规章制度剥夺了自己的自由，因而对其持蔑视态度或是消极抵触；对某些反社会行为持认同态度，盲目崇拜社会上的一些所谓"能人"，甚至是报纸杂志里报道的不法分子，认为他们有本事、有性格。

2. 情绪、情感方面的表现

但凡有逆反心理的学生，总喜欢以自己的好恶为标准、以自我情感为尺度去分析和判断事物的性质，当客观事物不符合自己的标准尺度时就会产生对立情绪。特别是在师生关系与亲子关系上，有逆反心理的学生往往会对父母和老师的说教产生厌恶和敌对的情绪。还有的会对老师表现出一定的选择性，对自己所喜欢的老师可以言听计从，而对自己厌恶的老师则处处表现出抵触情绪，即便他们有时也明白老师的说教是有益于自己的。老师和家长对他们的对抗行为越是紧张，他们就越觉得高兴和刺激。

此外，有逆反心理的高中生情绪往往很不稳定，容易从一个极端走向另一个极端，常为一点小事而激动，并带有冲动性。当取得成绩时高兴异常，洋洋得意；一旦失败，又立即陷入极端的苦恼和悲观的情绪状态。

3. 行为举止方面的表现

有逆反心理的学生，行为举止往往比较偏激、极端、怪异，在日常生活和学习中，经常会作出一些不合常理的举动。例如，故意触犯学校纪律以显示自己的独立不羁；和父母、老师对着干，拒绝听取他们的意见，反对他们的管束，经常与他们顶撞、对抗；喜欢用与社会期待相反的方式生活，越是主流文化坚决否定的东西，他们越是坚定地认可，越是传统不能接受的观念，他们越是积极地接纳和传播，譬如穿奇装异服、早恋等等。很多有逆反心理的高中生，由于在思想观念等方面的相似性，还会组成小团体。当他们与父母或老师的关系紧张的时候，就会从中寻求支持和帮助，从而更加大胆地与成年人对

抗。有些中学生在与家长或老师闹翻以后，离家离校出走几日不归，就是因为从团体中得到了"帮助"。

（二）高中生逆反心理的成因

人的心理是人脑对客观现实的反映，是主客观相互作用的结果。逆反心理作为一种心理现象，它的形成同样是由主客观两个方面的因素决定的。

1. 主观因素

进入高中阶段，伴随着生理上的逐渐成熟，高中生在自我意识、思维特点等方面与初中生相比有了很大的变化。高中生心理发展的年龄特征主观上决定了他们特别容易产生逆反心理。

（1）独立意识强烈，但又容易盲目反抗。高中生正处在心理上脱离父母的时期，美国心理学家霍林渥斯把它称为心理上的断乳期。随着身体的迅速发育和自我意识的明显增强，高中生的独立意识非常强烈。表现为他们有强烈的"成人感"，迫切希望从父母的束缚中解放出来，开始积极尝试摆脱父母的保护和管教。他们希望作为一个独立的个体与成人建立一种平等的关系，要求自己的事由自己来做，不愿别人把自己当成不懂事的孩子。在这一时期，亲热的爱抚动作、琐碎的说教会使他们反感，过多的限制、粗暴的指责会激起他们的反抗。但由于高中生整个心理发展尚未完全成熟，其独立意识本身还缺乏必要的认识做基础，所以他们的反抗行为往往表现出很大的盲目性。例如，有的高中生为表现自己而哗众取宠；有的会形成一些不良习惯（如抽烟、喝酒），做一些被禁止的行为，从中体验自己的独立等等。

（2）思维的独立性、批判性增强，但认知上又容易产生偏差。进入高中阶段，青少年不论在个人生活的安排上，还是在对人生与社会的看法上，都开始有了自己的见解和主张。他们已不再满足于父母、老师的讲解，或书本上的现成结论，对成人的意见不轻信、不盲从，常常喜欢用批判的眼光审视一番。但由于知识经验、社会经验不

足，他们在认知上又容易产生各种偏差，看问题容易偏激、片面，喜欢钻牛角尖，固执己见，走向极端。例如，对父母、老师的管教置之不理，甚至把他们的劝说、告诫看成是"管、卡、压"，是吹毛求疵，是嘲弄自己，是对自己自尊心的伤害，因而把自己放在与父母、老师对立的位置上，继而产生逆反心理。

（3）好奇心的驱使。青少年大多具有强烈的好奇心，在好奇心的驱使下，对于那些越是得不到的东西，他们就越想得到；越是不能接触的东西，他们就越想接触。例如，社会上批判的文章，老师、家长不让看的书，他们偏要千方百计去寻觅、传阅；老师、家长反对他们早恋，他们偏要尝试。

2. 客观因素

（1）学校在教育工作中难免存在失误。由于学校环境以及教师素质等因素的影响，学校教育工作仍然存在许多不尽如人意的地方。学校教育工作中存在的一些失误，客观上导致了学生逆反心理的形成。主要体现在：

①教育观念落后，对学生缺乏足够的理解。人们常说，教师为主导，学生是主体。事实上，有不少的教育者在他们的教育实践中似乎更习惯于把学生当成被动接受教育的对象。他们不善于体察学生的心情，也很少去询问学生的所思所想，而是一味地对他们"管"、"压"，结果是学生往往接受不了，以致产生对立情绪。

②教育方法简单粗暴，严重挫伤学生的自尊心。高中生的自尊心很强，他们十分在意别人，特别是权威人物（例如老师）对自己的评价。别人不负责任的嘲笑、忽视与蔑视，极易使他们难以忍受以至引起愤怒和反抗，或者干脆破罐子破摔，以致对他们无法进行教育。由于对高中生的心理特点没有足够的了解，有的教师教育学生，特别是教育那些有过失的学生时，没有从实际出发，碰到问题只凭主观臆测就做这样或那样的处理。对不同的学生采取不公正的态度，甚至未经深思熟虑，不问青红皂白，采取过激的措施，如赶出课室、当众辱骂，这很容易挫伤学生的自尊心，导致逆反心理的产生。

③教育者自身言行不一。在学校，教师是社会道德行为准则的传授者，但有的教师往往在学生面前说一套，做一套。他们在学生面前大讲道德修养，但又经常表现出道德不良、行为不端。例如，有的男教师在课堂上大讲吸烟的危害，但课后又经常在学生面前肆无忌惮地吸烟；还有的教师经常在学生面前强调公平竞争，但他们自己却不能客观地对待每一个学生，对自己喜欢的好学生百般呵护，有缺点也可以漠视，而对自己不喜欢的学生要么吹毛求疵，要么放任不管。教师言行不一，很容易降低威信，引起学生的反感，从而造成学生对一些正面宣传教育的信息产生逆反心理。

（2）家庭的影响。父母的理解和尊重是高中生最渴望的，他们渴望父母能理解他们的思想和感情，尊重他们的人格和权利。可是很多父母往往难以理解和接受高中生已具有的强烈的成人感，以及他们渴望独立和受尊重的需要，从而在家庭教养方式上陷入了种种误区，直接影响着高中生逆反心理的形成。例如，有的父母在教育子女时采用高压制手段，甚至实行棍棒教育；有的对子女持不信任态度，常常无端猜疑指责；有的对子女期望过高，无形中给子女造成巨大的心理压力等等。这些简单、粗暴、专制的教养方式，很容易挫伤子女的自尊心。加上两代人在行为方式、生活态度、价值观念等方面的客观差异，很多高中生还会封闭自己的内心世界，不愿多与父母交流。双方互不了解，就容易造成关系紧张，隔阂剧增，从而导致子女对父母的一系列说教产生抵触、逆反心理。

（3）同辈群体不良因素的影响。进入高中阶段，青少年对成人的态度相对比较封闭，他们与成人交往的减少往往需要通过与同龄人的交往来补偿。在同辈群体里，由于年龄、兴趣、爱好、动机等方面的相似性，青少年之间通过相互交流，容易取得相互理解与情感的共鸣。他们容易相互认同，能达到或造成相互转化与感染。因此，青少年同辈群体中不良的价值观和行为倾向往往会对置身于其中的一些青少年产生消极影响。例如，在群体中，有些青少年喜欢出风头、唱反调，这样，其他青少年也会在不同程度上被潜移默化，再加上青少年

自身心理的不成熟性和模仿性，逆反心理就很容易形成。

（4）社会不良因素的影响。社会是一个大染缸，各种社会因素时刻都在影响着青少年。随着经济的高速发展，人们生活水平的提高，社会文化生活也在发生着重大变化。各种现代化的传播媒介，为流行文化的传播打开畅通的渠道。这些流行文化对青少年的行为和发展有着强大的渗透力，为青少年提供了多样化的观念和传播媒介。但是由于青少年辨别是非的能力还不强，认识问题的能力有限，社会不良风气以及流行文化中的糟粕给青少年带来了很多消极影响。例如一时流行的具有反叛精神的摇滚文化，在一定程度上影响了我国青少年的反文化心态和反文化意识的形成。

二、逆反心理的心理疏导

高中生逆反心理的形成受主客观因素的影响，因此，对于高中生的逆反心理，可以结合学生个人、学校及家庭三方面进行疏导。

（一）学生个人的自我调节

1. 提高自我意识水平

自我意识是人类特有的高级心理活动形式，是人心理发展水平的重要标志。因此，要防止和消除逆反心理，首先要加强自我修养，提高自我意识水平，提高自我认识、自我体验和自我控制的能力，学会全面、客观、辩证地分析问题、解决问题，从而正确认识社会、认识人生。特别是要认识到自己强烈的独立意识与独立能力之间的矛盾。

2. 正确对待家长、老师的教育和帮助

家长、教师的某些管教方法可能不恰当，甚至是错误的，但可以肯定的是，他们的出发点是好的、正确的，因此应该引导学生学会体谅他们。此外，应让学生明白，由于家长、老师的社会经验、生活阅历比学生自己丰富得多，因此对于他们的说教不能全盘否定，要学会融合采纳多方意见，虚心接受其中的合理之处。

（二）学校方面的疏导

在高中生逆反心理的疏导工作中，教师担当着重要角色。

1. 教师要学会换位思考，加深对学生的了解

教师应该积极主动地去了解学生的内心世界，尊重学生的合理要求，不能把自己的意见强加给学生。教师要经常站在学生的立场，设身处地想一想："假如我是学生，我希望老师对某个问题如何处理？"学生与教师的隔阂往往是因为互不理解造成的，如果教师能够经常做到换位思考，就能理解学生，体会学生的苦恼，更深刻地了解学生的需要。一般来说，师生之间思想上的反差越大越容易使学生产生逆反心理。"相近的思想相吸，相反的思想相斥"，"你的调儿越高，我越不理你那套"是学生们常有的心理。因此，对于有逆反心理的学生，教师要先了解其思想水平，从尊重学生的角度出发，根据学生的实际情况逐步提出要求，不断缩小差距。如果一下子就提出很高要求，会欲速则不达。要求提得过高过急，不但难以改变学生原来的思想，反而会使他们更加坚持原来的想法，并对教育者产生对立情绪。

2. 讲究批评的艺术，尊重学生的人格

具有逆反心理的学生自尊心往往特别强。有的学生之所以有逆反心理，与他们的心灵受到创伤有密切关系。他们渴望得到别人的尊重、理解和信任。要消除学生的逆反心理就要尊重学生人格，当学生有了点滴进步或作出一些成绩时，要及时肯定和表扬。鼓励能激发学生的好胜心，满足他们被尊重的需要。同时，当学生犯了错误，教师要讲究批评的艺术，批评的时间、场合要恰当，要坚持实事求是原则；用词要有分寸，适可而止，且批评时要考虑到学生的情绪和自尊心。总之，用好表扬与批评这两个武器对消除学生的逆反心理是十分重要的。

3. 根据学生的性格类型，采取相应的疏导策略

有的学生从小生活条件优越，处处受到家长的偏爱和庇护，形成了高傲、固执的性格，不愿接受劝告和批评。对于这类自负型的学

生，不宜直接批评教育，而应寻找最佳教育时机，比如他们因不听别人忠告而受到了惩罚时，就应及时抓住这有利时机，加以细心的教育和疏导。

对于冲动型的学生，教师在与其发生冲突，出现僵局时，应先使双方都冷静下来，防止把话说过头，伤了感情。另外，教师还要做一些思考和调查工作。当过后再处理时就容易心平气和，且更客观一些。教师要学会控制自己的情绪，这样可以减少不必要的冲突，减少学生的逆反心理和顶撞行为。

还有一类学生是因自尊心受到伤害，或因学习上遇到挫折而产生逆反心理，对学习失去兴趣，并以怀疑、敌视的态度对待周围的一切。针对这类学生，教师应摸清他们受心灵创伤的原因，对症下药，多给他们安慰和关怀，帮助他们从痛苦中挣脱出来，树立起自尊和自信，进而消除逆反心理。

（三）家庭方面的疏导

进入高中阶段，孩子在与父母的交往中常常表现出疏远和冲突。这一阶段是孩子依恋与独立两种倾向暂时冲突与对立的阶段，也是父母感到教育孩子最困难的阶段。这时的中学生已经具备很强的独立意识，而许多父母往往不理解孩子的这一心理，不善于或不愿意使孩子获得与自己平等的新地位，从而伤害了孩子的自尊心，导致他们逆反心理的形成。因此，如何尽快地消除亲子间产生的隔阂和冷漠，营造良好的家庭氛围，建立民主平等、健康和谐的亲子关系，对于高中生逆反心理的消除有重要意义。

首先，父母应该理解、尊重孩子的独立意识。作为父母，必须认识到，孩子从对自己的依赖中摆脱出来，学会独立生活与独立判断问题，是孩子心理发展逐渐成熟的表现，是一种正常现象。因此，应该关注孩子的独立意识，鼓励孩子提高独立思考问题、独立处理问题的能力，对孩子的合理要求应当满足。对处于高中阶段的子女，父母适当放手是处理好与子女关系的必要方法。但是，由于孩子还不成熟，

看问题容易偏激，处理问题容易片面化、简单化，因此，父母必须做到：要尊重子女的独立意识，但又不能放任；要关心子女的成长，但又不能管得太死；要满足子女的合理要求，但又不能千依百顺；对子女的学习、生活要进行指导，但又不能一切都包办代替。

其次，父母应努力营造民主和谐的家庭氛围。专制型、包办型的家庭教育往往引起孩子的不满乃至反抗，等到逆反心理产生后，即使家长的合理要求也会遭到孩子的抗拒。这时候家庭教育的效果往往很差，亲子间有时从表面上看来如同寇仇。因此，作为父母，在面临一些重大家庭决策的时候，要认真、耐心地听取孩子的意见，让孩子体会到自己在家庭中的地位；当与孩子在某些问题上产生意见分歧时，不要以强权或暴力强迫孩子屈从，而要本着共同协商的原则来解决，这样一种民主的氛围能有效防止和消除孩子的逆反心理。

最后，作为父母，当与孩子关系很僵、彼此难以沟通的时候，千万不要气馁，而是应当树立信心，相信坚冰一定能打破；然后就需要主动退让一步，耐心倾听孩子的意见，并且尽可能作同感的理解。孩子在感受到父母对自己的接纳与理解后，往往愿意逐步打开自己的心扉。如果父母和孩子"硬碰硬"，只会导致孩子逆反心理的加剧。

三、咨询个案举例

建文，男，16 岁，高中一年级学生，现就读于市里最好的一所重点中学。建文是家里的独生子，家境富裕，父母做服装批发生意，文化程度不高。初中时，建文就读于一所普通中学，成绩处于班里的中等水平。初中升高中的升学考试，建文的成绩不理想，分数只够上一所普通高中。建文希望留在原来的中学继续就读，但考虑到孩子将来考上大学的可能性问题，他的父母坚决要想办法让他上重点中学。于是四处托人找关系，最后，建文以非正取生的名义进了市里最好的一所重点中学。

来到高手如云的重点中学，加上本来基础就不好，建文的学习成绩由初中时的一般水平落到了班里的最底层。高一第一学期，每次小

测、大考，他的成绩都排在班里倒数一、二名。尽管他很努力，但成绩依然不见起色。据建文自诉，他感到压力很大，多次向父母提出要转学，但每次都以被父母训斥一顿而收场。

到高二第二学期，面对自己毫无起色的成绩，建文彻底绝望了。他对学习开始采取放弃的态度，上课开小差、打瞌睡，经常迟到、早退，甚至逃课。面对建文愈演愈烈的厌学行为，班主任对他开展了一系列思想工作，经常单独找他谈话。但是每次谈话，建文都是一声不吭地站在一旁。这种谈话毫无效果，每次谈话后，建文都没有作出任何改变。为了便于开展工作，班主任经常从班里和建文关系比较密切的几位同学那里了解有关建文的一些情况。建文知道后，便指责那些同学是"马屁精"、"金手指"。有一次，一位男生把他去网吧的情况告诉了班主任，他知道后，便气冲冲地找到那位男生，并对其大打出手。

作为父母，知道自己的孩子在学校有不良表现，当然会紧张、担心。特别是建文的父母，他们"望子成龙"心切，把所有的心血都放在了孩子身上，唯一的心愿就是希望孩子能考上大学。得知自己的孩子放弃学习后，他们既生气、失望，又异常紧张。建文的母亲为了孩子更是整天忧心忡忡。她自诉："建文现在根本听不进我们的说教。整天对我们不理不睬的，放学回家进门打个招呼都难开口，问个什么，也仅以'是'或'不是'作答，吃完饭就回自己的卧室，并把房门紧紧地关起来。有时，我多说两句或问问学习的情况，他就不高兴地大声嚷嚷：'说个没完没了的，烦不烦啊。'"

从同学以及班主任那里了解到，建文经常和初中时的几个成绩很差的同学混在一起，频频出入酒吧、网吧等场所。那几个同学现在大多在技校、普通中学念书，有两个还辍学了，整天游手好闲。建文母亲对这一点很担心，她怕自己的孩子会结识社会上的一些不良分子，误入歧途。于是，经常暗地里跟踪建文上学放学，有时接到找建文的电话，也会偷偷挂掉。她的这些行为有几次被建文发现。为表示反抗，建文往往会先在父母面前大发雷霆一番，大嚷父母不尊重他的人

格，限制了他的人身自由；然后把自己关在房里，不吃不喝，不去上学。建文的父亲是个急性子，脾气非常暴躁。每当这种情形，他不免会发火，有几次还忍不住打了建文。每次挨打后，建文都会离家出走以示威胁。

第一次咨询，也是在建文离家出走返校之后，他被校长带到了咨询室。

建文的逆反心理，很大程度上根源于他对父母管教的不满，以及在学习上受到的挫折。因此，咨询师结合当事人本人、学校和家庭三方面，开展了如下疏导工作：

1. 创造轻松氛围，与当事人建立起良好的咨询关系

由于建文不是主动前来咨询的，他来到咨询室的时候，板着脸，一声不吭。为了打破这种沉默的僵局，咨询师从建文最感兴趣的话题——NBA篮球入手，首先营造起一种轻松的气氛，就能减轻对方的不情愿或敌对情绪，从而为对方能够开诚布公地谈论自己的问题，表达自己的看法打下基础。

2. 鼓励当事人宣泄不满情绪

在咨询过程当中，建文倾诉了许多对父母管教的不满之处。他自诉："从小到大，无论是学习、生活起居还是交友，爸爸妈妈没有一样不干涉的。什么都是他们说了算，我在家里根本没有发表意见的余地。他们样样都管得死死的，我觉得自己一点儿人身自由都没有。可以说，我今天这样的糟糕状况也是他们一手造成的。明知道我在重点中学会赶不上，偏要把我往死里推。如果他们当初尊重我的意见，把我留在原来的中学，还会这样？他们越想我学好，我就偏不学好，我要让他们后悔！"可见，父母过于专制的管教，引起了建文的敌对情绪。了解了这一根源，以后的咨询就可以主要围绕建文与父母关系的调整展开。

3. 鼓励当事人多与父母和老师沟通

真正的沟通是交往双方互动的一个过程。而建文与长辈沟通时往往是非常被动的。每次父母和老师找他交谈，他都默不作声。咨询过

程中让建文认识到，有效的沟通应达到双方相互了解。前提就是双方相互尊重，相互敞开心扉。但每次和长辈谈话建文都保持沉默，这首先是对长辈的不尊重。他不愿在长辈面前敞开自己的心扉，长辈无法了解他的内心世界，从而采取了一些不合他心意的管教方式，这是很正常的。因此，要让别人了解自己、尊重自己，首先就要尊重别人，向别人敞开心扉。在咨询过程中，咨询师还和建文进行了角色扮演，一方演父亲或母亲，另一方演孩子，不断进行角色互换，就某些问题进行交谈，目的是要建文学会换位思考，学会站在父母的角度看问题。

4. 引导当事人正确面对学习上遇到的挫折

建文把自己现在学习上的糟糕状况归因于父母把他送进了重点中学。正是这一不合理归因，使他对父母产生了敌对情绪，从而在学习上采取一种放弃态度以示反抗。因此，在咨询过程中让建文认识到，环境只是一个外因，学习成绩的好坏最主要还是取决于自己。只要付出努力，方法得当，一定会取得进步。此外，咨询师还引导建文比较分析了普通中学和重点中学对个人学习的利弊影响，鼓励建文在学习上主动向老师和同学寻求帮助。目标不要定得太高，这样就容易看到进步，增强信心。

家长和老师方面，咨询师给了他们如下建议：

（1）每次和建文交谈的时候，要注意营造一种轻松的气氛，不要过于严肃，不要开口就是批评，而是从他感兴趣的话题入手，这样就能给他一种平等的感觉，消除他的抵触情绪。

（2）在学习上不要给他太大压力，要多给他鼓励。即使是很小的进步，也要抓住机会给予表扬，这样可以令他在学习上重拾信心。

（3）建议班主任在班上开展一些以"如何与父母沟通"为主题的辩论赛或角色扮演活动，并鼓励建文积极参加。

（4）建文很喜欢旅游，而且家境富裕，因此建议他的父母在周末和假期组织一些家庭出游活动，这样一方面可以帮助建文舒缓学习上的压力，另一方面可以加深亲子沟通和了解。

　　两个月后，据建文父母反馈，建文能心平气和地坐下来和他们交流了，逃课和离家出走现象没有了。由于全家经常一起出游，建文开朗了很多，特别是和父亲的感情好了很多。

第四节　嫉妒心理

　　嫉妒心理是与他人比较，发现自己在某方面（才能、名誉、地位或境遇等）不如别人而产生的一种由羞愧、愤怒、怨恨等组成的复杂情绪状态。嫉妒心理普遍存在，因人而异，程度不同。对于高中生这一群体来说，世界观、人生观正在形成中，好胜心普遍偏强。在这种心态下，嫉妒心理更容易产生。

　　嫉妒心理严重的学生，往往把精力消耗在贬低、诽谤他人的小动作上，不仅会危害他人，而且会让自己心情不愉快，甚至造成人际关系恶化、学习成绩下降等不良后果。嫉妒心理还会使学生形成冷漠、猜疑、孤僻、虚伪等不良性格，直接影响学生形成坦率、诚实、公正、谦虚等良好的品质。因此，使学生认清嫉妒心理的危害性，对嫉妒心理严重的学生进行心理疏导，对于他们身心的健康发展是非常重要的。

一、嫉妒心理的表现与原因

（一）高中生嫉妒心理的表现

　　由于高中生个体间的心智成熟程度不同，嫉妒的表现程度也有深浅之分。浅层次的嫉妒往往藏于他们的潜意识中，不易觉察，但会时时感到有一种莫名的痛苦在折磨着自己，给自己的精神生活带来烦恼和不安。如自己与某同学是好朋友，当看到他的学习成绩、人际关系、长相、家境等方面比自己强时，不是友好地为他祝福，而是在内心萌发一丝酸楚、一阵不悦。

深层次的嫉妒，即由嫉妒情绪转化为嫉妒行为，往往表现为自觉或不自觉地对超过自己的同学进行挑剔、造谣、诬陷，甚至有破坏性行为。嫉妒心强的学生往往不愿看到别人的优点和长处，即使看到了，也要歪曲成缺点和短处，还总爱挑别人的毛病。每当自己的同伴受到表扬和鼓励或在学习上取得优异成绩时，他们不仅不为之高兴，不从中受到鞭策和鼓舞，反而是心理紧张，对别人产生憎恨感，觉得别人的成绩就是对自己的打击和贬低。于是为了求得心理平衡，他们就自然而然地以言语发泄或以破坏性行为等方式打击别人。在中学生中，经常可以看到这样一些现象：某位同学取得了荣誉，有的同学看了心里很不舒服，总想他有什么了不起，他凭什么……于是背后说几句风凉话，或在礼貌的祝贺中带刺，在委婉的话语中冷嘲热讽；某位同学穿了一件漂亮的衣服，于是招来别人的讥笑和议论；某位同学在报纸上发表了一篇文章，于是招来一阵贬低和恶语，等等。这些都是常见的中学生嫉妒心理的表现形式。除此之外，更为严重的是，有的学生会暗地里对被嫉妒者采取破坏行为。"由于嫉妒同学的学习成绩比自己好，于是把别人的学习资料销毁或藏起来；由于嫉妒同学的美貌，竟然施加毒手，令其毁容……"类似这方面的报道在报纸杂志上并不罕见。

还有一类学生，在产生嫉妒心理后，并没有表现出嫉妒情绪或嫉妒行为，而是采取自怨自艾、自暴自弃、逃避等方式来化解对别人的嫉妒和对自己的不满。从而封闭自己，拒绝与人交往。

此外，嫉妒心理严重的学生一旦自己取得了成就，获得了荣誉，往往沾沾自喜、盛气凌人，但内心深处却又焦虑不安，对别人处处提防，总怕别人赶上和超过自己。

在人际交往方面，由于嫉妒心理严重的学生在与人交往的时候，往往表现得敏感、多疑，而且说话的时候常常不顾及别人的感受，容易在言语上中伤别人，难以给人真诚的感觉，因此这类学生在集体中的人际关系一般不会太好。

（二）高中生嫉妒心理的成因

1. 不能正确评价自己和他人

嫉妒心理产生的一个重要原因是，个人在与他人交往中不能恰如其分地评价自己和他人，过于好胜、过高评价自己、过分计较个人得失，不能以豁达的态度面对他人的成功。

心理学家艾里克森认为，在学生成长的过程中，青春期是一个自我认定的时期。高中生正处于青春发育的高峰期，与初中生相比，他们更加关注自己的内心世界。在此期间，他们喜欢同周围的人进行比较，开始注意对自己的评价和对他人的评价。但由于心智发展尚未完全成熟，很多高中生对自己的评价往往偏高，不肯承认自己某些方面与别人的差距，不允许别人超过自己。此外，随着自我意识的触角对主体内心世界的指向和深入，高中生的自尊心也明显增强。自尊心是高中生自我意识最敏感、最不容别人亵渎、侵犯的部分。高中生绝大多数都期望自己在集体中居于适当的地位，得到较好的评价和重视。他们会以各种方式在各个领域表现自己，处处争强好胜。这种超越别人的欲望如果长期得不到满足，特别在条件相仿的情况下，别人总表现得比自己优秀，就容易感觉自尊心受挫，这是嫉妒心理产生的一个重要根源。

除了不能正确评价自己外，不能正确评价他人，也是高中生嫉妒心理产生的一个重要原因。有的高中生在看待别人的成功时，往往容易陷入认识上的误区。例如，把他人的长处与发展看作是自己成功的绊脚石；他人有了进步，就认为是他人故意与自己作对，抢走了自己的荣誉，而看不到别人为取得这些进步所付出的努力。于是就挖空心思寻找别人的缺点，通过贬低别人来求得心理平衡。在高中生中经常可以看到这种现象：有些学生，特别是那些性格孤僻内向，不善与人交往的学生，往往会对与老师关系较好的同学心存嫉妒。经常把自己在竞争中的失败或名次排列的居后迁怒于与老师关系较好的同学，认为他们只是通过讨好老师才超过自己的，于是愤愤不平。

2. 个性因素的影响

性格上有以下几种缺陷的高中生容易产生嫉妒心理：（1）虚荣心强、好出风头的学生。这类学生爱表现自己，过分关心别人对自己的评价。当别人取代自己的位置而成为大家关注的中心时，就会产生嫉妒心理。（2）心胸狭窄、敏感多疑的学生。这类学生在看待别人取得的成绩时，往往捕风捉影、吹毛求疵、制造事端。（3）独占欲过强的学生。这类学生恨不得把所有好事（荣誉、成绩、表扬等）都揽在自己身上，一旦他人得到一点，内心就不舒服。此外，软弱、偏激、傲慢等性格上的弱点，同样是诱发高中生嫉妒心理的个性因素。

3. 学校环境的影响

首先是学习上的激烈竞争。高中生面临高考，人人都想在高考中获胜，以圆自己的大学梦，因而学习上的竞争比初中激烈得多。为了追求升学率，老师又经常在学生面前强调竞争的激烈性，以增强他们的竞争意识；鼓励学生在学习上你追我赶，而且以学习成绩作为衡量学生的唯一标准。学生过于看重竞争，老师片面强调竞争，这样的学习环境很容易引发学生自私、狭隘的心理，从而为嫉妒心理的产生埋下种子。

其次是老师对学生的关注程度。随着自我意识的增强，高中生更加重视别人对自己的评价，特别希望得到权威人物，例如老师对自己的肯定评价，但由于主观或客观方面的原因，老师很难做到完全一视同仁。当老师和一部分学生接触比较多，经常进行个别谈话或对取得好成绩的同学给予表扬时，便有学生认为老师偏心，认为自己受到"薄待"，而对那些得到老师关注的同学产生嫉妒。

最后，嫉妒心理是在比较的基础上产生的，容易发生在两个年龄、文化、社会地位等条件相当并有竞争关系的人之间。对于中学生来说，学习具有竞争性，加上处于班级这样的大集体里，很多学生的学习基础、能力、智力、家庭环境等各方面的条件不相上下。同学之间的可比性越强，就越容易导致学生的嫉妒心理。

4. 家庭环境的影响

现代的中学生，很多都是家里的"小皇帝"、"小公主"，父母对其千依百顺。他们是家庭的核心，全家都围着他们转。这样的家庭氛围很容易使中学生形成唯我独尊的心理，容不得别人比自己强。这种心理往往是嫉妒心理产生的根源。

望子成龙、望女成凤可以说是所有父母的心愿。但有的父母片面鼓励孩子突出、压倒别人，特别是当孩子已露出嫉妒心理的苗头时，他们又误当作是竞争意识加以肯定，从而使孩子的嫉妒心理恶性发展。

还有的父母，经常在自己孩子面前夸奖别的孩子，或拿自己孩子的缺点去跟别人的孩子的优点比较，就容易使孩子产生不被父母爱护和信任的危机感，并将此直接怪罪于那个被夸奖的对象，认为是他侵犯了自己的地位，从而对其产生嫉妒之心。

父母是孩子的第一任老师，他们的思想作风、待人接物的态度对孩子的成长有重要影响。一个人如果从小就受其父母所谓"人不为己，天诛地灭"人生信条的影响，那么在这种家庭长大的孩子就很容易形成自私、狭隘的心理，当他们得不到的东西被别人得到的时候，就容易对别人产生嫉妒心理。

二、嫉妒心理的心理疏导

嫉妒心理在高中生中普遍存在。严重的嫉妒心理往往会使学生长期处于怨恨、紧张、忧虑等不良情绪当中，严重影响学生的身心健康和人际交往。因此，对有嫉妒心理的学生及时进行心理疏导，帮助他们消除不良情绪非常重要。总的来说，对于高中生的嫉妒心理，可从以下几方面进行疏导：

（一）全面客观地认识自己，正确面对自己的失败

嫉妒心理一般产生于竞争中的失败者。有的人失败后不服输、不甘落后，这是好的，也是一个人能够进步的动因之一。但是，事事都

想超过别人，样样都不服输，这又是不现实的。正所谓"尺有所短，寸有所长"，每个人都有他的弱点和不足。在人的一生当中，会有很多人很多次超越你，比你表现得更为优秀；你也可能在某些时候、某些方面领先于某些人，比别人优秀，这是客观存在的事实。

（二）以豁达的态度看待别人的成功

对于别人的成就和长处要心存赞许，不要总想着贬低比自己强的人，要设身处地地想一下，别人的成功大多数也是靠努力换来的。此外，还要清醒地认识到，别人的优势是暂时的、相对的。因此，不要过多地拿自己与周围的同学或同龄人进行过于细致的比较，更不要用比较的结果苛求自己，责怪他人，感叹命运。而应以"见贤思齐"来要求和勉励自己，不断从别人身上学习自身所欠缺的东西，从而不断成长、进步。只要拓宽心胸，学会为别人喝彩，走出自我狭隘的小圈子，嫉妒之火自然会泯灭。

（三）密切交往，加深理解

进入高中阶段，学生的学习压力明显加大，大多数学生都把主要精力放在了学习上，同学之间的交流与初中相比明显减少了。同学之间相互封闭自己的内心世界，就容易使学生个体之间造成某些误会，或者是造成互不服气、互相鄙薄，甚至互为对立的心理态势，这是诱发嫉妒心理的基础。因此，同学之间打开心扉主动接近，加强心理沟通和融洽，对于化解误会、消除嫉妒心理具有重要意义。例如，主动与同学交流、分享成功经验，就能深刻体会同学为获取成功所付出的艰辛，从而受到鼓舞和激励，对同学产生敬佩感。此外，还应在交往当中学会换位思考。当自己对某位同学产生嫉妒心理，自觉不自觉地通过言行对那位同学加以打击的时候，不妨将心比心，设身处地想一下，如果你是那位同学，受到别人的讽刺、挖苦、打击……会有什么样的感受？这种方法能有效预防嫉妒心理的恶性发展。

（四）及时宣泄由嫉妒引发的不良情绪

有的同学对他人产生嫉妒心理后，往往怕被人发觉，于是将怨恨、不满、紧张、忧虑等不良情绪深藏在心底，从而导致内心失衡。还有的同学在嫉妒心理的影响下，不自觉地在言行上伤害了被嫉妒对象后，又会产生强烈的内疚感。这些由嫉妒引发的不良情绪，如果长期得不到宣泄，不仅可能干扰个体的正常心态，导致内分泌失调、心血管或神经系统功能紊乱，从而影响自己心身健康；而且可能演化成嫉妒行为，给被嫉妒者造成巨大的伤害。因此，产生嫉妒心理后，不妨进行自我调节，及时宣泄不良情绪。例如，鼓起勇气，找一个较知心的朋友或亲友，倾诉自己内心的苦恼。如果有一定的爱好，还可以借助从事自己爱好的活动来转移注意力。这些方法虽不能从根本上克服嫉妒心理，但却能中断这种心理朝着更深的层次发展。

三、咨询个案举例

小童，女，17岁，高中二年级学生，初中时在一所普通初级中学读书，学习勤奋、成绩优秀，始终是年级的学习尖子，中考以高分考入市重点中学。高一时她的学习成绩处于班里的中下水平，与初中相比有很大差距。那时，她明白市重点中学的学生都是来自不同类型学校的优胜者，其中不乏市、区重点中学的精英分子，他们的学习基础比自己好，这是很正常的。小童虽然有点羡慕别人，但她始终坚信自己的能力，相信只要努力，肯定能在一段适应过程后赶上和超过别人。功夫不负有心人，高二以来，小童的学习日渐进步。随着学习成绩的提高，加上班主任经常在他们面前强调高考竞争的激烈性，小童的竞争意识越来越强，超过别人的欲望也越来越强烈。

到高二下学期，调来了一位新同桌。新同桌是一位学习成绩和她差不多的女孩，性格活泼开朗，是班里的文娱委员，很受老师和同学的喜爱。自从同桌调来后，周围的同学在学习上遇到了难题都不再向小童请教，而是纷纷转向她的同桌。由于同桌在各方面表现都很优

秀，小童有一种威胁感。她下定决心要把同桌作为自己的竞争对手，争取在各方面都超越她。但由于性格内向，在人际交往以及组织活动方面，尽管小童作出了很大努力，仍然和同桌有一定差距。加上在学习方面，尽管同桌平时看起来并不用功，但差不多每次考试都要比小童领先一两名。对此，小童感到很不服气，慢慢地就对同桌产生了不满情绪。特别是当同桌在众人面前侃侃而谈，表现得像天生的领导者的时候，她就觉得反感，总觉得同桌是在炫耀自己。由于害怕同桌在学习上超过自己，每次同桌向她借笔记或学习资料时，她都会以各种借口拒绝。有时同桌向她请教问题，她也会装作不懂。每当同桌受到同学的称赞或老师的表扬时，她就觉得心里不是滋味，总免不了要说几句风凉话。最近，班里改选学习委员，她以两票之差输给了同桌，她很不服气，觉得不公平，认为同桌是因为讨好老师才获胜的。为此她一直耿耿于怀，上课没办法集中精力，晚上甚至失眠，白天还常常对同桌莫名其妙地大发脾气。同桌对此不但没有生气，反而经常开导她，因此，她又觉得有点内疚，但一想到竞选失败那件事，她又觉得怒火中烧。这种矛盾的心情令她十分苦恼，所以前来咨询，希望得到帮助。

显然，小童的烦恼是由她的嫉妒心理造成的，这已影响到她的学习和人际关系。对此，主要从以下几方面进行疏导：

1. 让当事人正视自身存在的嫉妒心理

古往今来，人们都习惯地把嫉妒看成是一个人道德上的缺陷。因此，大多数人在对别人产生嫉妒心理后，都不敢承认，而是采取一种否认、掩饰的态度。小童就是如此，她来到咨询室后，考虑了好一会儿，才支支吾吾地说出了自身的问题，而且在倾诉的过程中很紧张，一直低着头，两手不停地搓着衣角。为了让小童正视其自身存在的嫉妒心理，咨询师向她解释了嫉妒心理在中学生当中的普遍存在性。让她认识到对比自己优秀的人产生嫉妒心理是很正常的，没有必要觉得难以启齿，关键是能否正视它。对于小童主动前来咨询、愿意改善自己的心理状况，咨询师给予积极鼓励。

2. 帮助当事人认清竞争的实质

升上高二后，随着成绩的好转，加上清楚地认识到高考竞争的激烈性，小童的竞争意识越来越强烈。正是由于竞争意识过于强烈，以致她对竞争的实质产生了误解，从而形成嫉妒心理。在咨询过程中，提及为什么不肯把学习资料借给同桌，拒绝在学习上给予同桌任何帮助这一问题时，小童的解释是：她是我的对手，我当然不会帮她。可见，小童一直把竞争对手放在与自己敌对的位置上，因此当她比不上竞争对手的时候，很自然就会产生怨恨、不服气的情绪。咨询师在咨询过程中逐步引导她认清竞争的实质，帮助她消除对竞争的不合理认知，让她认识到竞争和合作是辩证统一的。真正的竞争应该是竞争双方互相取长补短，凭自己的实力和努力去赶超对手，是一种不甘落后、奋起直追的心理和行为。正确的态度是把竞争对手看作是鞭策自己积极向上的动力，而不是敌人。

3. 进行认知调节，引导当事人全面认识自我，正确看待别人的成功

小童的个性很好胜。这种个性一方面使她在学习上不甘落后、积极进取，取得了很大进步；另一方面，由于她过于好胜，一旦身边出现比她强的人，而她又不能对自己和对那个人作出客观正确的评价时，就很容易产生嫉妒心理。

小童片面看到了自己和同桌的相似点，而没有看清自己与同桌的不同点，特别是同桌比自己优越的地方。她在咨询过程中经常强调："我们两个差不多，我不可能输给她""她没理由比我强"……因此，咨询师在咨询过程中引导小童在个性、学习方法及其他方面与同桌作了一个全面的比较。让她认识到一个人不可能方方面面都比别人强，由于主客观因素的影响，别人在某些方面比自己强，这是很正常的。要不断完善自己，就要不断从别人身上取长补短。小童的性格比较内向、文静，同桌的性格活泼开朗；小童的学习方法比较死板，而同桌在学习上比较讲究策略，这些差异正是造成小童在学习和人际交往方面稍逊于同桌的主要原因。在咨询过程中，引导小童认清这是竞争对手的优势所在，也正是值得她自己学习的地方。

4. 鼓励当事人在主动交往中加深对被嫉妒者的了解

小童认为同桌的优异成绩不是靠个人努力得来的，但是问及她能否拿出实际依据时，她却沉默不语。可见，小童对同桌显然缺乏了解，这正是造成她误会同桌的原因。因此咨询师鼓励她多与同桌交流，加深对同桌的了解。一方面可以体会同桌成绩背后暗含的辛劳；另一方面可以全面了解竞争对手的优势和劣势，正所谓"知己知彼，百战百胜"。

此外，咨询师还教给小童换位思考的方法。经过两次咨询后，据小童自诉，这一方法对于抑制她乱发脾气很有效。现在她已经能做到偶尔在学习上和同桌相互交流经验，而且对同桌的某些优点也给予了肯定。

第五章 高中生个性心理问题及疏导

个性心理问题在高中生中也很常见，它困扰着高中生的认知、情感、思维以及意志，使他们的认知产生偏差，使他们的情感受到煎熬，使他们的思维偏离常人，使他们的意志遭到腐蚀。总之，高中生的个性心理问题应该引起教育者及家长的重视，它不仅关系到孩子们的现在，更重要的是它影响着孩子的将来。

首先要对个性有正确的认识。"个性是个体在遗传素质的基础上，通过与后天环境的相互作用而形成的相对稳定的和独特的心理行为模式。"因此，个性心理问题不是一朝一夕，或仅仅由某一事件导致的，而是由较长时间的行为方式、思维方式累积形成的。换句话说，个性心理问题的形成是有较深厚的背景的，所以个性心理问题的疏导有一定的难度，尤其要注意技巧的运用。另外，由于每个人的个性都是独特的，没有哪两个人的个性是完全相同的，所以个性心理问题的诊断要特别谨慎，不要把独特的个性都当作个性心理问题来处理。还有就是高中生一般还都未满18岁，其个性正处在发展过程中，还未完全定型，与成年人的心理障碍不完全相同，还不能称为心理障碍。因此不可妄下结论，否则容易造成不良后果，反而影响孩子今后的健康发展。这是咨询者尤其要注意的。

常见的个性心理问题主要有：偏执个性、强迫个性、依赖个性、回避个性以及拖延行为。

第一节　偏执个性

　　高中生的偏执个性是一种以猜疑和偏执为重要特点的准人格障碍。这种人不能客观地认识自己，自我评价过高，好胜心、自尊心过强，听不得批评意见；固执、多疑、敏感、嫉妒心强，将自己的失败和错误归咎于他人；总对他人存有戒心，认为他人居心不良。这种人在家里很难和家庭成员和睦相处，在学校和其他场合不能与朋友及其他人和谐地交往。

一、偏执个性的表现与原因

　　高中生的个性正趋向成熟，每一个个体都已经具备了较稳定的行为方式。同样，偏执个性的学生也有比较稳定的表现。高中生的偏执个性与成年人的偏执型人格障碍在外部表现上是基本相似的。只不过高中生表现的是一些倾向，不如成年人那么严重罢了。这种人和常人相比有以下一些特殊的表现或倾向：①多疑敏感，不信任他人，易把他人的好意当作恶意或敌意。②易生妒心，妒忌心强，对他人的成就、荣誉感到紧张不安、妒火中烧，不是寻衅争吵，就是在背后说风凉话，或公开抱怨和指责他人。③易感委屈、挫折，无意中觉得受到冷遇、歧视、压制和迫害，总认为自己怀才不遇，因此易生攻击、报复之心。④骄傲自大、自命不凡、自尊心强，要求他人尊重自己、重视自己，追求权势。⑤主观固执、好诡辩，经常抗议、反对他人的意见，别人很难说服他，难以改变他的想法及观点，即使在事实证据面前也是如此。⑥对他人缺乏同情心和热情，从不开玩笑，警惕性高，常怕被人欺骗、暗算、讹诈，处处对人加以提防。⑦自以为是，自命不凡，对自己的能力估计过高，惯于把失败和责任归于他人，在工作和学习上往往言过其实。⑧同时又很自卑，总是过多过高地要求他人，但从来不信任他人的动机和愿望。⑨不能客观地分析形势，有问

题易从个人感情出发，主观片面性大。具有偏执个性的高中生或多或少都会具有以上表现中的两项或多项。总之，偏执个性者，在行为表现上，从谨慎防卫到警惕防备；在人际交往上，从争吵挑衅到无理取闹；在认知风格上，从不信任到多疑、耍阴谋；在情感表现上，从闷闷不乐到易怒易躁；在自我表现上，从自卑胆怯到不容侵犯。

偏执个性的人很少有自知之明，对自己的偏执行为持否认态度，因此在社会上的人数和比例不详。据 1988 年上海市青少年心理卫生调查资料表明，这种个性的人数占心理障碍总人数的 5.8%，现在的实际情况可能要超过这个比例。在调查研究中还发现，偏执个性的人中以男生较多见，且以胆汁质或外向型性格的人居多。

那么偏执个性形成的原因是什么呢？笔者认为造成这种个性的原因较为复杂，一般说来，有遗传的因素，但最为重要的是后天的环境因素。在后天环境因素的作用下，逐渐形成了偏执个性。

首先是家庭因素，不良的家庭教养方式导致了高中生的偏执个性。现在大多是独生子女家庭，孩子通常都是父母的掌上明珠，同时受到来自父母、祖父母、外祖父母以及亲戚邻居的百般宠爱。有人说他们是被宠坏了的一代，宠得他们衣来伸手、饭来张口，宠得他们想要什么就一定在第一时间得到，宠得他们不会理解、同情别人，宠得他们见不得别人比自己强，宠得他们骄傲自大、自命不凡，宠得他们脆弱，最终宠得他们形成了偏执个性。儿童时期开始受到家长无原则地迁就与宠爱，他们在百依百顺的家庭环境中听惯了家长的肯定、哄话与客人们的赞扬，习惯于以自我中心主义的眼光来看待周围的人与事，成为家庭中的"小皇帝"；缺乏正确的自我评价和社会评价，即使明知错了，也由于家长的庇护和宽容，以及自己爱面子的虚荣心，不愿改正或缺乏改正的勇气。在这种环境中孩子养成倔犟、固执和自以为是等性格弱点。由于在日后的社会生活中，社会环境根本不可能像娇生惯养他的家庭环境那样让其随心所欲，不可避免地会遇到很多不顺心的事或挫折，这些性格弱点就很容易发展成为偏执型人格。也有的家庭父母关系不好甚至离异，在这样的家庭中受到大量的训斥或

离异家庭双亲的冷落，使孩子与他人情感上疏远、冷淡，从而缺少有效的人际交往，产生不协调的人际关系，进一步发展为不信任、多疑敏感的认知风格，并在情感上表现出焦虑、愤怒，最后形成偏执个性的各种异常的人格特征。可见，童年期的受污辱、斥责以及自我歪曲的心理体验（个人的问题被视为他人的错误，否认自我人格上的缺点与脆弱）是造成偏执个性的首要因素。这种心理经历的不断反复，加上以后的不良刺激与所处的环境影响便进一步发展成了偏执个性。

其次是社会因素，西方文化的涌入强化了儿童性格中的执拗倾向，特立独行成为孩子们所崇尚的性格。同时，社会风气也是孩子们形成偏执个性的首要因素。社会节奏加快，社会竞争的激烈化，在对新一代提出新的挑战的同时，也间接影响了其心理健康。

再次，孩子在学校的表现直接影响着其个性的发展。在学习上的失败、与老师和同学关系上的挫折，都会导致孩子心理发展的失衡，轻则情绪低落、灰心丧气，重则导致个性缺陷。比如那些成绩不好的孩子，在家经常受到父母的训斥，在学校又得不到老师的鼓励，甚至会受到老师的忽视和同学的冷落，久而久之就会形成个性缺陷。成年人的人格障碍在这个时候便埋下伏笔。

二、偏执个性的心理疏导

偏执个性是具有相当稳定性的，简单地说教是很难有效果的。可以采用特殊的心理疏导方法，通过发掘其潜能实现其人格的完善。高中生的个性还处于发展阶段，因此他们的偏执个性比成人的偏执个性更容易改变，能收到更好的效果。对于高中生的偏执个性可以用以下几种方法进行疏导：

1. 认知提高法

由于偏执个性者对别人不信任、敏感多疑，难以接受任何善意的忠告，所以首先要与他们建立信任关系。在相互信任的基础上交流情感，通过言语启发他们去发现自己的问题所在，尽量让他们自己思考，咨询者适时给予反馈和回应，逐渐引导他们对自己的认知提出质

疑。对于悟性太差的学生，可以根据其心理接受能力考虑通过言语向其介绍自身人格缺陷的性质、特点、危害性及纠正方法，使其对自己有一个正确、客观的认识，并自愿产生要求改变的愿望。这是进一步进行心理治疗的先决条件。当然，直接指导的运用不能太多，否则容易产生逆反心理，难以收到预想的效果。

在这种方法中，可以考虑借用内观训练中的写技术，即让来访者用书面语表达自己的偏执信念，然后治疗师和来访者一道驳斥这种信念，同时列出另外一套与来访者的偏执信念相对应的合理信念。当然，这个过程中，咨询师首先要充分尊重来访者，不能对其信念进行嘲笑或批评，甚至不能有任何的负面表情，这是至关重要的。

2. 交友训练法

这是行为疗法的技术。在这种方法中，咨询师鼓励学生积极主动地进行交友活动，在交友中学会信任别人，消除不安感。交友训练的原则和要领是：

（1）真诚相见，以诚交心。本人必须采取诚心诚意的态度积极地交友。要相信大多数人是友好的，可以信赖的，不应该对朋友，尤其是知心朋友存在偏见和不信任态度。必须明确，交友的目的在于克服偏执心理，寻求友谊和帮助，交流思想感情，消除心理障碍。

（2）交往中尽量主动给予知心朋友各种帮助。这有助于以心换心，取得对方的信任和巩固友谊。尤其当别人有困难时，更应鼎力相助，患难见真情，这样才能取得朋友的信赖和增进友谊。

（3）注意交友的"心理相容原则"。性格、脾气的相似和一致，有助于心理相容，搞好朋友关系。另外，性别、年龄、职业、文化修养、经济水平、社会地位和兴趣爱好等亦存在"心理相容"的问题。但是最基本的心理相容的条件是思想意识和人生观价值观的相似和一致，所谓"志同道合"。这是发展合作、巩固友谊的心理基础。

3. 自我疗法

具有偏执型人格的人喜欢走极端，这与其头脑里的非理性观念相关联。因此，要改变偏执行为，偏执型人格患者首先必须分析自己的

非理性观念。如：

（1）我不能容忍别人一丝一毫的不忠。

（2）世上没有好人，我只相信自己。

（3）对别人的进攻，我必须立即给予猛烈反击，要让他知道我比他更强。

（4）我不能表现出温柔，这会给人一种不强健的感觉。

现在对这些观念加以改造，以去除其中极端偏激的成分：

（1）我不是说一不二的君王，别人偶尔的不忠应该原谅。

（2）世上好人和坏人都存在，我应该相信那些好人。

（3）对别人的进攻马上反击未必是上策，而且我必须首先辨清是否真的受到了攻击。

（4）我不敢表示真实的情感，这本身就是脆弱的表现。

每当故态复萌时，就应该把改造过的合理化观念默念一遍，以此来阻止自己的偏激行为。有时自己不知不觉表现出了偏激行为，事后应重新分析当时的想法，找出当时的非理性观念，然后加以改造，以防下次再犯。

4. 敌意纠正训练法

偏执个性者易对他人和周围环境充满敌意和不信任感，采取以下训练方法，有助于克服敌意对抗心理。

（1）经常提醒自己不要陷于"敌对心理"的旋涡中。事先自我提醒和警告，处世待人时注意纠正，这样会明显减轻敌意心理和强烈的情绪反应。

（2）要懂得只有尊重别人，才能得到别人尊重的基本道理。要学会对那些帮助过你的人说感谢的话，而不要不疼不痒地说一声"谢谢"，更不能不理不睬。

（3）要学会向你认识的所有人微笑。可能开始时你很不习惯，做得不自然，但必须这样做，而且努力去做好。

（4）要在生活中学会忍让和有耐心。生活在复杂的大千世界中，冲突、纠纷和摩擦是难免的，必须忍让和克制，不能让敌对的怒火烧

得自己晕头转向。

此外，在有条件的咨询师那里，可以在咨询师的指导下运用气功疗法、艺术疗法或音乐疗法来进行治疗，逐步改变易冲动、固执和急躁等性格特征。

三、咨询个案举例

小 A，一位刚升入高中读书的男生，18 岁。前半学期由于同学间尚互不认识，由老师指定他暂任班长。半学期后由于和同学关系不和，被撤换班长之职。于是该生就疑心是某同学在老师那里搞他的鬼，嫉妒他的才干，认为自己受到了排挤和压制，对班长撤换一事耿耿于怀、愤愤不平。认为同学与老师这样做对他不公平，后常与同学、老师为此发生冲突，有时还状告到校长和家长那里，并要求恢复他班长之职，扬言要上告、要伺机报复。大家都耐心细致地劝他，他总是不等大家把话说完就急于申辩，始终把大家对他的好言相劝理解为是恶意、敌意。后因为和老师的一次冲突，被劝进咨询室。

从老师和同学们提供的信息，以及和他的初步交流中，咨询师发现其为典型的偏执个性。因为他有较强的疑心和敌意，因此，咨询师首先表示理解他、同情他，以取得他的信任。"是呀，他们有不对的地方，要换班长，至少应该让你做好思想准备。""你很乐意为大家服务。""看得出来你是一个很有才华的小伙子。""你应该有很好的前途，不管你是否继续担任班干部。"来访者像碰到了知音一样瞪大了眼睛，并滔滔不绝地讲述起他的故事来。在他讲述其故事的过程中，咨询师耐心倾听，适时给予反馈与鼓励。并对一些细节进行了细致询问。当然，咨询师不能一味地同意他的观点，而是旁敲侧击，指出自己认为值得商榷的地方。通过共情与真诚交流，咨询师已基本取得了来访者的信任，这时咨询才刚刚开始。

咨询师鼓励其在纸上写出其对老师和同学的评价，并写出原因。咨询师保证他写的东西以及他们说的话不会被其他人知道，小 A 这才大胆地在纸上写起来。针对小 A 写的每一个条目，咨询师都在肯

定其有一定合理性的基础上，和他潜心探讨怎样才是正确的。在这个过程中，咨询师主要是启发他，在共情理解的基础上，指出其不合理的地方。渐渐地，小 A 有所觉悟，但仍有较强的抵触情绪，不愿接受错在自己的事实。这时咨询师拿自己的故事做引子，开导他任何人都会犯这样或那样的错误，任何人都会在一定的人生阶段遇到这样或那样的迷茫。错误总能改正，迷茫总会散去，关键是看你愿不愿意改变。"你是一个很棒的小伙子，你应该有很美好的未来。"在咨询师真诚的呼唤下，小 A 开始接受自己有错的事实。他说："其实，错不全在他们，我也不是没有责任。但我总觉得他们会嘲笑我，看不起我，如果我承认自己错的话，他们就会更加看不起我了。"这时小 A 表现出了一定的主动性。其实他有改正自己的动力，但因为太怕别人嘲笑，他就压抑了他那种想要接受现实的动力。这时，咨询师和他一起就他在纸上对老师和同学的描述进行辩论，当然在充分尊重其人格的基础上。最后通过辩论，咨询师和来访者意见达成了一致，并把它写在纸上。

但小 A 对别人会不会嘲笑他表示出了担心。过去他一直在自我防御，在作茧自缚，现在要破茧而出，对于接下来的事情他没有把握。这时咨询师的鼓励和信任很重要。咨询师准备对其进行交友训练，并制定了详细的交友计划和交友中的行为准则。首先，以过去的一个最要好的朋友为目标，然后逐渐恢复与其他较好的朋友的关系，最后是恢复和老师以及班上其他同学的关系。其次，制定了小 A 在交友中详尽的行为准则：真诚相见，以诚交心，交往中尽量主动给予知心朋友各种帮助；学会向你认识的所有人微笑，学会忍让和有耐心，与敌意说再见。另外，咨询师还和小 A 商定好每周小 A 向咨询师汇报一次交友训练的进展情况。

第一周进展不够顺利，对别人的怨恨还未完全消除，因此可以说是硬着头皮挺过来的。但收效还是显著的。和原来那几个很要好的朋友已经恢复了正常关系。咨询师在肯定其成果的基础上，鼓励其继续前进。经过一个月的训练，小 A 的生活已经恢复了正常，成绩有显

著提高，和老师的关系也趋于正常化。

第二节　强迫个性

　　高中阶段是人生的关键期，一般来说高中生的学习任务是很重的。相对于初中来说，竞争明显变得更加激烈。很多学生在初中阶段是尖子生，但到了高中，特别是到了比较好的高中，他们都会有"这里高手如林"的感觉。但没有哪一个人是会轻易服输的，为了名次，为了成绩，为了不让别人看不起，大家都拼命赶超。在这样的压力之下，有些人养成了追求完美的习惯，不让自己后退，不给自己活动的余地，不允许自己的目标打折扣。结果稍有不如意，就深深自责。这样，有些学生养成了强迫个性。据调查表明，很大比例的中学生，特别是高中生都有强迫意向，其中一部分比较严重的就发展成了强迫个性，即强迫人格。强迫个性是高中生中常见的个性心理问题，教育者对此要有充分的认识。

一、强迫个性的表现与原因

　　高中生的强迫个性与成年人的强迫型人格障碍表现基本相似，因此在诊断时可以参照《中国精神疾病分类方案与诊断标准》中对强迫型人格障碍症状表现的描述。《中国精神疾病分类方案与诊断标准》中将强迫型人格障碍的症状表现描述为：

　　（1）做任何事情都要求完美无缺、按部就班、有条不紊，因而有时反而会影响工作的效率。

　　（2）不合理地坚持别人要严格地按照他的方式做事，否则心里很不痛快，对别人做事很不放心。

　　（3）犹豫不决，常推迟或避免作出决定。

　　（4）常有不安全感，穷思竭虑，反复考虑计划是否妥当，反复核对检查，唯恐疏忽和差错。

（5）拘泥细节，甚至生活小节也要"程序化"，不遵照一定的规矩就感到不安或要重做。

（6）完成一件工作之后常缺乏愉快和满足的体验，相反容易悔恨和内疚。

（7）对自己要求严格，过分沉溺于职责义务与道德规范，无业余爱好，拘谨吝啬，缺少友谊往来。

患者状况至少符合上述项目中的三项，方可诊断为强迫型人格障碍。

根据《中国精神疾病分类方案与诊断标准》以及我们的实践经验，我们认为高中生的强迫个性主要有以下一些表现：①做事犹豫不决、优柔寡断、思虑重重、谨小慎微，常常顾虑小事而忽视大事，把自己沉浸在细节琐事之中。②做事要求十全十美，追求完美无缺。无论做什么事都要做到自己完全满意为止，如果不满意就会反复检查、反复修改，否则就觉得心里不痛快，焦虑不安。③过于严格、认真，具有强烈的自制心理和自控行为，对自己过于克制和关注，责任感过强，怕犯错误，思想不够放松，对他人也常要求按自己的想象和方式办事，以致妨碍他人的自由。④循规蹈矩、按部就班、墨守成规、不知变通，遇到新情况无法作出灵活的处理，显得束手无策，十分呆板，严格按照自己的清规戒律办事，缺乏爱好和幽默感，没有创新精神。⑤心理常笼罩着一种不安全感，常处于莫名其妙的紧张和焦虑状态，平时焦虑、悔恨的情绪多，愉快、满意的情绪少。总之，具有强迫个性的高中生，常表现为刻板、固执、拘谨、单调、惰性、犹豫、克制，极易发展成为强迫型神经症。

高中生的强迫个性与成年人的强迫型人格障碍在表现和本质上都是一致的。只是高中生大多未满18岁，还不能定性为人格障碍。这是由于他们的人格还未完全定型，还存在着很大的发展空间，即我们承认高中生的人格有着更大的发展性，他们甚至可以自动痊愈。鉴于这一点，我们才不使用"强迫型人格障碍"一词。要想准确把握强迫个性，我们还要区别强迫个性与正常人的强迫现象、强迫性神经症

的区别。正常人有时也会在上下楼梯时强迫自己数台阶，或走路时强迫数电线杆或明知手已经洗干净还要再洗上几次、明知门已关好还要再拉几下、明知寄信地址已写好还要再查看……这些行为只是偶尔发生，只要稍加控制或他人提醒即可消失，一般不会干扰他人的正常学习和活动。而强迫个性的人则不然，它好似正常人的这些不正常的强迫现象发展到了极端，并以人格的形式稳定下来，妨碍自己与他人的正常生活，致使他人痛苦，而自我却感觉不到。强迫个性者与强迫型神经症的主要区别是强迫个性者对自己的强迫行为不会产生严重的内心冲突，也不会产生强烈的焦虑和痛苦。而强迫症状的出现会使强迫神经症者产生严重的内心冲突并伴随强烈的焦虑和痛苦。

至于强迫个性形成的原因至今尚未查明。一般认为，遗传因素、强迫个性特点、社会与心理因素等，均对其形成有相当影响。家族研究资料表明，在强迫个性者的亲属中有较多人是强迫个性。强迫个性特点的研究表明，约有三分之一的强迫个性者之前具有胆小怕事、优柔寡断，遇事过于谨慎、细致、认真、严肃、古板，做事井井有条，力求一丝不苟、十全十美，反复推敲等个性特点。社会和心理因素的研究表明，社会高度的秩序化和节奏感对形成强迫个性产生很大的影响。幼年期的家庭教育和生活经历对形成强迫个性也有一定的影响。如有的家庭父母管教过分严厉、苛刻，要求子女严格遵守规范，决不准自行其是，造成孩子做事过分拘谨和小心翼翼，生怕做错事而遭到父母的惩罚，做任何事都思虑甚多，并慢慢形成经常性紧张、焦虑的情绪反应。一些家庭成员的生活习惯，也可能对孩子产生影响。如医生家庭，由于过分爱清洁，对孩子的卫生特别注意，容易使孩子形成"洁癖"，产生强迫性洗手等行为。幼年时期受到较强的挫折和刺激，容易产生内心的矛盾和对立，如不加以有效的调解，也可能形成强迫个性。例如，有个小女孩，一次把自己心爱的玩具掉进便坑的洞眼里，伸手取出后，总感到自己手上不干净，强迫自己一而再、再而三地洗手。又如某男生常爱在班级里出风头，结果常被老师惩罚，于是他的行为逐渐变得刻板，形成强迫个性。即使幼年时期受的教育、环

境等较正常，到青少年时期，如果教育与环境不良，同样会形成强迫个性。学习负担过重，父母专制式的家教，老师的体罚行为等，这些心理和社会因素给青少年学生带来沉重的压力，常常使青少年学生形成谨小慎微、犹豫不决、忧心忡忡的个性，即强迫个性。

二、强迫个性的心理疏导

任何一种偏离正常个性的改变都是很困难的，强迫个性的疏导也不例外。但是如果当事人坚持按照科学方法对自己的强迫个性进行疏导，肯定能收到一定的效果，更何况高中生的个性还未完全定型。当事人应首先对自己的个性有一个正确的认识。每个人都有自己的个性，带有强迫个性的人如果不是走向极端，达到过分的程度，多数人可有稳定的婚姻和成功的事业，领导也常赏识这种做事仔细认真、不折不扣执行任务的下属。所以，笔者的第一个建议是，请接受自己，欣赏自己，当有了这样的好心情，才能够进一步改善和提高自己。

由于强迫个性者具有强烈的自制心理和自控行为，因此，其调解的主要方法是减轻心理压力和放松紧张心理，使其自然化。具体方法有如下几种：

1. 运用"顺其自然法"来调节强迫个性

由于强迫个性的主要特征是刻意追求完美，过分压抑和克制自己，使自己的思想过于紧张。因此，最重要的调节方法是运用"顺其自然法"来调节紧张、强迫的心理压力，不要苛求自己，该怎么办就怎么办，做了以后就不要去想它，更不要去评价它、议论它。如电话打了就打了，不要再去想打的内容是否有错；门关了就关了，不要再去想门是否关好；作业做好了就算了，就不要去想是否做错等等。这种不把自己的人格障碍当成异常人格，不采取排斥、压抑而使用"随他去"的调节方法，可以大大缓解当事人内心的冲突和对立，达到矫正异常人格的目的。

2. 通过"夸张法"对强迫个性者进行调节

当事人可以对自己的异常人格进行戏剧性的夸张，使其达到荒诞

透顶的程度，以至自己也感到可笑、无聊，由此消除强迫个性的强迫性表现，最终矫正异常人格。例如，对"观点僵化、谨小慎微"等强迫现象，就可以用正面夸张想象和描述来消除，可在内心对自己说："我恨死饭，吃饭时我只会用筷子吃饭，而且只会一粒一粒地把米饭夹起来吃，只有把米饭嚼得稀烂成糊状时才能下咽。我也很笨，用扫帚扫不净地，衣服只能在晴天换，电视机只能在晚饭后开，不用钢笔就不会写字，没有香蕉就不招待客人。"直到自己感到无聊为止。通过这种夸张法的调节，可以使患者更加清晰地认识到自己身上存在的强迫现象与夸张后的这种现象存在着很大的差别，自己身上这种强迫现象并不可怕，从而放松自己的思想，树起矫正强迫个性的决心。

3. 通过活动法来调节强迫个性

当事人平时应多参加一些文娱体育活动和班级活动，最好能参加一些冒险和富有刺激性的探险活动，大胆地对自己的行动作出果断的决定，不要做过多的限制和评价。在这些活动中尽量体验积极乐观的情绪，拓宽自己的视野和胸怀。通过这种活动法可以改变当事人的注意中心，产生新的兴奋中心，使大脑得到松弛，心理得到愉快的体验，从而改变强迫个性。

4. 通过自我暗示法来调节强迫个性

当自己处于莫名其妙的紧张和焦虑状态时，就可以进行自我暗示，如："我干吗要这样紧张，是什么事情让我这样紧张的，是门没有关好，还是作业没有做好？其实一次门没有关好，一次作业没有做好是没有关系的，只要向老师讲清楚原因就可以了。即使不讲，老师也不一定会批评的，下次改了就行了，何必这样苛求自己。不要再去想老师会批评，即使真的批评了，那也是老师对自己的关心、爱护，是对自己的负责，是为自己好的。否则，老师才不会来批评。所以对别人的批评即使是老师的也不要怕，不要紧张，更不要耿耿于怀，甚至攻击报复。人人都会犯错的，学生不可能不犯错误，犯了错误，改了就好了，不要成天反省自责、焦虑紧张。从现在起，自己就不再紧

张了，也用不着紧张。"患者采用这类自我暗示语进行自我暗示，其调节效果是令人满意的。

三、咨询个案举例

这是一个高二学生的案例。徐某，17岁，从小很听父母的话，父母叫他干什么他就干什么，从不敢越雷池半步。上学后，也同样听老师的话，读书成绩好，常获得老师和同学的称赞。自从升入高二，他的性格已经发展到谨小慎微的地步。上课不敢随意扭头，更不敢挪动一下身子、椅子，考试时，做好了卷子也不敢向四周张望一下，生怕被老师认为是作弊，强迫自己低头看试卷。这种谨小慎微的行为在做作业、参加集体活动，甚至连吃饭、睡觉时都是如此。后来，他以这种过分苛求自己的做法去要求他人，责备他人，甚至妨碍他人的自由。对同学做的作业、办的事情等都不放心，喜欢自己做，而且过分认真，以致思想高度紧张，与同学交往也甚少，没有什么业余爱好。他自己也感觉自己出了点问题，于是来咨询室求助。

经过详细询问和仔细聆听，咨询师发现徐某属强迫个性，于是告诉他并表示愿意与他共同努力，帮助其克服强迫个性。

首先，和来访者探讨应对自己的强迫个性持什么样的态度。每个人都有自己的个性，带有强迫个性的人如果不是走向极端，达到过分的程度，是可以和别人一样正常生活的，只是比别人要辛苦一些。但是对强迫个性并非束手无策，我们可以通过一些疏导策略来改善，使我们活得更健康、更轻松。经过讨论，当事人逐渐地接受自己，这样就为进一步改善和提高自己作好了准备。

其次，运用"夸张法"促使来访者对自己的人格异常做进一步的了解。咨询师取他在考试时的片段来表演，让当事人看。咨询师故意夸张表演：不敢随意动头，更不敢挪动一下身子、椅子，也不敢向四周张望一下，生怕被老师认为是作弊。经咨询师这么一表演，来访者也发现自己的可笑，但是与咨询师表演的还存在很大差别，因此并不可怕，可以放松思想，树立信心。

接下来，助来访者建立起"顺其自然"的生活态度，放松对自己的要求。对生活中的事情，该怎么办就怎么办，做了以后就不要去想它，也不要去评价它、议论它。刚开始的时候，来访者觉得难以办到，认为这种模式是不可靠的。所以开始之时，要鼓励来访者按照"顺其自然"的模式去做。渐渐地，当他多次取得成功之后，就会信任这种模式了。在这个过程中，可以结合积极的"自我暗示"。当自己对某些情境和某些事情感到焦虑时，就暗示自己"考试考不好没关系"，"我又不作弊，才不怕老师怎么想呢"，"门已经关好了，不用再考虑了"。经过一个月的训练，当事人的情况明显好转，朋友多了，生活也变得轻松了。

第三节　依赖个性

现在大部分高中生都是独生子女，优越、舒适的学习和生活环境在给他们带来便利的同时，也产生了很多副作用，如养成依赖心理。这种依赖心理，如果得不到及时纠正，任其发展下去，很容易形成依赖个性，这在高中生中屡见不鲜。

一、依赖个性的表现与原因

依赖心理人皆有之，只是程度轻重不同而已，有的人会偶尔表现出轻微依赖性，有的人却对别人有强烈的依赖性，更严重些的就形成了依赖个性。那么到底多严重的才算是依赖个性呢？我们不能把依赖行为统统和依赖个性混为一谈。这里，我们依然可以借鉴成年人的依赖型人格障碍的诊断标准来评估高中生的依赖个性，只是这么做的时候不要忘了"他们是高中生，他们还未成年，人格还存在着很大的发展空间，我们还不能称他们为依赖型人格障碍者"。

美国《精神障碍的诊断与统计手册》中将依赖型人格的特征定义为：

①在没有从他人处得到大量的建议和保证之前，对日常事物不能作出决策。

②无自信，让别人为自己作大多数的重要决定，如在何处生活，该选择什么职业等。

③被遗弃感。明知他人错了，也随声附和，因为害怕被别人遗弃。

④无独立性，很难单独展开计划或做事。

⑤过度容忍，为讨好他人甘愿做低下的或自己不愿做的事。

⑥独处时有不适和无助感，或竭尽全力以逃避孤独。

⑦当亲密的关系中止时感到无助或崩溃。

⑧经常被遭人遗弃的念头所折磨。

⑨很容易因未得到赞许或遭到批评而受到伤害。

只要满足上述特征中的五项，即可诊断为依赖型人格。

其实，作为高中生心理健康工作者，我们在实际操作的时候无法严格按照标准进行诊断。只要当事人有依赖个性的表现，我们都可以认为他们是依赖个性者，然后对其进行疏导咨询。总结大多数的相关研究，我们得出依赖个性的主要表现为缺乏信心，总认为个人难以独立，时常企求父母和老师的帮助，处事优柔寡断，遇事希望别人为自己作决定。在学校里，喜欢让老师和同学给予指导和帮助，并时时提出新的要求；在家里，一切听从父母安排，毫无自己的主张和见解。当事人对亲近与归属有过分的渴求，这种渴求是强迫的、盲目的、非理性的，与真实的感情无关。他宁愿放弃自己的个人趣味、人生观，只要他能找到一座靠山，时刻得到别人的温情就心满意足了。这种处世方式使得他越来越懒惰、脆弱，缺乏自主性和创造性。由于处处委曲求全，当事人会产生越来越多的压抑感，这种压抑感阻止着他为自己干点什么或有什么个人爱好。

心理学家霍妮在分析依赖型人格时，指出这种类型的人有三个特点：

（1）深感自己软弱无助，有一种"我是小可怜"的感觉。当要

自己拿主意时，便感到一筹莫展，像一只迷失了港湾的小船，又像失去了教母的灰姑娘。

（2）理所当然地认为别人比自己优秀，比自己有吸引力，比自己能干。

（3）下意识地倾向于以别人的看法来评价自己。

一般认为，孩子依赖个性的产生主要源于早期的家庭教育。现在，每个家庭只有一个孩子，孩子便是这个家的未来和希望，真是"捧在手里怕掉了，含在嘴里怕化了"，不让孩子受一点儿累，吃一点儿亏，自己当初没有得到的恨不得在孩子身上全补回来。怕孩子被别人欺负，不让孩子同小朋友交往，上学、放学都有专人接送，他们把孩子完全"囚禁"在自认为很"舒适"的环境里。这样做的后果有两种，一种孩子胆小、恐惧、焦虑和自卑，另一种则是恃宠、骄横、目中无人和自负，有人形象地称之为"小奴隶"与"小皇帝"。前者就是我们所说的依赖个性。幼年时期儿童离开父母就不能生存，在儿童印象中，保护他、养育他、满足他一切需要的父母是万能的，他必须依赖他们，总怕失去了这个保护神。这时如果父母过分溺爱，鼓励子女依赖，不让他们有长大和自立的机会，久而久之，在子女的心目中就会逐渐产生对父母或权威的依赖心理，以致十六七岁时还不能自主，缺乏自信心，总是依靠他人来作决定。

当然学校也不是没有责任，老师在教会学生知识的同时，没有注意其独立性的培养，没有注意学生人格的完善，这是当代学校教育普遍存在的问题，对此我们不应忽视。尤其一些老师对成绩较好、较听话的学生处处偏袒，这种导向也是一些学生产生依赖心理，并最终形成依赖个性的重要原因。

二、依赖个性的心理疏导

对高中生依赖个性的疏导要从多个方面着手。不但要给予足够的共情，让其感到安全和信任，还要在认知上给予正确的引导，让其明白自己的人格出现了一点点偏差，自己应该努力矫正。这项工作不是

轻易就能完成的，在这个过程中学生自己要付出很大努力，但是一定能收到满意的结果。最主要的工作是行为的矫正，也就是要进行行为训练，当事人定期向咨询师汇报进展状况，咨询师及时给予指导和监控。

对于高中生的依赖个性，常用的行为训练主要有习惯纠正法和重建自信法。

1. 习惯纠正法

依赖型人格的依赖行为已成为一种习惯，治疗必须破除这种不良习惯。首先对自己的依赖行为进行评估，清查一下自己的行为中哪些是习惯性地依赖别人去做的，哪些是自己决定的。如果当事人对自己的依赖行为认识不够充分，咨询师可以指导他每天做记录，记满一个星期，然后将这些事件按自主意识强、中、差分为三个等级，每周一小结。对自主意识强的事件，以后遇到同类情况应坚持自己做。例如，某一天按自己的意愿穿衣服去上课，那么以后就坚持穿自己喜欢的衣服去上课，而不要因为别人的闲话而放弃。这类事情虽然很小，但正是当事人改正不良习惯的突破口。

对自主意识中等的事件，咨询师应提出改进的方法，并在以后的行动中逐步实施。例如，在制订学习计划时，你听从了家长的意见，但对这些意见你并不欣赏，或者你觉得这些意见不适合你，你可以把自己的理由说给你的父母听。这样，在学习计划中便掺入了你自己的意见，随着自己意见的增多，你便能从听从别人的意见逐步转为完全自作决定。

对自主意识较差的事件，你可以采取诡控制技术逐步强化、提高自主意识。诡控制法是指在别人要求的行为之下增加自我创造的色彩。例如，人人都知道，父母望子成龙，这样你认真学习就有为父母而学之嫌。这时当事人应该在自己的计划里多多增加和自己息息相关的成分，如为了自己的爱好，为了将来能过上好日子，等等。这样，当事人会逐渐获得较强的自主意识，也能体验这样做给其带来的快乐。当事人如果能主动和父母谈其计划、想法、理想以及他们在一些

家庭事务上的主张，就证明其自主意识已大为强化了。

评定了等级之后，接下来是实施阶段。这个过程中可能会遇到较大的阻碍，所以制订的计划要尽可能详尽，且跨度不要太大，一步一步来。依赖行为并不是轻易可以消除的，一旦形成习惯，你会发现要自己决定每件事都很难，可能会不知不觉地回到老路上去。为防止这种现象的发生，简单的方法是找一个监督者，最好是找自己最依赖的人。

2. 重建自信法

如果只简单地破除依赖的习惯，而不从根本上找原因，那么依赖行为也可能复发。重建自信法便是从根本上矫正依赖个性。

第一步，消除童年不良印迹。依赖型的人缺乏自信，自我意识十分低下，这与童年期的不良教育在心中留下的自卑痕迹有关。这时，可以使用自由联想法。咨询师指导当事人回忆童年时父母、长辈、朋友对自己说过的具有不良影响的话，例如："你真笨，什么也不会做""瞧你笨手笨脚的，让我来帮你做"。把这些话语仔细整理出来，然后一条一条加以认知重构，让当事人认识到是童年时的这些消极话语导致了其现在的情况，这样做当事人就可以感觉轻松许多。然后当事人可以将这些话语转告其朋友、亲人，让他们在他试着干一些事情时，不要用这些话语来指责他，而要热情地鼓励、帮助他。

第二步，重建勇气。当事人可以选做一些略带冒险性的事，每周做一项，例如，周末独自一人到附近的景点做短途旅行；独自一人去参加一项娱乐活动或规定周末某一天为"自主日"，这一日不论什么事情决不依赖他人。通过做这些事情，可以增加当事人的勇气，改变其事事依赖他人的弱点。

三、咨询个案举例

小飞是一名高一新生。在他很小的时候，父亲就病故了，他和妈妈与姥姥、姥爷生活在一起。母亲是银行职员，家里的经济状况良好。小飞自幼失去父亲，母亲及姥姥、姥爷觉得他比其他孩子可怜，

所以对他关怀备至，几乎所有的事情都由母亲包办代替，以致到二年级还不会系鞋带、穿衣服，连吃饭也得妈妈喂。上初中，晚上睡觉时，还和妈妈一起睡。家庭过分的溺爱导致其胆小、懦弱。孩子是母亲唯一的希望，从小母亲就对其在学习上要求很严格。因此小飞学习成绩一直不错，并且顺利考上了重点高中。学校所有的学生都住校，现在上高中已经半年多了，小飞还难以适应住校生活。生活难以自理，学习压力过大。并且上课时，只要老师走到他跟前，他就显得很紧张，正在写字的手就会打战，无法书写。老师提问他时，他就会脖子和脸都涨得通红，越是急就越说不出话，如果继续追问他就会掉泪，但仍旧一言不发。因此，他的朋友也很少，并且成绩有下滑趋势。班主任发现了他的这种情况，就建议他到咨询室寻求一些帮助。

笔者经过详细询问之后发现，小飞对他妈妈的依赖心理过重，并且已经发展成为较稳定的依赖个性。升入高中以后，远离了妈妈，但在学校里又一时找不到可以依赖的人，因此感觉对高中的生活难以适应。在开始阶段，笔者给予他充分的共情，并表示自己愿意帮助其走出现在的阴影，找到自我。笔者逐步引导其认识到自己对母亲的依赖心理比其他同学重得多，"可能这正是问题的原因所在"。对此他能够接受，但表示自己对母亲的依赖是情有可原的，"我从小就没有了父亲，母亲对我关怀、照顾是应该的"。"那么，你能够依赖母亲一辈子吗，你有没有想过将来你的生活会是什么样子？"在笔者的启发之下，小飞开始明白自己应该渐渐地摆脱自己对母亲的依赖心理，培养自己独立的个性。但他感觉这项任务难以应付，困难很大。

接下来，进行行为训练是至关重要的。笔者和小飞一道对其平时的行为按照其自主意识强、中、差三个等级进行了评定。自主意识强的事件主要有：去吃饭、去买东西等。自主意识中等的事件主要有：留什么样的发型，不愿自己洗衣服，问老师题目，周末怎么过等等。自主意识差的行为主要有：上课回答问题，和同学开玩笑，自己的理想是什么等等。这样，接下来的任务就是训练了。对自主意识强的事件，应坚持自己做。对自主意识中等的事件在以后的行动中逐步实

施。对自主意识较差的事件，采取诡控制技术逐步强化，硬着头皮去做，事后就会得出"不过如此"的结论。笔者要求其必须一周内汇报两次，并找其关系最好的同桌作监督。同时笔者还和其班主任取得联系，让班主任多鼓励监督。前两周进展缓慢，在这期间，小飞经历的痛苦可想而知，但他还是挺过来了，并且取得了一些成绩。但两周以后，他想放弃。这时笔者及时和他进行了一次会谈。把暗示的技术引入进来，选定了一些可以鼓足勇气、增加自信的语言写成便条，让其放在口袋里。经过近两个月的训练，小飞终于取得了突破性进展。不但自己学会了洗衣服，上课也开始主动发言，朋友多起来，也不想家了，并且他有了自己的理想，想考中山大学，实现自己的价值。他意识到母亲对自己的期望是对自己的激励，自己并不是为了母亲而学。"将来一定要报答母亲，让母亲过上好日子。"从小飞的笑容可以看出他已经走出了依赖个性的阴影，迎接他的将是一片艳阳天。

第四节　回避个性

在高中校园里，我们经常发现这样一些学生，他们走路时常低着头，课堂上从不主动发言，当被提问到时又很紧张，很少代表班级参加学校级别的活动。他们渴望与人畅谈，但总找不到机会，即使他们喜欢上了某个人，也不会轻易告诉对方。他们害怕可能出现的失败，害怕可能出现的拒绝，害怕可能会当众出丑，认为别人可能会嘲笑自己，于是他们宁愿不去冒险，宁愿不被人注意，宁愿把自己的想法、冲动压在心底，虽然他们很想出一下风头。这样的孩子是为数不少的，特别是那些和别的同学比家庭背景比较差的学生。可以说有这些表现的孩子都有回避倾向，那些比较严重的已经发展成为回避个性，即回避型人格。

一、回避个性的表现与原因

回避个性又叫逃避型人格，其最大特点是行为退缩、心理自卑，面对挑战多采取回避态度或无法应付。对高中生的回避个性，我们同样可以参考成年人的回避型人格障碍的诊断标准来识别。美国《精神障碍的诊断与统计手册》中将回避型人格的特征划定为：

①很容易因他人的批评或不赞同而受到伤害。

②除了至亲之外，没有好朋友或知心人（或仅有一个）。

③除非确信受欢迎，一般总是不愿卷入他人事务之中。

④行为退缩，对需要人际交往的社会活动或工作总是尽量逃避。

⑤心理自卑，在社交场合总是缄默无语，怕惹人笑话，怕回答不出问题。

⑥敏感羞涩，害怕在别人面前露出窘态。

⑦在做那些普通的但不在自己常规之中的事时，总是夸大潜在的困难、危险或可能的冒险。

只要满足其中的四项，即可诊断为回避型人格。

有回避个性的高中生大多害怕失败，害怕被批评指责。被批评指责后，常常感到自尊心受到了伤害而陷于痛苦之中，且很难从中解脱出来。他们从不敢提和老师不同的意见，因此他们常表现出对老师特别尊敬，这种尊敬的背后是对权威的敬而远之。因为害怕被人嘲笑，他们会非常努力地学习，学习成绩一般都是不错的。他们害怕参加社交活动，担心自己的言行不当而被人讥笑讽刺，因而，即使参加集体活动，也多是躲在一旁沉默寡言。在处理某个一般性问题时，他们往往也表现得瞻前顾后、左思右想，常常是等到下定决心时，却已错过了解决问题的时机。在日常生活中，他们大多安分守己，在家听父母的话，在学校听老师的话、遵守纪律。从不做那些冒险的事情，除了每日按部就班地听课，做作业之外很少去参加文体活动，因为他们觉得自己的精力不足，能力不行，水平不够。保持这种个性的人在将来走上工作岗位后，一般都被领导视为积极肯干、工作认真的好职员。

因此，经常得到领导和同事的称赞，可是当领导委以重任时，他们却都想方设法推辞，从不接受过多的社会工作。回避个性不是什么病态，如果是这种个性，也一样会生活得很好。但是保持这种个性的人注定要过比别人单调的生活，并且内心要常处于一种矛盾状态之中，惶惑不安的情绪体验经常伴随左右，并且会比别人丧失掉更多成功的机会。

他们之中的大多数人并不安于或欣赏自己的孤独，不与人来往并非出于他们自己的心愿。他们也希望能改变自己的行为，也试图寻求知己或朋友，试图在集体活动中出风头，试图和老师平静地交流一下。可是由于他们的自卑心理作怪，想与人来往，又担心会被别人拒绝、嫌弃，想得到别人的关心与体贴，又因害羞而不敢亲近，所以改变自己的想法总不能如愿以偿。

回避个性形成的主要原因是自卑心理。大部分心理学家认为，自卑感起源于人的幼年时期，由于无能而产生的不胜任和痛苦的感觉，也包括一个人由于生理缺陷或某些心理缺陷（如智力、记忆力、性格等）而产生的轻视自己，认为自己在某些方面不如他人的心理。具体说来，自卑感的产生有以下三方面的原因：

1. 自我认识不足，过低估计自己

每个人总是以他人为镜子来认识自己的，如果他人对自己作了较低的评价，特别是较有权威的人的评价，就会影响对自己的认识，从而低估自己。有人发现，性格较内向的人多愿意接受别人的低评价，而不愿接受别人的高评价；在与他人比较的过程中，也喜欢拿自己的短处与他人的长处比，这样越比较越泄气，越比较越自卑。

2. 消极的自我暗示抑制了自信心

当每个人面临一种新局面时，事先都会自我衡量是否有能力应付。有的人会因为自我认识不足，常觉得"我不行"，由于事先有这样一种消极的自我暗示，就会抑制自信心，增加紧张，产生心理负担，结果肯定不佳。这种结果又会形成一种消极的反馈作用，影响到以后的行为，这样恶性循环，使自卑感进一步加重。

3. 挫折的影响

有的人由于神经过程的感受性高而耐受性低，轻微的挫折就会给他们以沉重的打击，变得消极悲观而自卑。

此外，生理缺陷、性别、出身、经济条件、政治地位、工作单位等等都有可能是自卑心理产生的原因。这种自卑感得不到妥善消除，久而久之就成了人格的一部分，造成行为的退缩和遇事回避的态度，最终将形成回避个性。

二、回避个性的心理疏导

对回避个性的心理疏导不但要注意行为上的矫正，还要注意健康情绪的培养。对于这样的来访者，首先要给予共情。因为这样的孩子的自我效能感一般都很低，咨询师的信任与理解能给予其力量。接下来的目标是消除其自卑感。

第一步，引导其正确认识自己，提高自我评价。形成自卑感的最主要原因是不能正确认识和对待自己，因此要消除自卑心理，须从改变认识入手。要善于发现自己的长处，肯定自己的成绩，不要把别人看得十全十美，把自己看得一无是处，认识到他人也会有不足之处。只有提高自我评价，才能提高自信心，克服自卑感。

第二步，引导其正确认识自卑感的利与弊，提高克服自卑感的自信心。有的人把自卑心理看作一种有弊无利的不治之症，因而感到悲观绝望。这是一种不正确的认识，它不仅不利于自卑心理的消除，反而会加重。心理学家认为，自卑的人不仅要正确认识自己各方面的特长，而且要正确看待自己的自卑心理。自卑的人往往都很谦虚，善于体谅人，不会与人争名夺利，安分随和、善于思考、做事谨慎，一般人都较相信他们，并乐于与他们相处。指出自卑者的这些优点，不是要他们保持自卑，而是要使他们明白，自卑感也有其有利的一面，不要因自卑感而绝望，认识这些优点可以增强生活的信心，为消除自卑感奠定心理基础。

第三步，引导其学会进行积极的自我暗示，自我鼓励，相信事在

人为。当面临某种情况感到自信心不足时，不妨自己给自己壮胆："我一定会成功！一定会的！"或者不妨自问："人人都能干，我为什么不能干？我不也是人吗？"如果怀着"豁出去了"的心理去从事自己的活动，事先不过多地体验失败后的情绪，就会产生自信心。

另外，还要引导其学会爱人，只有爱人，他才能从别人那里得到爱。通过对自身和对他人的爱的情绪反应，一个人就更容易朝更大程度的自我实现发展。而且，他更能产生一种与他人联系的感觉。接着，咨询师可以引导其学会克服害怕情绪。害怕是我们面对真实的或想象的危险与困难时所产生的情绪。害怕时，我们体内会发生深刻的变化，出现一系列生理反应使我们准备好应付或逃避危险与困难。这种害怕所引起的强烈生理反应，会使我们感到受了深度的心理伤害和挫折，从而产生行为上的回避、攻击以及情绪上极端的不快。回避型人格障碍者之所以不敢与人打交道，害怕当是一理。最后，应克服内疚等情绪。这些情绪是回避型人格的人具有的最通常、时间持久的情绪体验。试着豁出去，试着让过去的事情随风去吧！

回避型人格的人实际上都存在着不同程度的人际关系障碍，故采用交往调节法往往能收到较好的效果。咨询师可以对其进行人际交往训练，制订详细的交往计划，经过一段时间的训练，当事人就会逐渐学会正常的人际交往并形成习惯，那样他就不会再回避了。一个人有了烦恼能主动地找知心朋友交流、谈心，比一个人苦思冥想要优越得多。

交往可以向朋友倾吐苦衷，发泄郁闷，消除紧张心理状态。

交往可以与朋友讨论有意义的问题，转移注意力，遗忘痛苦的经验。

交往可以得到朋友的劝告，开阔自己的思路，更理智地去对待不良情绪。

交往可以得到朋友的帮助、同情和鼓励，使自己产生战胜不良情绪的勇气和信心。

通过交往，朋友了解了你的苦恼，也了解了不良情绪产生的原

因，便可以向你伸出援手，或者告知有关组织，设法从多方面解除你的不良情绪，分担你的忧愁。

三、咨询个案举例

"咱们学校马上就要进行交际舞大赛了！"消息一传开，可忙坏了某中学各个班的负责同学。高三（3）班的小薇同学更是着急。学校限定每班必须出五男五女参加比赛，可是她班的男同学一共才五名，也就是说，这五名男生都得上场才能满足要求。经过一番动员和鼓动，五名男生中的四名已经答应了，只剩下一个"钉子户"——小夏。小夏其实是个身材不错的小伙子，乐感也很好，若好好培养一下，可以跳得不错。但是他却是个内心很自卑的人，做事也总是独来独往，朋友很少。尤其是班级举办的活动他总是不参加，给人的感觉总是怕这怕那。见到怎么劝都不行，小薇也有些急了，对小夏说："就定下你了，明天必须来练舞。"可是到了第二天，小夏竟然连课都没上，据说是在寝室病了。气得小薇只好找一个高个子的女生代替小夏跳男步。其实在寝室的小夏也非常苦恼，他也不希望自己那么不合群，但是他却非常害怕自己学不好舞，在众目睽睽之下被人笑话。他难以想象自己能在舞台上流畅地与女同学翩翩起舞。所以面对许多次类似的机会和场合，他选择的只是苦恼的逃避。虽然他也多次试图摆脱自己的孤独和自卑，可怎么也办不到，反而越来越严重，内心十分痛苦。最后，偷偷地跑到咨询室来寻求帮助。

从其表现来判断，小夏是回避个性，他行为退缩、心理自卑，面对挑战多采取逃避态度或无力应付。参加交际舞比赛，本来不是什么大事，况且他的素质也不低，完全可以潇洒地加入其中，他自己也很想参加。然而，小夏却担心会在众目睽睽之下出丑，担心自己能力不行，会败下阵来，所以最终只是唉声叹气。

面对小夏的这种情况，咨询师首先给予了共情，小夏感受到咨询师的信任，内心萌发出对改变现状的渴望。接下来引导其消除自卑心理。首先，让他正确认识自己，提高自我评价。人人都有长处和短

处，不应该总是看到自己的短处，看不到自己的长处，更不应该总拿自己的短处与别人的长处相比，而应该善于发现自己的长处。没有十全十美的人，应该接受不完美的自己。其次，引导他正确认识自卑感的利与弊，提高克服自卑感的自信心。对自卑也要辩证地看，它不是只有弊而无利的。人人都有自卑心理，只是有的人比较轻，有的人却比较重而已。适度的自卑能激发人向上的进取精神，能让人不安于现状，面向未来。但自卑心理过重就会妨碍人的正常认知，妨碍人的日常生活，还会导致痛苦的内心体验。因此要对自卑心理进行调适。再次，教他学会积极的自我暗示，积极的自我暗示能切实地给人力量。拟定一些积极的自我暗示语，放在口袋或贴在书桌或床头，渐渐地，他的自信心就会被培养出来。

此外，咨询师还对其进行了人际交往训练。计划是咨询师和小夏一道商定的，按梯级任务作业的要求，起始的级别比较低，任务比较简单，以后逐步提高难度。内容如下：

第一星期，每天与同学（或邻居、亲戚、室友等）聊天10分钟。

第二星期，每天与他人聊天20分钟，同时与其中某一位多聊10分钟。

第三星期，保持上周的交友时间量，找一位朋友作不计时的随意谈心。

第四星期，保持上周的交友时间量，找几位朋友在周末小聚一次，随意聊天，或家宴，或郊游。

第五星期，保持上周的交友时间量，积极参加各种思想交流、学术交流、技术交流等。

第六星期，保持上周的交友时间量，尝试去与陌生人或不太熟悉的人交往。

上述梯级任务看似轻松，但认真做起来并不是一件轻松的事。于是，由小夏自己找了一个要好的朋友作为监督员，让他来评定执行情况，并督促其坚持下去。

又经过了三次咨询，小夏的情况明显好转，也渐渐养成了不逃避的习惯。

第五节　拖延行为

在我们的日常生活中，拖延已经成为一种相当普遍的现象，甚至成为一部分人的生活方式。有调查显示，至少有一半的学生有着长期的行为障碍性拖延行为；而在普通人群中，有 25% 的人报告自己有着严重的拖延现象。拖延行为是个体以推迟的方式逃避执行任务的一种行为倾向，是一种自我妨碍行为，会导致不良的行为后果和消极的情绪体验。拖延行为不仅会阻碍学习目标的达成，长期的拖延还会引发焦虑、沮丧等负性情绪，而负性情绪的长期积压又会对机体的免疫系统造成损害。所以，拖延不仅会降低生活幸福感，还会影响到学生的身体健康，需要引起重视。

一、拖延行为的表现与原因

在日常的学习生活中，是不是经常有这种现象发生？

早上起床起不来，再睡两分钟却往往睡过了头，然后和时间赛跑，快速洗漱梳理，拎起早饭就往外跑；晚上都要拖很长时间才睡觉，睡觉的时间总是和自己预计的偏差很多，总是在刷微博和聊天中不知不觉地过了睡点；作业总是要拖到临睡前，总是在假期结束的最后时刻才开始刷作业，赶练习册；考试常常临阵磨枪，一到考试那周，都在狂背知识点。每科都要背，每科都要花时间，只恨一天不是四十八小时；本来计划好的一些事情往往却一拖再拖，仿佛不到最后一刻就没有去完成这件事情的动力。其实，这些都是拖延惹的祸。

上面所描述的是高中生在学习和生活中常见的拖延行为。拖延现象是高中生一种非常普遍的心理和行为现象，每个人都会有这样那样的拖延习惯，不严重的是小毛病，严重的就是"拖延症"。然而不管

严重还是不严重，拖延行为对于高中生的学习和生活都不是好事情。

那么拖延行为形成的原因是什么呢？拖延行为是一种相当复杂的心理现象，如此普遍地存在于高中生的学习生活中，其产生的原因及影响因素是多方面的。综合而言，拖延行为的形成即与个人的主观因素有关，又与无法抗拒的客观因素有关系。

影响高中生拖延行为的主观因素主要包括以下五个方面：

（1）认知因素。有拖延行为的学生一般具有情绪困扰以及自我挫败的行为模式，而这些行为模式及情绪都是由许多非理性认知信念所引起的：①害怕失败的认知。个体由于害怕得到负面的反馈结果，导致消极情绪和降低自尊，就会倾向于以各种借口推迟完成任务的策略来进行掩饰应对，使自己或他人将任务的失败归结为投入精力的不足而非能力的缺乏，从而维护了自尊。②完美主义的认知。具有完美主义倾向的人害怕出错，总是希望把事情做完满，自我的要求标准比较高。由于给自己制定了过高的目标或是苛求完美，在没完全有把握成功之前，不愿意轻易去尝试，从而导致了拖延行为。

（2）情绪因素。拖延长期以来被看作暂时逃避焦虑的手段。当人们面临一压力较大的活动时，便会用一些与之无关的活动来代替，这样就可以暂时封住个体在活动过程中体验到的焦虑、忧郁、沮丧，这种现象在心理学上被称为"转台技巧"现象。几乎所有的拖延行为都是由于拖延者对活动有过高的焦虑水平，产生消极情绪，将外部困难夸大，而自身意志力又相对薄弱，不足以克服困难，于是就产生拖延行为。因而，高焦虑的学生更容易回避（躲避）眼前使其感到不愉快的刺激或场景（如未完成的作业、考试复习）；那些心情不好的学生也更容易指出他们会因为焦虑等负性情绪而尽量采取回避，表现出拖延行为。

（3）动机的自我决定程度。个体动机的自我决定程度影响了个体对于活动的参与和投入情况。人们所从事的许多活动都不是由最内在动机（即完全自我决定的动机）所激发的。随着行为的不断强化，外在的调节动机逐渐被内化，外控行为转为内控行为。如，孩子小时

候做作业是因为父母的要求，是不想让父母失望。当孩子长大后，他们逐渐认识到学习对于自己的重要性，学习就成了完全内化的行为。

内在动机的学生会容易意识到学习是与自尊和自我成长相关的事情，他们对学习更积极主动，更享受学习中体会到的积极情绪。在遇到困难时也更加能够坚持，更善于处理其中的消极情绪，积极解决问题；外在动机的学生更容易出现拖延行为，他们经常会因为动机缺失和受外在调节而在最后一秒才开始完成学习任务，原因在于他们不认为学习是自己的事情，只有感受到压力后才开始行动，他们易体会到更多的消极和冲突情绪，并且由此引起对自身能力的怀疑。

（4）规划能力。规划是指在任务实施前有条理有计划地进行安排的能力。大部分高中生拖延者往往缺乏规划能力，缺乏时间管理的策略。在学习任务的规划上，他们没有经过缜密的思考，按照一定科学的顺序安排学习任务，而是采取"省力"原则，按照自己的喜好，先做容易、有趣的，结果往往导致"头重脚轻"，造成对紧急事情的拖延。

（5）人格因素。不同人格特质的学生所表现出来的拖延行为也有很大的差异。比如，严谨性强的学生重视组织与策划，相对比较勤奋刻苦，坚持性及目标性程度高，因此自律性较强，所以拖延行为出现的概率较低；而情绪稳定性差、易冲动的学生，做事情往往求快，缺乏计划性和条理性，面对任务和压力时也容易焦虑过度，害怕完成不好，常常会以尽量向后延迟的方式缓解不良的情绪；另外，反叛和敌意也能导致学生的拖延行为。对拥有这些特质的学生来说，外部强加的时间表更容易被认为是可憎的而不遵从，因此他们会通过推迟工作或按自己的喜好安排何时开始任务来实现自治。

除了高中生自身的主观因素外，家庭教育、外部环境和任务性质等外在的客观因素也操纵着高中生的拖延行为。

（1）家庭教育。父母的教养方式影响着孩子成长的点点滴滴，包括孩子的拖延行为。早期孩子的拖延行为可以是孩子采用拖延行为来表示对过于严格或过于放纵的父母的反抗，从而来发泄自己的愤

怒。严厉及顽固并充满过多控制的、专制的教养方式预示着孩子成年后的拖延，很多可能表现在孩子的反叛行为上。另外，家庭的价值观、怀疑、控制、依附和疏远五个家庭倾向以及与之相伴随的内心恐惧也影响着孩子拖延行为的产生。

（2）时间条件与外部环境。拖延行为与完成任务的时间条件及外界诱因也有很大的关系。时间越充裕，则距离完成任务的最后期限就越久，压力就越小，个体对完成任务获得奖励的期待就会越打折扣，也就越不愿意过早付出努力，因此导致了拖延行为的产生。此外，与非拖延学生相比，拖延学生还常常难以抵御分心刺激和外界诱惑，尤其是娱乐方面诱惑的干扰，使得自己难以集中精力，从而导致拖延行为。

（3）任务性质。在日常生活中，学生并不一定每件事都拖延，这是因为他们对事情有不同的喜好程度。首先，要看事情是否满足学生的需要和兴趣。趋乐避苦是人的本性，学生出于本性会自动回避自己不需要或不感兴趣的任务。如果回避不了，就会尽量延迟去做。其次，要看任务的难度。在自由选择的情境中，人们往往会选择比较简单的任务，因为从事这样的事情时自己的能力不会被作或高或低的评价，不用去面对自己能力不足的尴尬境况。再次，要看任务的反馈。对于困难任务的结果进行评价往往会加重个体害怕失败的程度，从而更容易导致拖延。最后，要看任务的奖惩时限。心理学家研究表明，人们对眼前的利益重视远远超过对未来幸福的关注。人们更倾向于完成奖励或惩罚立竿见影的任务，而对于奖励或惩罚在时间上有延迟的任务，则更倾向于拖延。

二、拖延行为的心理疏导

消极拖延行为不仅阻碍目标的实现，而且会使学生产生焦虑、沮丧等负性情绪，会降低学生的自尊和自我效能感，影响生活幸福感的体验。帮助学生戒断拖延，有助于培养学生当机立断的行为习惯，培养学生百折不挠的心理品质，对增强学生未来的竞争力，培养具有全

面素质的人才有重要的意义。

如何对拖延行为进行有效的心理疏导，首先要对拖延者进行辨别，对拖延者的问题进行全面的评估，然后针对拖延行为的不同成因进行有针对性的心理疏导，这样才能更加有效。对于高中生的拖延行为可以按照以下几种方法进行疏导。

1. 纠正"害怕失败"、"完美主义"等不合理信念

首先要帮助学生认识并找出自己身上的不合理信念，通过与不合理信念进行辩论，促使认知模式发生改变，从而放弃不合理信念。然后通过重构积极、理性的认知来干预拖延行为。如对有完美主义观念的学生，要让他们知道完美是不存在的，暗示自己现在状态已经很好了，可以开始行动了。每有一点进展就鼓励自己，并且关注完成事情好的一面。对学生的评价和衡量也可以从多个领域入手，增强学生的自信和自我效能感，让他们在面对学习时有一种胜任感。

2. 培养情绪调节能力

学生产生拖延行为往往是因为在学习活动中体验到焦虑等不良情绪，通过拖延来实现焦虑感受的暂时缓解。但面对使之焦虑的问题，解决方法当然不是拖延，而是应该把注意力放在解决引起焦虑的问题上。如能调整好焦虑，克服忧郁、沮丧等消极情绪，以积极的情绪状态投入到工作中，将大大减少拖延行为并提高工作效率。这就要求注意培养学生对情绪情感的感知能力，教会他们实用的情绪调节方法，如注意转移、情绪宣泄、自我暗示、表达抑制等方法。另外，还可以为学生创设产生积极情绪的情境，如融洽的师生关系、良好的班级气氛、丰富多彩的文体活动等等。

3. 提高动机的自我决定程度

克服拖延行为需要学生提高自我控制与自我管理能力，形成内在的学习动机，树立积极的动机信念。首先，要调整学生的观念。使学生形成"学习就是自己的事"的观念，从别人要我学转变为我要学，将学习的外在调节动机逐渐内化为自身内在的学习动机。其次，培养学生浓厚的认识兴趣和强烈的求知欲。再次，正确的评价和适当的表

扬与鼓励。在教学过程中，应注意运用正强化手段，多给学生正面的回应，肯定学生的进步和成绩，增强学生的自信和自我效能感，让他们在面对学习任务时有一种胜任感，从而积极地应对困难的挑战，避免拖延行为。

4. 增强规划事情的能力

有拖延行为的学生往往不能很好地对自己的时间进行管理，缺乏一定的事情规划能力。对学生进行时间管理训练、自我控制训练等，使其掌握一些必要的规划能力，增强学习的计划性，减少拖延行为。如可以通过制订和实施学习计划来实现自我调节的训练。首先，通过制订严密的学习计划有效地提高时间利用率，依据计划按部就班，可以有效地减少拖延行为。其次，设置现实的学习目标。设置目标要紧密结合自身的情况，不能过高或过低。再次，学习目标的分解。按照时间和任务制订双向计划，将学习目标进行分解，每天都有一个规划和安排，并每天检查完成的情况。严密学习计划的实现，可以有效地培养学生的规划能力和自我控制能力。并且，每天能顺利地完成计划，还可以让学生随时体会到成就感，并对以后的活动有暗示作用，从而逐渐地减少拖延行为。

此外，还可以积极地与学生的父母进行沟通，改善家庭环境和家庭教育上不合理的地方，如过多控制的专制教育；让拖延的学生在小组中学习，发挥群体的作用，借助同学间的相互监督和支持，在相互影响中减少拖延行为等等。

三、咨询个案举例

小明，男，高中二年级学生，学习拖延的情况给他带来了很多困扰。从初中开始，他就已经出现了学习拖延的情况，由于学习负担重，学习任务往往不能按时完成，逐步养成了拖延逃避的坏习惯。比如暑假作业、寒假作业总是等到要开学了才临时抱佛脚，甚至干脆就不做了，开学后直接抄袭其他同学的。到了高中，科目多，学习任务更重了，难度也比初中的要大很多，老师布置的作业需要投入更多时

间，但是这个时候，从初中养成的习惯及懒惰的心理又开始作祟，一再拖延，往往万不得已才着手做作业，很多时候因为拖延而依旧不得不直接抄同学的作业。学习成绩一直很不理想，自己想努力去提高、去改变，但却始终不得方法，常常因为拖延而受到家长和老师的责罚。而且无论在学习上，还是在生活中，遇到丁点大的困难，他就停止不前了，总给自己找各种各样的"借口"。有时作业顺利"赶工"完成了，会偷偷窃喜，有点小自满；但如果未能按时完成，会很后悔，恨自己、自责，心想之前好好做该有多好。为此，小明常常处于一种高焦虑的状态，苦恼、自责、悔恨，但又无能为力。由于他克服不了自身的惰性，常常陷入一种恶性循环之中，即"拖延—低效能—情绪困扰—失败"。

在这个案例中，小明从初中开始就表现出对学业的拖延行为，常常等到最后一刻才去做作业，甚至有时完成不了只能抄同学的作业，导致成绩一直很不理想，虽然很想通过努力学习把成绩提高上去，对拖延行为也很懊恼，有主观改变的意愿，但却因为长期的懒惰习惯，总是无能为力，于是产生苦恼、自责、悔恨等较严重的负性情绪，长期处于高度焦虑状态中。

针对小明的情况，在第一次心理辅导过程中，首先为小明提供一个情绪释放的过程，给予小明情感上的理解、支持和陪伴，让他认识并接纳自己的现状，虽不完美，但并不是很糟。并与他讨论情绪调节的方法，如放松训练、情绪宣泄、注意转移等，让他能更好地舒解自己积压许久的不良情绪。最后和他一起分析造成他拖延行为的原因和其中的不合理信念。

在接下来的心理辅导中，引导小明与自己的不合理信念进行辩论，从而改变他的认知模式，逐步放弃不合理的信念，建立正确的认知模式。对于懒惰，"人都是追求快乐逃避痛苦的动物，难免会有懒惰的思想，懒惰是人性的弱点，但是要有一个度，该做的事不仅要去做，而且还要立刻去做"。对于完美主义，"允许不完美的存在，没有什么事是十全十美的，认识到自己不可能不犯任何错误，因此不必

要求自己达到完美"。对于逃避困难，"把任务分成比较容易的小块，化整为零，降低任务难度，每天尽可能多地完成任务。困难是无时不在的，一味地逃避只会让困难越来越大，直面困难可能会更快地解决问题"。对于自我贬低，"要对自己有信心，接受别人的赞扬；自己也要对自己进行勉励，自己并没有想象中那么糟糕，总会有成功的一天"。

针对小明懒惰的习惯和缺乏自我管理的能力，对其进行行为技巧的训练，主要是训练小明规划事情的能力，与他讨论如何更好地安排自己的时间；如何制订严密的学习计划，分清学习的轻重缓急；如何让自己更好地按照所制订的计划实现自己的学习目标。

当小明改变了自己的认知模式后，在面对自己学习生活中遇到的挫折与困难时能更理性地分析，并且开始接受自己的学习现状。在咨询过后，小明也能掌握更好地管理自己时间的方法，规划事情的先后顺序，可以做到有条不紊地安排学习和生活，拖延行为有了很大程度的改善，焦虑情绪也得到了缓解。

第六章　高中生情绪障碍及疏导

　　情绪对每个人的身心健康都具有直接的作用。情绪像是染色剂，使人的生活染上各种各样的色彩；情绪又像是催化剂，使人的活动加速或减速地进行。人需要积极的、快乐的情绪，它是获得幸福与成功的动力，使人充满生机；我们也会体验焦虑、痛苦等消极的情绪，它使人心灰意冷、沮丧消沉，若不妥善处理，还可能严重危害身心。不良情绪既可导致心理疾病，还可导致生理疾病；良好的情绪既可治疗心理疾病，还可以治疗生理疾病。情绪广泛地渗透在高中生的一切活动中，并极其明显地影响到他们的学习、生活和健康，影响对自己、对他人、对人生、对社会的看法和态度。下面我们主要谈谈高中生常见的情绪障碍。

第一节　焦虑症

一、焦虑症的表现与原因

　　焦虑症是指一种无明确对象的、无法摆脱的焦虑状态，主要症状为广泛和持续性焦虑或反复发作的惊恐不安的情绪体验，伴有植物神经功能失调和运动性不安。可分为急性焦虑和慢性焦虑两种形式。

　　急性焦虑，又称惊恐发作，以突然出现的强烈恐惧并伴有植物神经功能障碍为主要表现。患者突然恐惧，犹如"大难临头"或"死亡将至"、"失去自控能力"的体验，而尖叫逃跑、躲藏或呼救。可伴有呼吸困难、心悸、胸痛或不适、眩晕、呕吐、出汗、面色苍白、

颤动等。每次发作持续数小时，一月可发作数次，间歇期可无明显症状。

慢性焦虑，又称普遍性焦虑或广泛性焦虑症，是一种自己不能控制的，没有明确对象或内容的恐惧，是因感到有某种实际不存在的威胁将至，而紧张不安、提心吊胆的痛苦体验。还伴有颤动等运动性不安，胸部紧压等局部不适感及心慌、呼吸加快、面色苍白、出汗、尿频、尿急等植物神经功能亢进症状。

高中生的焦虑症和成人的焦虑症有相似的表现，只是高中生焦虑的原因主要集中在学习、人际交往和个性发展等几个方面。通常我们在面对困难或有危险的任务，预感将要发生不利的情况或发生危险时，都会产生焦虑（一种没有明确原因的、令人不愉快的紧张状态），这种焦虑通常并不构成疾病，是一种正常的心理状态。有时候焦虑并不是坏事，适度的焦虑往往能够使人鼓起勇气，去应付即将发生的危机（或者说焦虑是一种积极应激的本能）。比如面临即将到来的期中考试，我们会感到紧张，害怕自己考不好，担心得睡不好觉，因此也会更投入地去复习应考。随着考试的结束，这些紧张和担心也就随之消失。只有当焦虑的程度和持续时间超过一定范围时才构成焦虑症状。

具体来说，焦虑症的表现特点有：焦虑症的焦虑是没有明显客观对象和具体内容的提心吊胆和恐惧不安，这些情绪不是由实际威胁或危险引起的。患有焦虑症的学生表现出坐卧不安，缺乏安全感，整天提心吊胆、心烦意乱、紧张敏感、容易激惹，稍有刺激声和麻烦事就不能忍受，甚至大发脾气，严重时有恐惧情绪、恐惧预感。伴有头痛、入睡困难、做噩梦、易惊醒、胸闷、心跳、易出汗、四肢发冷、手指发麻、手抖、肌肉跳动、眩晕、心悸、胸部有窒息感、食欲不振、口干、腹部发胀并有灼热感。当事人并不知道为什么这么担心害怕，发过脾气之后会感到后悔，知道不应该有这么大的反应，但是又不能控制。常常会感到最坏的事即将发生。总之，就是一天到晚处在紧张焦虑之中，无心做应当做的事情，影响了正常的生活和学习。有

些患者为上述躯体不适感而焦虑不安，常自查脉搏是否加快，心跳是否停止，呼吸是否还有，皮肤颜色是否已经改变，为此而情绪紧张。患有焦虑症的学生通常双眉紧锁，常伴有不安的动作，如不停眨眼，敲打手指等。

关于焦虑症的发病机理，不同学派的研究者有不同的意见。高中生焦虑症发病原因大概可以归纳为以下几个方面：

1. 遗传因素

不少研究发现，焦虑症患者的血缘亲属中同病率为15%，而一般人群约为3%；异卵双生子的同病率为4%，而同卵双生子为41%。有人认为焦虑症是环境因素通过易感素质共同作用的结果，易感素质是由遗传决定的。一个人在成长过程中，如果其周围有焦虑、紧张的榜样（如父母、兄弟姐妹、祖父母等），那么这个人可能就学会了把周围看成是一个无法控制而且危险的世界。所以有人提出遗传素质是本病的重要心理和生理基础，一旦产生较强的焦虑反应，通过环境的强化或自我强化，易形成焦虑症。

2. 生化因素

焦虑反应的生理学基础是交感神经系统和副交感神经系统活动的普遍亢进，常有肾上腺素和去甲肾上腺素的过度释放。躯体变化的表现形式决定于患者的交感、副交感神经功能平衡的特征。这方面的研究集中在两个神经递质上：去甲肾上腺素和血清素。很多研究发现病人处于焦虑状态时，他们大脑内的去甲肾上腺素和血清素的水平急剧变化，但是，我们并不很清楚这些变化是焦虑症状的原因还是结果。躯体疾病或者生物功能障碍虽然不会是引起焦虑症的唯一原因，但在某些罕见的情况下，病人的焦虑症状可以由躯体因素而引发，比如，甲状腺亢进、肾上腺肿瘤。而且，许多研究者试图确定，焦虑症患者的中枢神经系统，特别是某些神经递质，是否为引发焦虑症的罪魁祸首。

3. 个性特征

焦虑症患者有一定的人格基础。他们一般对现实不满或期望值过

高，凡事往坏处想，总担心结果不妙，长期处于一种高度警觉状态中。自信心不足，胆小怕事，谨小慎微，对轻微挫折或身体不适容易紧张、焦虑、情绪波动、多疑、胆小、敏感、患得患失、孤独、自我体验深刻及依赖性强等。高中阶段是青年期的开始，也是一个人个性的快速发展期。所以高中生的自尊心强而敏感，处在自信和自卑的两极。他们最怕别人看低自己，最希望得到社会的承认和鼓励，处处争强好胜，一旦需求得不到满足，就会完全否定自己。这样的个性特点一旦遇到诱发事件，很容易出现焦虑症。认知过程在焦虑症状的形成中起着极其重要的作用。研究发现，抑郁症病人比一般人更倾向于把模棱两可的，甚至是良性的事件解释成危机的先兆，更倾向于认为坏事情会落到他们头上，失败在等待着他们，低估自己对消极事件的控制能力。

4. 生活事件

首先，在生活上，有的高中生开始住校，生活靠自己料理，置身一个新的、不得不依靠自己独立安排生活的环境中，常常因为不知该如何做而产生焦虑情绪；同时，高中阶段也是建立更加亲密的朋友关系的时期，所以高中生对他人的评价非常在意，希望自己能获得他人的认可，人际关系的敏感也是导致焦虑症的原因之一。其次，上高中后，课程增加，学习时间延长，有的由于学习方法不得要领，成绩逐渐下降。因此，为以后的学习生活和前途感到忧虑不安，担心自己无法继续完成学业，不能实现父母和自己的理想，从而陷入焦虑中。第三，随着第二性征的出现，个体对自己在体态、生理和心理等方面的变化会产生各种神秘感，甚至不知所措。诸如女生由于乳房发育而不敢挺胸、月经初潮而紧张不安；男生出现性冲动、遗精、手淫等，由于好奇和不理解而出现恐惧、紧张、羞涩、孤独、自卑和烦恼。这些生活事件都将对青少年的心理、情绪及行为带来很大影响。而在高中阶段，最常见的是考试焦虑。比如，学生考前对自我的消极认知、对考试后果的担心和忧虑，以及考试时学生的多种紧张心理和行为反应都是学生考试焦虑的表现。

二、焦虑症的心理疏导

青春期焦虑症严重危害中学生的身心健康，长期处于焦虑状态，还会引发神经衰弱症，因此必须及时予以合理治疗。对于焦虑症，一般是以心理治疗为主。下面我们介绍几种心理疗法：

1. 支持性心理治疗

通过与学生的交谈，让他明白焦虑的性质是功能性的而非器质性的，从而正确认识自己问题的原因，消除不必要的疑虑和恐惧，解除其心理负担。同时鼓励当事人树立信心和勇气，相信通过共同的努力一定能克服。当出现焦虑时，首先要意识到这是焦虑心理，要正视它，不要用自认为合理的其他理由来掩饰它的存在。其次要树立起消除焦虑心理的信心，充分调动主观能动性，运用注意力转移的原理及时消除焦虑。当你的注意力转移到新的事物上去时，心理上产生的新的体验有可能驱逐和取代焦虑心理，这是一种人们常用的方法。自信是治疗青春期焦虑症的必要前提。焦虑症患者应暗示自己树立自信，坚信通过治疗可以完全消除焦虑疾患。焦虑产生常常来自于个体不愿面对现实压力、心理冲突，如学习压力太大、方法不当、人际关系紧张等。试着寻找焦虑背后的心理原因，如自己是否太过追求完美、太看重事物的结果、太注重他人的评价等。

2. 放松训练

放松训练是指通过循序交替收缩或放松自己的骨骼肌群，细心体验个人肌肉的松紧程度，最终达到缓解个体紧张和焦虑状态的一种自我训练方法。临床实践证明，放松训练对于治疗失眠、头痛和考试焦虑有显著效果。具体做法是："坐好，尽可能地使自己舒适，尽最大可能地让您自己放松……现在，首先握紧右手拳头，把右拳逐渐握紧，在您这样做时，您要体会紧张的感觉，继续握紧拳头，并体会右拳、左手和右臂的紧张。现在，放松……让您右手指放松，看看您此时的感觉如何……现在，您自己去试试全部再放松一遍。再来一遍，把右拳握起来……保持握紧，再次体会紧张感觉……现在，放松，把

您的手指伸开，您再次注意体会其中的不同……现在，您的左手重复这样做。"以同样的方法用于放松左手与左臂，接着放松面部肌肉、颈、肩部和背部，然后胸、胃和下背部，接下来放松臀、股和小腿，最后身体完全放松。在深度放松的情况下去想象紧张情境。首先出现最弱的情境，重复进行，患者慢慢便会在想象出的任何紧张情境或整个事件过程中，都不再体验到焦虑。

放松训练应注意以下几点：①第一次进行放松训练时，作为示范，咨询师也应同时做。这样可以减轻学生的羞涩感，也可以为学生提供模仿对象。事先得告诉他们"如果不明白指示语的要求，可以先观察一下我的动作，再闭上眼睛继续练"。②会谈时进行的放松训练，最好用咨询师的口头指示，以便在遇上问题时能及时停下来。咨询师还可以根据情况，主动控制训练的进程，或者有意重复某些放松环节。③在放松过程中，为了帮助学生体验其身体感受，咨询师可以在每步的间隔时指示学生，如"注意放松状态的沉重、温暖和轻松的感觉"，"感到你身上的肌肉放松"或者"注意肌肉放松时与紧张的感觉差异"等。

在会谈室中接受了放松训练之后，学生需要回家继续练习。咨询师可以为学生提供书面指示语或录音磁带，供学生在家练习时用。要求学生每日练习 1~2 次，每次 15 分钟左右。咨询师应该向学生强调，开始几次的放松训练并不能使肌肉很快进入深度放松，需要坚持下去，才会有效果。

另外还可以运用视觉放松法来消除焦虑，如闭上双眼，在脑海中创造一个优美恬静的环境，想象在大海边，波涛阵阵，鱼儿不断跃出水面，海鸥在天空飞翔，你光着脚丫，走在凉丝丝的海滩上，海风轻轻地拂着你的面颊……

3. 认知调节

有些患了焦虑症的高中生是由于自我期望值高，成就动机强烈，渴望取得好的成绩，对潜在的失败紧张恐惧造成的。有些学生一旦发现自己在某方面不尽如人意，就成天忧心忡忡，惶惶犹如大难将至，

痛苦焦虑，不知其所以然。找到焦虑背后的认知因素是标本兼治的方法。所以咨询师应和学生共同分析探讨产生焦虑的原因，通过咨询师的协助，把深藏于潜意识中的"病根"挖掘出来，找出存在的不合理认知方式并改变它。这样，症状一般可消失。不合理的认知方式有三个特征：绝对化、过分概括化和糟糕至极。比如，面对一次考试，有些学生会想："我必须考好，考不好就完了"，"我一定要得第一"，"我还没有准备好，这样的状态肯定死定啦！"等等。

4. 药物治疗

如果焦虑过于严重时，还可以遵照医嘱，选服一些抗焦虑的药物。如果与上述方法联合使用，常可以控制症状、缩短疗程。在临床上常用的药物主要作用于中枢神经系统的边缘系统、丘脑、杏仁核等部位，能明显改善情绪、对抗焦虑，如苯二氮卓类（地西泮、氯硝西泮、佳静安定、罗拉等）、多虑平、安宁、溴剂等。但是此类药物大多有较强的毒副作用和成瘾性，需要在医师的指导下使用，不得滥服。此外还可以针对不同系统突出症状加用一些其他药物，如心慌可加用心得安、倍他乐克；消化不良可用多酶片、吗丁啉。

5. 催眠疗法

患焦虑症的学生可能会有睡眠障碍，表现为难以入睡、梦中惊醒。如出现睡眠不好等情况时不必焦虑，而应抱着能睡多久就睡多久的轻松心态，反而能够轻松入睡。如果没有效果，此时学生在入睡前可进行自我催眠，如闭上双眼自我暗示："我现在躺在床上，非常舒服……我似乎很难入睡……不过没有问题……我现在开始做腹式呼吸……呼吸很轻松……我的杂念开始消失了……我的心情平静了……眼皮已不能睁开了……手臂也很重，不想抬了，也抬不起来了……我的心情十分平静……我困了……我该睡了，我能愉快地睡着……明早醒来，我心中会非常舒畅。"良好的睡眠对焦虑的消除具有改善和促进作用。

当然，上述有些方法需要在专业心理医生指导下进行。

三、咨询个案举例

小杰，男，来咨询室的时候是高二上学期。小杰长得很清秀，个子高高的，但是他走进咨询室的那一刻，我发现他眉头紧皱，眼睛里充满了警觉的眼神。我们在咨询室内坐定后，像往常一样，我和他寒暄了几句之后就进入沉默，我等待着他主动开口进入主题。下面是他自述的情况：

自幼学习上进，记忆力较强，从小学到初中学习成绩一直名列前茅，所以自己给自己定的目标很高；父母都是中山大学毕业，所以对他的期望也很高，希望他将来能考上清华、北大；他历来都是老师眼中的尖子生，每逢市里的一些学科竞赛，老师都推荐他参加，他对数学、化学和英语都很感兴趣。而在初中之前参加的这些竞赛都能拿到自己理想的成绩。他本人对物理兴趣不浓，但是老师仍然很看重他，自己认为这是一种荣誉，是学校和老师对自己的器重，也不好违抗。记得初二有一次市里举行物理竞赛，老师又让他参加。自己很用功地复习，考前一夜没睡都在复习，在考场上拿到试卷的那一刻，脑子里一片混乱，原来复习过的内容也想不起来了，急得浑身出汗、心慌意乱、努力回想可什么都想不起来。勉强交了试卷，结果可想而知，考试成绩很糟，连鼓励奖都没拿到。父母安慰他，让他不要介意这次竞赛。事后他也没有多想。考上了重点高中以后，他认为，那次物理竞赛，因为物理不是自己的专长，所以没有考好，这是自己的弱点。而高考不会顾及他的弱项，所以自己一定要努力把物理成绩提上去，所以他更加努力学习。高一下学期开始觉得头脑总是胀胀的，一天到晚浑浑噩噩。经常担心初二物理竞赛时脑子混乱的情况再次发生。越是害怕好像越会发生似的，越来越觉得自己有很多东西要学。现在整天都是非常紧张，几乎所有的时间都用在了学习上，但是学习成绩不但没有提高，反而下降了很多。晚上严重失眠，食欲下降。父母和自己都意识到自己的脾气变得很急躁，容易发脾气。其实自己也知道没必要这么担心，但是不能控制，好像有什么严重的事情要发生一样，提

心吊胆的。

咨询师对小杰的情况有了大概了解后，根据其症状表现，初步判定小杰患的是焦虑症。

针对小杰无精打采、非常疲惫、情绪很激动等情况，咨询师首先教小杰放松的方法，并和他一起做。反复两次后，小杰自述感觉平静了很多。咨询师建议小杰回去好好练习，当紧张出现的时候，就反复做。第二次咨询时，咨询师和小杰讨论了这一周以来的情况，小杰说自己多次使用放松法，比以前感觉好些了。然后咨询师逐渐把话题引到了对他影响最大的事情——初二时的物理竞赛。因为一直以来，他的学习成绩都很好，所以他给自己定了很高的目标。在他内心存在这样的想法"我必须要做到最好"、"拿不了第一就完了"。所以当物理竞赛没有考好时，他就想"我完了！"、"我太差了！"把自己完全否定了。这样自信心一下子就没了，开始怀疑自己的学习能力，最初可能只是对物理没有信心，现在对所有的科目的学习都没有了把握。这就是小杰出现焦虑的根本原因。第三次咨询时，咨询老师给了他以下几点建议：

首先，调整认知。承认自己在物理方面存在不足，物理是自己的弱项，但是在其他科目上，自己的功底还是很好的。要看到自己的长处，从而重新树立信心。同时，咨询师和小杰一起讨论制订合理的计划，提高物理成绩。

其次，继续进行放松训练，抵抗焦虑状态。

再次，合理安排作息时间，保证睡眠。咨询师和小杰共同讨论了一个作息时间表，小杰开始逐步调节自己的生活。

第四次咨询时，小杰的症状已经有了很大的改善，能够保证睡眠，白天的精力也比较好。虽然偶尔还会担心，但是配合放松训练小杰已经能正常学习，饮食也恢复了正常。小杰的脸上重新露出了微笑。

第二节　强迫症

一、强迫症的表现与原因

强迫症是一种症状特殊的以强迫观念、强迫行为为主的神经症，在高中生中也有一定的发病率。其具体的临床表现有：

1. 强迫观念

表现为反复而持久的观念、思想、印象或冲动念头。力图摆脱这些观念，但为摆脱不了而紧张烦恼、心烦意乱、焦虑不安和出现一些躯体症状。强迫观念包括：

（1）强迫思想：强迫性怀疑，患者对已完成的事情总是放心不下，要反复多次检查确实无误后才能放下心来。如一位高中生总是怀疑是否关好门窗，准备投寄的信是否已写好地址，煤气是否已关好等等，在怀疑的同时常伴有明显的焦虑。强迫性回忆，比如对过去的经历、往事等反复回忆，虽知毫无实际意义，但总是反复回萦于脑中，无法摆脱，因而感到厌烦至极，严重影响了学习和生活。如有个高中生总是回忆刚刚讲过的话的用词、语气是否恰当。强迫联想，当患者听到、见到或想到某一事物时，就不由自主地联想起一些令人不愉快或不祥的情景，如见到老师拿着粉笔，看到粉笔灰落下来，就想到了白发，继而想到了生老病死。强迫性穷思竭虑，对一些毫无现实意义的问题，总是无休止地思考下去，尽管逻辑推理正常，自知力也完整，也知道没有必要深究，但无法克制。如天为什么要下雨？人为什么要吃饭？地球为什么是圆的？我为什么是我？等等。

（2）强迫意向：患者在处于某种正常心理时，常出现相反的违背自己内心的意愿，虽然这种相反的意愿十分强烈，但从不会付诸行动。如过马路时，想冲向正在驶过的汽车；看到坐在前排的同学，不自觉地想去拍打他的头。有个学生，看到水果刀或者菜刀，就有股冲

动想拿起来砍东西；如母亲抱小孩走到河边时，突然产生将小孩扔到河里去的想法，虽未发生相应的行动，但患者却十分紧张、恐惧等等。患者出现这种明知与当时情况相违背的念头，却不能控制其出现，因此十分苦恼。

（3）强迫情绪：患者对某些事物感到厌恶或担心，明知根本没必要却不能控制。例如，担心自己会伤害别的同学，担心自己会说错话，担心自己受到毒物的污染或细菌的侵袭等。

2. 强迫动作

强迫动作又称强迫行为。即重复出现一些动作，自知不必要而又不能摆脱。具体表现有：

（1）强迫洗涤：常见有强迫洗手、洗衣等。如有位学生的父母是医生，经常谈到传染病，使她认为接触公共场所就会被传染。于是每次放学回家总是喊父母开门，她则高举双手进入，然后反复洗手，内、外衣服全部换洗，直到深更半夜才吃点夜餐就寝。

（2）强迫检查：是患者为减轻强迫怀疑引起的焦虑不安而采取的措施，如出门时反复检查门窗是否关好，寄信时反复检查信中的内容，检查是否写错了字等等。

（3）强迫性仪式动作：患者总是做一些具有象征福祸凶吉的固定动作，试图以此来减轻或防止强迫观念所引起的焦虑不安，如以手拍胸部，以此表示可逢凶化吉。

（4）强迫计数：患者见到某些具体对象（如电杆、台阶、汽车、牌照等）时，不可克制地计数，如不计数，患者就会感到焦虑不安。

由于强迫症状的出现，高中生可伴有明显的不安和烦恼，并强烈地要求改变这种不能自主的强迫症状和不安的体验。

之所以形成强迫症，主要与这三个要素有关：个性缺陷、逃避现实、言行不一。

许多学者报告，约有 1/3 ~ 1/2 的强迫症患者病前的个性属强迫型。有人将强迫型人格分成两种类型：①多疑虑，缺乏决断力，遇事犹豫不决，类似轻微的强迫症。②固执、偏璺、易激动、脾气坏，缺

乏决断力。这两种类型都具有善良、注重细节、求准确、爱整洁、小心拘谨、优柔寡断、善于琢磨、思维反复、生活刻板、感情贫乏、严肃认真、力求完美、自我束缚的共同点。

强迫人格的形成除与遗传有一定关系外，家庭教育与社会环境的影响也起重要作用。特别是具有强迫个性的父母对患者有着潜移默化的影响。对子女的教育不当，如过分苛求，对生活制度的过于刻板化要求，使他们形成遇事谨小慎微、优柔寡断，过分琐碎细致，务求一丝不苟、十全十美，事前反复推敲，事后后悔自责。在与人交往中过分严肃、古板、固执。在生活上过分强求有规律的作息制度和卫生习惯，一切均要求井井有条，甚至书橱内的书，抽屉内物品，衣柜里的衣服都要求排列整齐，干干净净。看上去做事认真、心细。为此经常需花费时间整理，而影响其他工作的完成和个人的休息。

一旦心理形成定势后，由于自己习惯于它，要消除这种顽固的病理心理定势本身就很困难，因而多数患者表现出言行不一和逃避现实。这又加重其症状。

另外，内心强烈的矛盾冲突也是强迫症的主要原因。一般来说，强迫症患者有强烈的内心冲突，这是强迫症发病的心理原因。病人通常把两件不相关的事情联系起来，而本人又不能清楚地意识到这样的联结，强迫症状正是这种内心矛盾冲突的外在表现。找到患者内心的矛盾冲突并消除这些冲突，是治疗强迫症的关键。

二、强迫症的心理疏导

强迫症的治疗应以心理治疗为主，找到强迫症患者强烈的内心冲突是治疗的关键。通常采取的治疗策略和方法有一般性心理支持、认知领悟疗法、个性特征的调整和必要的药物治疗等。下面我们简单地介绍几种针对强迫症的治疗和疏导的方法：

1. 认知领悟疗法

强迫症的核心症状是恐惧和不安全感，这种情绪又经"万一"的担心而体现出来。因此，治疗的重点之一是让患者了解那种盲目

的、不符合正常逻辑的认识和情感以及冲动来自何处，帮助患者真正认识到他所采取的措施是可笑的、幼稚的，从而自觉放弃它。治疗的重点之二是让病人认识到，怕万一出错的想法也是属于幼稚的症状，是初级思考式的体现。最后使病人对症状"顺其自然"，采取不怕、不理和不对抗的态度，使症状逐渐从意识中淡化以至于消失。这种治疗方法是针对病人存在强迫思维的，只有当病人明白了症状产生背后的根源，才能从行为上改变自己。

2. 行为疗法

行为疗法较适合于以强迫动作为主症的病，包括系统脱敏法、思维阻断法、宣泄法、模仿学习等，这些方法对重度强迫性意识有较好的疗效。很多书籍上都对系统脱敏法作了详细的介绍，这里就不再赘述。思维阻断法是对强迫行为有很好疗效的一种治疗方法。当病人处于强迫观念之中时，治疗者用一种有力的干预措施如大喊一声"停止"，或配合其他厌恶的条件刺激如弹橡皮圈等来转换病人的思维。如此反复，喊声或厌恶刺激的强度可逐渐降低，最后由病人低声自语而逐渐起到消除强迫症状的效果。

3. 药物治疗

强迫症的治疗应以心理治疗为主，药物治疗是一种辅助手段。目前临床上治疗强迫症一般应用抗抑郁的药物，如氯丙咪嗪、多虑平、百忧解等。但必须在医生的指导下对症用药，千万不要自己随便用药。因为这些药物属精神类药品，有的具有一定的副作用。

三、咨询个案举例

阿龙，男，高三学生。初中二年级的一天，阿龙在放学值日打扫卫生时，有一个同学和他打闹，不小心把扫帚从他头上扫过。当地人有一种说法，认为扫帚碰到头就会有坏运气，必须要吃了对方的糖才能消除坏运气。阿龙并不相信这些，他也没让同学给他买糖。但是这件事令他很不舒服。没过几天，阿龙的手臂骨折。他想到了扫帚的事情，不禁怀疑是不是自己的厄运真的来了。于是又要求那个同学给他

买糖。虽然吃了糖，可是心里还是隐隐地担心，厄运说不定什么时候就真的来了。到了初三，他的担心更严重了，看到那个同学，要向他吐十次口水才能安心。如果哪次没有吐，他就会很担心，什么事情都不能做，会反复地想要有厄运了，要有厄运了。再找到那个同学，朝他吐十次才感觉好点儿。后来发展到在教室也要吐痰十次、回到宿舍要转身十次才坐下来看书写作业，走路要按着右边，如果有电线杆，一定要数电线杆，没有数清楚必须要回去重新再走一遍。高一、高二的时候没有那么多的动作，到了高三，这样的情况越来越多，一进入教室就吐痰，回到宿舍就转身，以至于无法学习。这些令他非常苦恼，一方面他觉得这样做完全没有必要，想控制自己不要去做，另一方面又担心不做的话厄运会真的到来。因此前来咨询。

阿龙的状况很明显是强迫行为。第一次见到阿龙的时候，他非常沮丧，自述天天被这些怪念头控制而无法摆脱，没有心思学习，成绩下降很快。而高考在逼近，越是想到这些，越是紧张，吐口水和转身的频率就越高。咨询师耐心地表示理解他现在的心情和处境，更进一步说出了他的苦恼。在共情的基础上，病人得到了接纳和认可，情绪得到了释放，心情也平静下来了。同时，咨访关系也在信任和理解的基础上建立了。第二次，阿龙自述和咨询师谈了后感觉好多了，不那么焦虑了，也有信心治好。咨询师详细耐心地向病人解释了他病症背后的原因：扫帚碰头带来厄运是一种迷信的说法，把扫帚碰头和厄运联系起来是不符合逻辑的。每个人都可能会遇到手臂骨折的事情，当事人把手臂骨折和厄运相联系也是幼稚的，不合常理的。面对高考，当事人可能不够自信，担心学习搞不好，考不上理想的大学，当事人采取了一种幼稚的方法来释放和缓解这种担心，就是吐口水。其实，吐口水和学习是互不相干的两件事。而当事人之所以这样做，可能是因为压力大。听了这样的解释，当事人说确实是这样的。第二次咨询结束的时候，咨询师建议当事人回去好好思考思考咨询师所说的是否有道理。希望能帮助当事人看到问题的本质。第三次咨询就是针对阿龙的强迫行为开展的。咨询师采用了思维阻断法来协助阿龙克服其吐

口水和转身。咨询师和阿龙一起讨论了阻断时所用的语言"停止"，当出现这些症状的时候，阿龙必须很坚定地对自己说"停止"，然后平静地对自己暗示说"我现在没事了，去做应该做的事情吧"。同时建议他带着病症生活，对这些症状采取"顺其自然"、"为所当为"的策略。阿龙答应回去一定尝试着做。接下来的几次咨询，经过阿龙的努力，他的症状逐渐减轻了，心情也恢复了平静。

半年后，阿龙的症状完全消失，很顺利地参加了高考。

第三节　抑郁症

一、抑郁症的表现与原因

抑郁症是指持续的情绪低落、消沉，负性的自我评价及自杀念头和行为。目前，在我国抑郁症的发病率逐年增高，其患病年龄主要在 18 ~ 44 岁之间，但低于 18 岁的病人愈来愈多。

高中生的抑郁障碍患者也明显增多，其中高三阶段的发病尤为突出，不少学习成绩名列前茅的学生在冲刺阶段因心理疾患而受阻，功亏一篑。高中生的抑郁症有哪些特征？如何做到早发现？一般在连续两周的时间里，患者会有这样一些与以往不同的表现和想法：一到学校、班级，看什么都不顺心；无论怎样强迫自己学习，就是学不进去；即使学习成绩很好，也感到自己不如他人；发现同学都那么开心快乐，自己却孤苦伶仃；认为老师和同学有意找自己麻烦，他们在注视或议论自己；女学生异常脆弱，常不知为何就哭哭啼啼、男学生异常警觉，认为有人在监视或谩骂自己及家人；不是发自内心的弃学、休学后又在为耽误课程发愁；不与父母交流，无论父母说得对与否，都在默默抵触或发脾气；话语减少，行为变慢；失眠、头晕、胸闷、身体感觉异常，特别注意自己的身体；多次流露出轻生的念头等。

临床具体表现有如下几点：

（1）抑郁心境。这是抑郁症患者最主要的特征，轻者心情不佳、苦恼、忧伤，终日唉声叹气；重者情绪低沉、悲观、绝望，有自杀倾向。

（2）快感缺失。对日常生活的兴趣丧失，对各种娱乐或令人高兴的事体验不到乐趣。轻者尽量回避社交活动；重者闭门独居、疏远亲友、杜绝社交。

（3）疲劳感。无明显原因的持续疲劳感。轻者感觉自己身体疲倦，力不从心，生活和工作丧失积极性和主动性；重者甚至连吃、喝、个人卫生都不能顾及。

（4）睡眠障碍。约有 70% ~ 80% 的抑郁症患者伴有睡眠障碍，患者通常入睡困难，而且几小时后即醒，故称为清晨失眠症、中途觉醒及末期失眠症，醒后又处于抑郁心情之中。伴有焦虑症者表现为入睡困难和噩梦多，还有少数的抑郁症患者睡眠过多，称为"多睡性抑郁"。

（5）食欲改变。表现为进食减少，体重减轻，重者则终日不思茶饭，但也有少数患者有食欲增强的现象。

（6）躯体不适。抑郁症患者普遍有躯体不适的表现。患者常检查和治疗不明原因的疼痛、疲劳、睡眠障碍、喉头及胸部的紧迫感、便秘、消化不良、肠胃胀气、心悸、气短等病症，但多数对症治疗无效。

（7）自我评价低。轻者有自卑感、无用感、无价值感；重者把自己说得一无是处，有强烈的内疚感和自责感，甚至选择自杀作为自我惩罚的途径。

（8）自杀观念和行为。这是抑郁症最危险的行为，患有严重抑郁症的患者常选择自杀来摆脱自己的痛苦。

高中生患抑郁症的原因既与个人心理因素有关，也与外界环境因素有关。

1. 个人心理因素

首先，从青少年这一群体的身心发展特点上看，高中生正处于个

体身心发展的疾风暴雨、变化剧烈时期，心理发展尚未成熟。面临考试、升学、就业、交友、恋爱等诸多人生选择，各种心身矛盾和众多的心理欲求，使其经常体验到失望、痛苦、悲伤、悔恨、激愤等负性情绪和严重的挫折感、不满足感，而其心理又不成熟、情绪波动大、缺乏应对挫折的能力和技巧，因而是最易出现心理冲突和心理问题的"危机期"。自杀企图即是心理危机的一种突出表现。

其次，从学生个体的人格特质来看，一部分青少年具有性格内向、孤僻、自我封闭、冲动、过激、偏执、神经质的人格特质；有的本身即是神经类型为弱型或强而不平衡型或过敏体质者，其耐受力较差，一个普通刺激就使其难以承受；有的内心有强烈的孤独感、痛苦感，这种体验长期积累达到一定极限时，一个偶然因素即可导致轻生念头产生。

2. 外界环境因素

首先是学校生活的压力。学校是青少年最为重要的一个生活环境，学生们在繁重的课业任务压力下，完全没有了快乐感和良好的心态。与以前的小学初中课程相比，科目增多，难度增大，原先较好的成绩开始出现滑坡，这就要求学生给自己重新定位。随着他们平等意识的增强，他们产生了强烈的自尊心和被他人尊重的需要。由于成绩的逐渐落伍与分化，老师和学校往往缺乏一种民主平等的教育思想。在这种情况下，学生不平等的待遇与内心深处渴望被尊重和平等交流的情感，产生了激烈的冲突。其结果是容易使学生放弃继续努力学习的念头，产生了自卑、抑郁等不良心理和厌学情绪。而"压力"与"焦虑"是一对孪生兄弟，学校学习生活的巨大压力使他们经常感到情绪焦虑、紧张恐惧、身心疲惫。美国布洛姆的研究认为：学校的压力源，一是学生与教师的关系；二是同学之间的关系；三是成绩与考试；四是来自于学校的批评与处罚。来自学校任何一方的压力源，当其不堪重负时，就极有可能以死来逃避或抗争。

其次是社会教育环境。面对剧烈的社会变革——知识经济的到来，社会更看重个体的综合素质与实际能力的高低，与此良性引导相

比，社会对学生的负诱惑又远远超过了对他们的约束。从充斥于现代文化生活的暴力文化中，有的学生养成了暴力倾向，学习暴力经验。他们所做的事大多数都很冲动和盲目，所得的结果大都为失败，对于那些经不起打击的学生，现状不断使他们陷入抑郁的心境。

第三，家庭影响。孩子是家长的希望，他们拼命地工作就是为了供孩子上学，将来过上好生活。但在他们追求经济的同时，学生们对家长的期望充满恐慌。大多数学生怕辜负家长的期望而整天沉浸在苦海里，他们自己也知道只有通过努力学习才能报答父母的养育之恩，因而他们埋头苦读甚至晚上减少睡眠。久而久之，心理压力慢慢增大，体质随之而减弱，精神难以集中，慢慢地精神变得崩溃，从而引发了精神分裂症。

有的家长的教育态度、教育方法失当，过分溺爱娇惯或斥责、苛求、打骂，或家长期望值过高，一旦高期望变成高失望，付出与收获的巨大反差常导致父母亲心理严重失衡。这些又必然在家庭生活的方方面面以隐隐约约的方式表露出来，都会使孩子感到家庭的巨大压力而处于紧张、焦虑、不安之中。

有的青少年家庭环境较复杂，或某些家庭事件使得亲子关系不良，或亲人的突然死亡带来强烈刺激。由于其阅历浅，对问题的认识分析能力低、方法少，易陷入束手无策的境地，因而倍感孤独无助、苦涩、迷茫，甚而轻率地选择了不归路。

另外，家庭经济拮据，家庭成员有人名声不好，家庭成员的社会地位低……这些原因使高中生常常感到低人一等，总怕别人提起，因而引起学生心理不平衡，整天闷闷不乐，越想越复杂，越想越严重，甚至走上绝路。

第四，教师的心理健康问题，直接地有时甚至是很严重地影响到学生的行为。一篇公开发表的调查报告显示：上海市小学教师群体的心理问题多多，100人中有48人有程度不同的心理危机（包括各种身心疾病、强迫性神经症、焦虑症、抑郁症，以及偏执、多疑，甚至幻听、幻视等精神症状），其中12人问题严重。类似这种情况对学

生产生的消极影响是不可否认的。

二、抑郁症的心理疏导

怎样正确处理高中生抑郁症？应注意这样几点：其一，这类患者不需要长期休学治疗，一般在急性治疗期可休息 1～4 周，以后最好边上学边治疗；其二，不要给患者戴上精神病的帽子，或按精神病来住院治疗；其三，抑郁症不是思想品行问题，不是神经衰弱和大脑缺乏营养，更非脑子里"长了东西"，正确的诊断治疗应来自临床心理（精神）专科医生。一般而言，如果某种疾病有明确的原因，我们的感觉可能好一些。但是，与许多其他严重疾病类似，在没有任何诱发事件或疾病的情况下，抑郁症也可以发作。抑郁症往往是各种遗传、心理和环境因素复杂作用的结果。

作为一个教育工作者，对学生进行必要的心理诱导和矫治，是其应尽的责任和义务。一般来说，根据学校和学生的实际情况，老师可以采取如下措施来预防抑郁症的发生：

（1）要求学生保持良好的睡眠，增强自己的身体素质。通过对学生睡眠情况的调查，睡眠良好、一般、经常做梦及失眠的人抑郁心理的发生率分别为 9.84%、13.38%、33.33%、50%。这表明睡眠状况越好，抑郁心理发生的可能性越小，而抑郁心理的发生又可能导致睡眠不好，两者互为结果，这对身体是有害的。可见保证充足的睡眠时间、良好的睡眠状态是非常必要的。

（2）要求学生听听音乐、读读童话，释放心理负荷。美妙的音乐、优雅的旋律会给人一种轻松、愉悦的美感，能让人忘却忧虑和烦恼，缓解紧张心理情绪，恢复自信。童话唤醒美好的童年趣事，读者也会被作品中富有人性的各种小动物和天真可爱的人物形象所震撼。这样便会超越自己的处境进入另一个世界，心理上的压力解脱了，心情舒畅了，烦躁的情绪也会慢慢平静下来。

（3）多做一些户外运动，让烦恼和不悦随风而去。美国的欧托·奥朋吉勒医生说，足球、篮球、跑步可以从根本上帮助抑郁心理

患者摆脱困境。鼓励学生结交几个知心朋友，培养业余爱好，面对现实，学会适应，对自己负责，同时要求学生确立一个切合自己实际的奋斗目标。实践证明，上述方法使很多学生走出了抑郁的困境。

（4）另外还有一些方法也可以尝试：一是宣泄减压法。把自己内心的苦闷，向亲人、朋友、要好的同学倾吐；如果有条件，还可以把怒气和不满转移到某种物品上。二是运动法。可以练气功、做操、跑步、跳舞。每晚临睡前用热水烫烫脚，再搓搓脚底。这样有利于活动筋骨、舒展身心。三是寻找乐趣。比如，拜访同学，听音乐、相声；有条件的可以养养宠物，装饰屋子，或出去旅游。四是精神胜利法。比如，学习中犯了错误，可以这样想："哦，每个人都会犯错误，我只要吸取教训，改了就好。"

（5）抗抑郁药是一类主要治疗情绪低落、心情郁郁寡欢、悲观、消极的药物，用药后可以提高情绪，增强思维能力及使精力好转。这类药物有许多种，自从50年代问世以来，发展很快，特别是近十几年以来，许多新型抗抑郁药层出不穷。这类药物不仅有抗抑郁的疗效，对焦虑不安、强迫状态及恐怖症也有一定疗效。根据化学结构的不同，抗抑郁药大致分为三类：单胺氧化酶抑制剂、三环类抗抑郁剂及杂环类抗抑郁剂。老师可以建议学生到正规医院开药治疗。

三、咨询个案举例

某职业高中一年级学生，女，16岁，因为一个星期不回家，父母以为她可能有心理问题而带她来就诊。该女孩情绪低落，说话声音低沉，生活、学习兴趣下降，言语很少，容易激怒。其自述从初三开始，即来咨询前的一年多，就出现注意力不集中，兴趣下降，近一年中曾有三次自杀行为，父母认为孩子是思想问题，根本没想到是病。诊断：抑郁症。

对于抑郁症的治疗，首先是心理支持和认知调整，然后通过行动来改变情绪，必要时给予药物的配合治疗。具体方法有：

1. 认知调节法

大多数抑郁症患者都有明显的自我负性评价。他们总认为自己是无用的、无能的、很差劲的，对自己没有信心。特别是在遇到挫折后，很容易夸大挫折，把后果想象得很严重，进而自我责备。因此，在咨询时，要引导学生从积极的一面去看问题，鼓励他们看到自己的成绩、欣赏自己的优点，实事求是地接纳自己的错误和不足，不夸大、不自责，看到自己挫折背后的积极因素，树立积极改变现状的动机。

2. 行为疗法

心理治疗学家通过长期的实践及理论探索，发现抑郁症患者具有一个共同点：对其自身和世界持暗淡的看法，结果许多患者甚至不能理解那些可以改变其情绪的做法。这些患者需要获得自知力和理解力，以使他们看到自己的期望是如何影响其情绪的。行为治疗学家的观点倾向于越来越注重患者的被歪曲的态度，许多行为治疗家都在努力教会患者如何更现实地感知和反应，以及如何更有效地控制自己的基于情感的行为问题。

行为治疗技术主要包括以下内容：指导患者做自我观察和自我控制的步骤，使之学会自我强化。首先让患者坚持记录其行为，学会由消极转向积极，并且树立现实的、可达到的目标，督促并鼓励患者去安排一些愉快的事情和自我奖励，从而通过积极行为而得到进一步强化。行为疗法对减轻大多数情绪障碍是有效的、可行的。

3. 认知行为矫正法

认知行为矫正法把认知疗法和行为主义疗法结合起来，形成各种治疗步骤，在最初一段自我评价和自我监察之后，治疗具体症状。辅导策略有：

（1）任务分级法。治疗抑郁症，最基本的客观手段是让患者重新活跃起来。任务分级法把目标或活动分解成小目标或更小的行为定式，减少对患者的压力，其目的是使任务更简单些，以便患者能完成这些任务，从而强化成功感。随着治疗的推进，任务难度要逐渐

加大。

（2）把不愉快的活动转向愉快的活动。抑郁症患者的活动水平开始时相对较低，甚至他们无论进行什么活动似乎都不能带来多少快乐。他们每天的活动模式，往往是僵硬而又被动的行为。他们还喜欢与其他抑郁症患者结交，这是一种增加抑郁的倾向。又因为抑郁症患者习惯于消极地对待所有新的建议，所以有力的鼓励和具体的契约（多是书面的）更有助于使他们参加愉快的活动。治疗者应该向患者强调，对任何一项具体的活动，只有在他们参加了一段时间以后，才能对它作出评价。

（3）改变消极观点。挑战抑郁症患者关于生活的消极观点并改变它，一般多采用埃利斯的理性情绪疗法，贝克的认知疗法等。一段时间后，这种方法可以与自信心训练或其他方法结合使用，使患者重新经历适应的过程。

（4）诱发不相容情感。治疗者想办法诱发出患者的情感反应，如幽默或恼怒，因为抑郁症患者沮丧的情绪特点与这些反应不相容，并且破坏相应的抑郁情感反应的连续性。

（5）改变自我语言。消除患者消极的自我语言，如："我没用"或"我不会做那件事"，对治疗抑郁症有很大的帮助。经过最初一段的自我监察后，患者会列出一个典型的消极性自我叙述表，而且一般会列出第二个潜在的抵消性的积极陈述表。治疗者应指导患者在不同的时间说出这些积极的陈述，并且要尽可能大声地说出。但常常发生这样的情况：患者保持沉默，拒绝大声地说出那些积极的陈述。因为他们在说这些话的同时，根本就不相信它们能起积极的作用，治疗者应该同意患者的这一说法。治疗者和患者之间要形成一种契约，在这个契约中患者无论如何要说出积极陈述，治疗者则尽量使患者确信重复这些话一定是有用的。治疗者难以做到的是无法保证患者在治疗时间以外也坚持这些新的行为，所以要求患者坚持，至少每隔一段时间便进行一次。

普里迈克原则可以帮助患者坚持积极的陈述从而治疗抑郁症。普

里迈克原则规定，可能性高的行为（即一个人经常表现的、经常做的行为）可以强化并增加可能性低的行为（如积极的陈述）。例如，可以要求患者在每次开房门时说："我是个好人，而且我感觉很好。"其他适当的陈述可与别的可能性高的行为相配合，随着患者坚持这样做，抑郁症也就减退了。

（6）基础意象法。此方法由拉兹勒斯首先于 1981 年开始使用，是一种系统脱敏法的变式，拉兹勒斯称之为"常规速强化时间投射法"。抑郁症患者所明显缺乏的认知定势是缺少或没有对未来的期待和希望，通过对愉快活动的想象与对未来的领悟相配合的方法，时间投射法便产生积极的期待，因此而产生希望。一般是让患者想象他们正在做以前做过的愉快的活动，然后，要患者保持愉快的感受和对未来欢乐的想象，再回到目前的现实。这一方法与从不愉快到愉快方法相似，只不过这种方法要求通过想象而不是通过大量的行为来完成。

4. 药物治疗

抗抑郁剂对稳定情绪和缓解整体焦虑程度有着有益的影响，能减低不良情绪发生的频率和强度。常用的抗抑郁药包括丙咪嗪、氯丙米嗪和苯乙肼等。另外，百忧解也是近年来经常应用的药物。

青少年抑郁症在以前诊断不多，随着人们对心理健康知识的不断了解和青少年成长环境及诸多因素的作用，近几年，青少年抑郁障碍的就诊人次逐年增加。因此，家长和老师应注意学生的精神和心理健康，特别要预防具有抑郁障碍学生的自杀。

第四节　神经衰弱

一、神经衰弱的表现与原因

神经衰弱是一种由于长期的情绪紧张和精神压力，使大脑功能轻度障碍所致的精神活动能力减弱的轻度神经症。主要表现为精神容易

兴奋和脑力容易疲乏，情绪烦恼，入睡困难。有的病人还表现为头痛、头昏、眼花、耳鸣、心悸、气短、阳痿、早泄或月经紊乱。发病年龄多数在 16～40 岁之间，以脑力劳动者占多数，病程迁延，症状时轻时重。病情的变化常与心理社会因素有关。高中生处在学业压力最大、课业最重的时期，如果不善调节，很容易用脑过度，睡眠不足，导致神经衰弱。

具体来说，神经衰弱的临床表现有如下几方面：

（1）衰弱症状：精神易疲乏、脑力迟钝、注意力难以集中，记忆困难，工作或学习不能持久，效率减低。由于患者没有其他明显的疾病，只是疲劳，别人可能觉得他们是"懒到骨子里了"。

（2）兴奋症状：对内外环境刺激敏感，容易精神兴奋，回忆及联想增多且控制不住，无语言动作增多。患者在疾病的早期，表现为情绪控制能力降低，往往为一点小事便大动肝火或烦躁不安。其明显的特征是感觉过敏，对自己身体的反应过敏，对外界事物也极其过敏。

（3）情绪症状：易烦恼、易激怒、情绪波动大、缺乏忍耐性，并伴有继发性焦虑苦恼。

（4）紧张性疼痛：紧张性头痛，紧张性肢体肌肉酸痛。

（5）睡眠障碍：入睡困难，为多梦所苦，醒后感到不解乏，睡眠感丧失（实际已睡，自感未睡），睡眠觉醒节律紊乱（夜间不眠，白天无精打采和打瞌睡）。

（6）植物神经功能紊乱症状：由于疲劳、缺乏活动，患者植物神经系统的功能会衰退，患者情绪抑郁、焦虑也必然会导致植物神经系统紊乱。主要表现为心慌、血压不稳定、多汗、肢端发冷、厌食、便秘或腹泻、尿频、月经不调、遗精、早泄或阳痿等。

（7）疑病症状：上述症状的出现会使患者怀疑自己生了某种绝症。例如，头痛便怀疑脑中生了瘤，失眠便怀疑自己有可能变成傻子。这样的疑病症状如果得不到指导的话，会使患者背上沉重的思想包袱，导致症状加重。

关于神经衰弱产生的病因有多种理论和假设，如神经能量消耗说。精神病医生彼尔德认为神经衰弱是神经能量消耗过多所导致的神经系统功能衰弱。他的观点受到了包括让内等许多人的一致拥护。让内认为，过度的心理负荷以及情绪发作都会导致神经能量的损耗。而这种损耗必然会使人感到十分疲惫；从而导致整个神经系统功能的衰弱。让内还认为这种神经衰弱是其他神经症状的前奏，神经衰弱不过是心理衰弱的一部分。著名心理学家弗洛伊德则认为，神经能量这个概念并不确切，因为人的剧烈运动也会导致神经能量的下降，但人们运动后会感到前所未有的满足。他指出应用力比多消耗说来代替彼尔德的神经能量说。他认为手淫与遗精是导致神经衰弱的主要原因。他强调道："没有任何人仅仅因为工作与兴奋而患上神经衰弱的。"按照中国古代的说法，手淫与遗精是大伤元气的。青少年中确有一部分人因此而患上神经衰弱，但弗洛伊德把手淫与遗精视作主要因素则过于偏激了。

俄罗斯的巴甫洛夫学派认为，人的内抑制过程是在人体发育中出现最晚，也是最脆弱的神经调控功能。发育的各种因素都会影响内抑制过程。据临床观察，多数神经衰弱患者在性格上不是有些胆怯、自卑、敏感、多疑和缺乏自信，便是偏于主观、任性、急躁、好强、自制力差等症状。这些都可解释为内抑制过程弱化。内抑制弱化使得大脑过分兴奋而衰竭，从而出现极易兴奋又极易衰竭的不平衡状态。与此同时，皮层功能的退化导致了对皮层下功能的失控，这又引起了植物神经系统的紊乱。

神经衰弱还有一种"恶性循环"现象，由于某些心理社会因素导致个体进入应激状态，产生一系列的心身障碍。患者在应付外界刺激的同时，又得应付内在的新的心身障碍，这自然导致了更糟的心理状态。所以，在治疗中，提高内抑制强度，打破恶性循环是很重要的。

学生的神经衰弱一般受以下因素影响：

1. 诱发因素

主要是指导致神经衰弱的各种社会心理因素。尽管精神医学的学

派很多，但对精神应激与神经衰弱关系的看法却有共识。普遍认为，各种引起神经系统功能过度紧张的社会心理因素，都会成为本病的促发因素。随着高考制度的改革，高中生面对的压力也越来越大，这会使他们的精神紧张。另外，长期的精神或心理创伤，如家庭纠纷、失恋、人际关系紧张等，也会使中学生们精神过于紧张，心理负荷过重而出现神经衰弱。

神经衰弱患者多为因持久的工作、学习负担过重、睡眠不足、负性情绪（如亲人死亡、事业挫折、人际关系紧张等心理社会因素）造成大脑内抑制过程弱化，自制力减弱，兴奋性增高，继之出现大脑皮层功能弱化。大量的调查研究表明，神经衰弱的患者发病前一年内经历的生活事件的频度明显高于对照组。脑力活动时间过长，学习负担过重，尤其是学习成绩不好，考试受挫时，常常会造成神经负担过重，成为学生神经衰弱的重要原因。

2. 易感素体因素

辩证法告诉我们内因是变化的根据，外因是事物发生变化的条件。神经衰弱发病也是如此，为什么在同样的生活、工作环境下，有的人患神经衰弱，而多数人都不会。这里就有一个易感素质因素，包括遗传和人格类型、年龄、性别等因素。

神经衰弱与人的性格有很大关系，一般认为，性格内向、情绪不稳定者，多表现为多愁善感、焦虑不安、保守、安静等特点，易患神经衰弱。他们往往是什么特殊的兴趣爱好也没有，几乎没有很高兴的时候。信仰养生之道，爱吃补品，对改变生活习惯很敏感，过分注意自身的感觉，喜欢看医书，容易受医书影响而感到不适。巴甫洛夫认为，人的高级神经活动类型属于弱型和中间型的人易患神经衰弱。这类个体往往表现为孤僻、胆怯、敏感、多疑、急躁或遇事容易紧张等。

3. 维持因素

维持因素指患者所处的社会文化背景及个体病后附加的反馈信息，使疾病形成恶性循环，迁延不愈。

总的来说，神经衰弱的病因和发病机理仍未完全清楚。但多数精神病学家认为是由于心理、社会应激超过了病人所能承受的能力，神经功能过于紧张引起的，这就涉及社会、家庭环境、心理、性格等诸多因素。

二、神经衰弱的心理疏导

治疗神经衰弱，咨询师首先要通过关心、同情患者取得信任，讲明疾病的本质和症状产生原理，说明愈后良好，消除患者顾虑。然后从下面四方面入手，给予咨询和辅导：

1. 打破恶性循环

神经衰弱病人像是陷入了一个泥潭，他们容易疲劳、睡眠不佳，每天忙忙碌碌又使这种状况进一步恶化。纠正这种恶性循环的方法是快刀斩乱麻，即停下手头部分或所有的事，一门心思先治好病。

第一种方法是完全停止工作进行自疗。应安排一个星期甚至一个月的休假，有条件的可出外旅游或到乡间小住，一切以娱乐身心为主。

森田疗法则是在家中治疗神经衰弱的一种独特的心理自我疗法，它颇有些类似于禅悟。森田疗法的中心理论是精神交互作用说。这是指，若注意集中，则某种感觉就会敏锐，感觉敏锐又使注意更加集中，这种感觉和注意彼此相互作用、相互促进，越发增强了感觉能力。森田疗法要求患者捕捉自己真实的感觉和开发自己无尽的潜能。

森田疗法分四期。第一期为卧床自疗：患者可在家独自辟一静室，除饮食和大小便外，停止其他所有活动，一心卧床静养三天到七天。第二期为轻作业劳动：白天到静室外参加简单、轻松的劳动，如扫地、洗衣服等，还要写日记，朗读古诗词；晚饭后稍做活动继续卧床静养。第三期是重作业劳动：这一阶段应尽量做一些重活，如搬运、田间劳动等，努力体会简单劳动的快乐以建立自信。第四期则是复杂实际生活期：这时可以凭兴趣和个性行事，打破一切约束，想干什么就干什么，努力去做过去渴望做而未做的事。第二、三、四期各

需一至两个星期。此法先通过静养来恢复心理的平静，再通过合理安排的劳动作业来建立自信，这对打破神经衰弱的恶性循环是有大帮助的。

第二种方法是部分砍断法。在现实生活中，一个人在一个月内什么正事都不做，有时难以办到。而神经衰弱患者心理能量又不足，应付不了纷乱、复杂的生活，因此必须甩掉一些包袱，理顺自己的生活。部分砍断法不需抽出整块时间进行自疗，而是结合实际把原来的生活理出一个头绪来，把要做的事依轻重缓急排次序，去掉那些不必要的活动，重点保证中心工作，合理调节心理活动和行为的强度、时间。如排出的次序是：

限期完成各科作业

每天洗一次衣服

每周三次的外语补习

每周两次的文体活动

通过分析，患者发现有不少活动是可以暂停的，如洗衣服。只保证完成一个中心工作，如在完成各科作业与补习外语之间也应作一个抉择，集中精力完成其中的一种，否则可能不仅一事无成，病情还会继续发展。

2. 气功治疗法

经多方验证，气功治疗神经衰弱的疗效十分显著。气功治疗的要点有三：调身、调息、调心。只要注意了这三点，练气功便能有效地治疗神经衰弱。下面介绍的是气功治疗的一种简单方法。此法共分六步：

第一步，震动全身。双膝微曲，双手自然下垂，双眼微开，想象自己像一个弹簧似的上下振动。振动的频率以舒适适中为度。默念："我气血贯通，百病消散。"呼吸自然。

第二步，拍打全身。当震动至身体有温热感时，停止震动，改为用双手拍打全身。双手完全放松，慢慢转动腰部，并自然带动双手，双手借腰动的惯性甩打到腹部、腰部、胸部、背部、肩部和臀部。关

键是缓慢地、放松地拍打，打击的强度以舒服为度。上身拍打热后，停止转动腰部，双手握虚拳从大腿根敲到脚跟，前后左右都依次敲到。

第三步，摩擦全身。摩擦也以不急不慢的速度进行，在摩擦时想象双手有一股暖流正流进被摩擦的部位。摩擦的部位主要是腰部、腹部、胸部和头面部。摩擦时集中注意力，配合深长细匀的呼吸，这是气功的普遍特点。

第四步，放松全身。松静自然地站立，然后用意念放松全身，次序为：头—颈—肩—臂—胸背—腰—腹—腿—膝—胫—足底足跟。

第五步，意守丹田。丹田的位置在肚脐下一寸左右的小腔内，把意念集中在此处，想象有一个小圆球在此处发光；默念："松静自如、意守丹田。"静默一刻钟至半小时。

第六步，收功。双手相叠，轻摩腹部36圈，顺、逆时针各一遍，然后双手搓热，浴面10次，再打几个呵欠，伸几个懒腰，四处走走即可。

3. 行为治疗

合理安排作息时间，坚持体育锻炼，适当参加文体活动等。

4. 药物治疗

西药：对于焦虑失眠可用安定治疗，入睡困难可用安眠酮或水合氯醛治疗，睡眠不深或易醒可用苯巴比妥治疗（上述治疗应在医生指导下使用）。

中药：根据中医辨症，治疗神经衰弱有疏肝解郁、理气化痰、活血通络、滋阴潜阳、重镇安神、健脾益气、养心安神等疗法，中成药有安神健脑片、柏子养心丸、归脾丸等。

三、咨询个案举例

一位农村初中毕业生，他在准备考高中的时候，每天很早起床做饭，白天在料理完家务后才能抽空复习功课，晚上读书到深夜，仅能恍惚睡上三四个小时。这样持续半年以后，渐感头顶阵阵扯痛，用手

敲头部时症状稍微减轻。后来母亲病故，他感到孤独、寂寞，每晚到半夜才能安睡，睡后噩梦不断，次日感到头痛、乏力，看书注意力不集中，而且健忘。平时食欲减退，饭后胃部常隐痛，情绪也更易激怒，常因小事而伤心落泪。高中毕业前夕课程较紧，他常边吃饭边学习，甚至凌晨两三点钟就起床看书。乃至毕业考前二周，除头痛、头昏外，还觉头重、闷胀、失眠加重，看书过目便忘，效率极差。

该生明显患有神经衰弱，原因主要是心理问题，在治疗中应以各种形式的心理疗法为主，适当辅以药物治疗和理疗。首先，通过认知的分析帮助学生了解导致疾病的主要原因，意识到正是自己学习时间过长、大脑过度紧张，加上母亲病故的悲痛，引发了神经衰弱。其次，鼓励学生调整学习目标，合理安排作息时间，减轻紧张和焦虑。另外，鼓励学生积极参加体育锻炼，增强体质，减轻症状。

通常，对于这类学生可从以下三方面去做好自我调节的工作：

1. 通过心理咨询法，减轻心理负担，坚定治愈信心

患者要主动地求助于心理医生，积极配合医生的心理咨询工作。要客观地提供病史和病情，不夸张、不隐瞒，以积极的态度接受医生的检查和提问，做到有问即答。同时认真听取医生的嘱咐，了解神经衰弱的基本知识如病因、调节原则和方法，结合自己的实际情况，与医生一起分析自己发病的原因和影响疾病恢复的各种因素，学会一些自我保健和自我调节方法；努力改善自己的情绪，树立治好疾病的信心；创造治好疾病的良好环境，适当调整自己的工作、学习、生活的节奏和人际关系。

2. 通过呼吸控制法加以自我调节

呼吸可以调节和解除精神紧张和心理压力。下述几种呼吸法可使吸入肺中的新鲜空气增多、血液氧充分、循环系统中二氧化碳含量减少、身体器官和组织氧气充足，从而减少患者的焦虑、压抑、疲乏、头痛、头晕等症状，使患者神清气爽，精神焕发。

呼吸法有：

（1）深呼吸法。患者平躺在床上，两膝弯曲，两脚分开约20厘

米，背躺直，对全身紧张区逐一运用意念扫描。将一手置于腹部，另一手置于胸部。先用鼻子用力吸气，然后用嘴慢慢呼气，呼气时轻轻地松弛地发"啊"声，好像在轻轻地将风吹出去，使嘴、舌、腭感到松弛。呼吸应当深长缓慢，在呼吸时使全腹上下起伏，注意体会呼吸时的声音和肌体越来越松弛的感觉。此练习每天须做 1~2 次，每次 5~10 分钟，1~2 周后可将练习时间延长到 20 分钟。每次练习后，用一定时间检查一下身体是否还紧张，如果仍觉紧张，比较一下是否与练习前一样。

（2）叹气法。叹气或打呵气可以在一定程度上减少紧张。其方法是：站立或坐着深深地叹一口气，让空气从肺部呼出，不要想着吸气，应力争让新鲜空气自然地进入肺部。重复 8~12 次，体验一下松弛、舒畅的感觉。

（3）拍打呼吸法。直立，两手自然垂直，慢慢吸气，两手指尖轻轻敲打胸部的各个部位。深吸气并屏住气，改用手掌对胸部各部位依次拍打呼气，呼气时嘴唇如含麦秆（或吸管），适当用力一点一点间歇地吐气。重复练习，直到感觉舒服。在进行拍打呼吸法时除拍打胸部外，还可拍打手所能及的身体其他部位。

（4）交替呼吸法。患者舒适地坐好，将右手的食指与中指放在额上，用拇指堵住右侧鼻孔，让空气慢慢地从左鼻孔吸入。然后用无名指堵住左鼻孔，同时松开拇指，使空气慢慢地从右鼻孔呼出。如此反复 10~30 次。

以上几种方法交替使用，效果较好。

3. 通过自我暗示法加以自我调节

患者可选择一个较为安静的环境，在睡前自我暗示时，要选好自我暗示语，最好能针对自己的病情进行组织。如暗示语："现在我很舒适、安静地躺着，浑身都很轻松，我的额部感到轻松了，头顶部轻松了，后脑勺轻松了，面部轻松了，耳根部轻松了，上额轻松了，颈部轻松了，双肩轻松了，双臂双肘轻松了，双手手指也轻松了，一股温暖的感觉在手心上流动……现在这种温暖的感觉又从手心传到了前

臂、上臂、肩部，肩部更加轻松了……温暖轻松的感觉又到了胸部，胸部也轻松了，呼吸越来越平稳了……松弛轻松的感觉又到了腹部，一股暖流在腹部流动，腹部轻松了……现在大腿根部也轻松了，轻松的感觉又传到了大腿、膝部、小腿、双脚，双脚都轻松了，脚心有一股暖流在流动……轻松、无力的感觉又回到了双腿，双腿很沉，我已不想挪动它们了，我的整个身体都轻松了，无力了。"在进行自我暗示时，应当缓慢地默念暗示语，在念到身体某一部位时要将注意力集中于此，并尽力体验轻松无力的感觉。做时切忌不按顺序，或速度很快，或漫不经心。如果一次效果不理想，可以重复做1~2次。一旦浑身轻松就可以进行催眠诱导。催眠诱导的暗示语可以是："我的全身轻松了，困乏了……我的全身都充满了倦意，手、脚已无力动了，我很想睡了……我的眼睛已睁不开了，我真想闭上眼睡一觉了……我闭上眼吧，闭上吧，我很快就会睡着了……浓浓的睡意笼罩了我，我要睡了……我会深深地睡一觉的……我要睡着了，会很熟地睡上一觉……"上述催眠暗示语可以重复使用，直至睡去。如果这种自我暗示语一时记不牢也不要紧，可事先录好，在使用时边放录音边练习。患者千万不要去想这暗示语是否有道理有作用，只要认真跟着做就可以了。如果催眠效果好，则可加些诸如"我处在非常舒适的环境中，无忧无虑，头痛已消失，心情很平和"等治疗用语于催眠暗示语中。这样不仅易于睡眠，同时还有利于神经衰弱症状的消除。

第七章 高中生不良行为及疏导

  青少年不良行为是指青少年违反社会公共生活准则和有关行为规范，或者不能良好地适应社会生活，从而给社会、他人和本人造成不良影响或者危害的行为。目前，逃学、吸烟、网络成瘾、偷窃等是高中生中最常见的不良行为。高中生不良行为的成因很复杂，既有来自家庭、社会、学校教育等方面的消极影响，也有学生个人方面的主观因素。高中生正处于生理、心理的发展期和世界观的形成期，对新鲜事物敏感好奇，但他们毕竟涉世不深，还很不成熟。由于思想认识、道德评价能力不高，在某些问题面前分不清是非善恶，加上心理发展与生理成熟的不一致，容易产生种种心理矛盾和冲突。在各种内外因的作用下，就很容易作出不守规矩的事情来，最初的表现往往有偶然性和冲动性，但这种偶然性和冲动性与个人欲望发生关系时，就会在不断重复中养成不良行为习惯。如果加上外界不良诱惑，就有可能会作出不利社会、不利他人的种种坏事，甚至堕落成触犯刑律的犯罪分子，从而对学生本人的学习和身心健康造成巨大的伤害，给家庭带来巨大的精神痛苦。因此，探讨高中生不良行为的成因，采取有效的方法加以预防和疏导，对于学生身心的健康发展，以及社会治安的维护都有重大意义。

第一节 偷窃行为

  偷窃行为是指以非法占有为目的，偷偷地或者趁人不备窃取少量公私财物的违法行为。青少年的偷窃行为与盗窃犯罪的主要区别是窃

取财物的数量比较小、价值比较低。据统计，在青少年偷窃中，中学生的偷窃行为为数不少。应当说，许多中学生的偷窃行为都是小偷小摸，称不上犯罪，也谈不上治安处罚。但是，轻微的偷窃行为和要受到刑法处置的盗窃行为之间没有不可逾越的鸿沟，犯罪与否是由危害结果的大小决定的，原本想从别人的口袋里掏几个零花钱，"一不小心"就掏出了几万的存折，这就构成了犯罪。在我国，高中生一般介于 16～18 岁之间，这个时候他们已经具备了较强的辨别重大是非的能力和控制自己行为的能力，对自己所进行的一切行为都要负责任，甚至包括刑事责任。另外，即便只是不构成犯罪的小偷小摸行为，对其听之任之使其发展成为习惯，也会成为人格上的严重缺陷，很容易扩展成为其他类型的犯罪，影响班级、学校乃至社会的秩序。因此高中生的偷窃行为是一种十分严重的不良行为，必须及时加以疏导与矫正。

一、高中生偷窃行为的特点与原因

（一）高中生偷窃行为的特点

高中生的偷窃行为一般具有以下特点：

（1）高中生的偷窃对象有时候就是自己的家里。这一类偷窃者大都受到父母的溺爱，习惯了大手大脚花钱，一旦自己的要求不能得到父母的满足，便会采取偷的方式来获取所需。在家偷窃主要是偷钱，也有可能偷了家中的物品出去变卖，他们一般认为偷窃自己家里的东西算不得什么。然而与初中生和小学生的偷窃行为相比，高中生更为普遍一些的偷窃对象则是公共财物或者社会上的财物，包括邻居家、公车上、商店、电影院、饭店等。

（2）高中生偷窃的财物一般有以下两种处置方法，一是变卖为钱财将其花掉，一是占为己有，为己所用。与成年人不同的是，高中生对于偷窃的物品也很有可能出于害怕或者恐惧或者当初仅仅出于好奇，因此将偷得的财物抛弃。

（3）高中生的偷盗行为往往是以一种秘密窃取的方式进行的。

通常有以下几种情况：一种是"顺手牵羊"式，指事先并没有预谋计划，只是受到外界的情景刺激，激发了偷盗动机，情不自禁而作出的一种偷盗行为。另外一种较为恶劣的情况是事先有计划的，主动寻求合适的偷窃对象、偷窃地点和偷窃时机的偷窃行为，这种就是比较严重的品行障碍了。除此之外，由于高中生在生理和心理上未能完全算是成年人，他们也容易在别人的教唆下进行偷窃，一开始他们这种行为可能并非出于自愿，而是由于盲目幼稚或者软弱成为别人欲望的牺牲品。另外，出于病态心理的偷窃癖在高中生中也有个案的报告。

（二）高中生偷窃行为的成因

导致高中生偷窃行为的原因，概括地说包括个人因素、家庭教育、学校教育和社会影响等几个方面。

1. 个人因素

高中生的偷窃行为有一部分源于其错误的认识。一些高中生自我中心意识严重，比较自私自利。这样的孩子一般有优越的家庭环境，父母比较宠爱，但是仍然不能完全满足他们的欲望，于是他们选择偷窃来满足个人需要。这种偷窃行为的发生往往是由物质的刺激引起的。譬如有些学生沉溺于电脑游戏、上网，希望有新的自行车，想去看明星演唱会，对于这些要求，父母有的基于经济的理由，有的基于对他们学业的影响予以拒绝，于是他们选择用偷窃来满足自己的愿望。而且这种情况下往往外在的诱因起了很大作用，让这些自我控制能力差的孩子仿佛鬼迷心窍一样没有经过反复的考虑就伸出了手。

另外，高中生的偷窃行为在很大程度上也和不良的情绪、情感有关。较常见的是出于报复发泄的心理而衍生出偷窃行为。例如有的学生人际关系不好，在集体中属于异类，内心较为自卑或者孤独，于是对周围的同学滋生恨意，当他看到同学因为丢了东西而表现出焦虑和着急的时候，内心会萌发出快感，使自己的不良情绪得到宣泄。这种情况如果第一次没有被发现，他们就会继续寻求机会报复同学以重温那种快意的感觉。另外，也有的同学是自己的东西被偷了或者弄丢

了，在自己体验了伤心失望的情况之下转而偷别人的东西对自己进行补偿。他并不是贪图钱财物质，而是自己受挫之后的一种情绪反应，偷窃对他而言是一种消除情绪的方法，一种情感性的需要。

与成年人不同的是，高中生往往处于未成年与成年的边界，这个年龄阶段的青少年往往争强好胜，有种迫切地证明自己已经成熟、独立的需求。出于这种自我显示的需要，他们也会出现偷窃行为，特别是在不良团体当中，这更是一种向团体成员证明自己"本事"的方式。在正常的班级、学校中，出于攀比和炫耀的心理，有些高中生也会让偷窃成为一种获取资本的方式。有时候，完全是出于好奇，有些高中生为了体验偷窃的滋味，而把偷窃当作是一种游戏。

2. 家庭教育

高中生偷窃行为的出现往往和家庭影响紧密联系在一起。有调查显示，"利己"型家庭容易引起盗窃型犯罪。有些父母自己本身行为不端，其生活作风和家庭习惯都对孩子起到言传身教的作用。譬如有些父母喜欢占单位、邻居的便宜，时不时做一些顺手牵羊的事情。孩子看在眼里，记在心里，一来容易模仿，二来容易扭曲孩子的道德意识，让孩子以为偷窃没什么大不了，自己有了机会也照干不误。还有些父母出于溺爱保护的心理，在孩子出现首次的偷窃行为之后，不仅不批评教育，反而表扬称赞；对孩子偷得的财物不仅不尽快归还失主，反而帮助销赃，助长了孩子的偷窃行为。

还有一种家庭，家长个性比较严肃刻板，对孩子缺乏关心，更多表现出来的是淡漠和忽视，孩子也容易滋生偷窃行为。在这种情况下，孩子的偷窃往往不是为了物质，而是为了获得对自己所缺乏的爱的补偿。有的高中生因为父母工作较忙，没有时间关注自己，于是进行偷窃，希望被抓后引起父母的高度重视。若是这种需求没有进入孩子的意识层面，则容易引发偷窃癖，使得孩子一偷再偷，偷窃成瘾，而且此时所偷的物品不一定有很大的使用价值。

另外，父母离异也是造成高中生违法犯罪的重要因素。在离异家庭中，更容易出现经济问题，父母对子女的关注更容易减少，也更容

易激发孩子对社会的不满，从而进行偷窃来伤害自己，报复社会。

3. 学校教育

对于高中生而言，学校是进行正规教育的场所。如果学校教育自身都存在问题的话，无疑会给高中生带来很大的不良影响。很多偷窃行为也是学校教育不及时、不得当的后果。有的学校教师和领导只重智育，轻德育、美育、体育，片面追求升学率，对学生的思想教育放任不管。甚至只抓部分好学生，轻视或者放弃一部分差学生，对他们的问题置之不理。有些学校的教育方法简单粗暴，教育内容脱离实际，对于学生的不良行为采用的是封闭的、模式化的和简单说教的方法处理。面对学生的偷窃行为没有深究其内部的根本原因，简单归结于学生的品行不好，不能更深层次、多角度地看待问题，导致问题不能从根本上解决，偷窃行为也不能得到及时的矫正。特别是当教育和教学脱节、校内和校外脱节的情况下，教师对学生校外的情况一无所知，对学生的家庭背景也不够了解，因此不能及时对学生开展教育，导致了学生偷窃行为的发生。

4. 社会影响

不良的社会风气是导致高中生偷窃的重要因素。社会上存在的脑体倒挂、分配不公的现象，容易给涉世不深却又刚刚开始认识社会的高中生带来很大困扰，让他们觉得是非混淆，从而产生心理冲突。不良文化信息的传播也起到了很坏的作用，有些影片公然赞美所谓的侠盗或是提供偷窃的细节，使得高中生心目中是非颠倒，甚至出于好奇而对其模仿学习。另外，部分高中生思想单纯，容易被社会上的坏人看中，受到引诱威逼，被拖下水。

二、偷窃行为的预防和心理疏导

（一）偷窃行为的预防

1. 培养良好、健康的社会性人格

这是从根本上解决高中生偷窃行为的关键。通过家庭、学校及全

社会的努力，教育青少年从小培养正常的需求结构和良好的道德品质，从根本上抵制不良影响。特别是学校，虽然不能完全按自己的意愿对社会消极因素进行理想的控制，但可以通过建设内部微观环境来发挥正向功能。例如：学校和教师无法限制学生接受大量的社会信息，但如果能有意识地培养指导学生形成交流、讨论、分析信息的习惯，对学生接受的信息加以正确引导，就能尽量消除其负面影响，增强学生的分辨能力和道德判断能力。学校还可以在改造传播渠道方面多作努力，准备健康高雅的音像书刊，为学生提供精神食粮，主动抢占阵地。积极进取的学校集体舆论和心理环境，能对学生个体产生潜移默化的导向作用，预防偷窃倾向的产生。

2. 防微杜渐，及时惩罚

对于高中生而言，最初的几次偷窃都是偶然发生，不管他的最初偷窃动机是出于对物质的占有欲、对同学的报复心理还是仅仅出于好奇。一般在最初的得手之后，他们除了获得满足感，也会感到紧张，害怕被发现，受惩罚甚至声名扫地，还会想到这是对别人的伤害而觉得不安、内疚。如果在这个时候能及时得到制止和纠正，偷窃行为就不会继续发生。

（二）偷窃行为的疏导

1. 消除疑虑和敌对情绪，建立良好的人际关系

偷窃行为的产生往往和人际关系有着十分紧密的联系。在高中生的班级集体当中，一般人缘好、受老师和同学欢迎的学生不会发生偷窃行为，而那些孤僻、自卑、不合群的学生容易产生偷窃动机。因此，营造良好的班级氛围，给予特殊的学生以关注，使他们融入集体，使他们能感受到同学的尊重和集体的温暖，消除对同学、老师的敌对情绪，建立良好的人际关系，对于偷窃行为的疏导是十分关键的。

2. 控制外部的不良环境，锻炼意志力，巩固新的行为习惯

高中生产生偷窃行为的一个重要原因就是意志力薄弱。因此在疏

导时加强管理，切断不良诱因是十分必要的。让高中生从不良的环境中脱离出来暂时避开某些诱因，譬如不去某些不良的场所，阻断他们和不良的伙伴或者团伙的来往，这些都是十分必要的。但是，单单是控制外部的环境使其远离诱因还只是一种消极的方法，因为一来有些诱因是难以完全避开的，另一方面一些新的诱因也不是人为可以完全控制的，错误还是不可避免的。因此，成功地疏导偷窃行为最终是要让学生在有诱因存在的和难以避免的环境下，抵抗诱惑学会自我控制。为此，还要创造新的环境，让学生得到锻炼，可以独立自觉地与外界的诱惑进行斗争，在这个过程当中形成和巩固新的良好的行为习惯。例如：一个教师让有偷窃行为的学生代收班费，这个学生反而会因为受到老师的信任而做得很好，经受住考验。通过与诱因斗争，其意志力得到提高，坏习惯被纠正过来，好行为得到强化。但是这个过程必须有一定前期教育的基础，而且需要有人监督，逐步实行。

3. 传授学生具体可操作的方法来自我矫治，抗拒和抑制偷欲

一般有以下几种方法：

方法一：欲望暴露法。让学生将自己的想法倾吐给自己最信任、最值得尊重的长辈听，希望他们可以指点迷津。一方面学生可以借助外力来排除、化解自己的偷窃欲望，在道德上寻求对抗自己不良行为的有力支持；另一方面，也由于偷窃的准备已经公开，所以给偷窃的实施增加了难度，使得偷窃行为难再发生，从而阻止了由欲望转化为行动的过程。从心理学上讲，一旦行为已经发生，人的选择性减少，态度会随着改变，因此不让行为发生是疏导其倾向的最好方法。

方法二：偷欲剖析法。学生对自己偷欲的本质进行反省和剖析，可以更清晰地知道自己内心的渴望和需要，明白很多问题并不是偷窃能解决的，偷窃只是一种简单发泄的方法而且会导致恶性循环的后果。

方法三：偷欲危害警戒法。即让有偷窃行为的高中生将偷窃的种种危害归纳起来，写成诫语和座右铭，放在自己天天看得到的地方。一方面以此告诫自己，约束自己的行为；另一方面也是一个反复强调

的过程，不断暗示自己，使其内化为自己态度的一部分，用以稳固自己不偷的倾向。

方法四：角色扮演法。让已有偷窃行为的高中生假设自己就是偷窃行为的受害者，体验自己的东西被别人偷走以后的愤怒与伤心，从心理感受和情绪变化的层面形成感性的直观的认识，从而对偷窃这种害人害己的行为产生厌恶憎恨的情绪，以此来抑制自己的偷窃欲望和行为。例如，当自己产生偷窃欲望时，就假设一下如果自己刚刚买的自行车、家里的存款、自己心爱的纪念物等等被别人偷走，自己会有怎样的感受，并在内心对偷窃者进行谴责。运用这种角色扮演法可以促使高中生站在别人的立场看待问题，从而激发罪恶感和内疚心理，抑制、消除自己的不良愿望。

方法五：替代体验法。根据班杜拉的社会学习理论，替代强化一样可以用来改变和塑造行为。因此，高中生可以从别人的偷窃行为造成的严重后果中，体会到偷窃行为对犯罪人和被害人双方带来的巨大伤害，并且联想到如果偷窃的人是自己，也会给自己带来同样的危害和后果。替代体验法实际上等于为高中生举了一个活生生的范例，为其建立一个反方向的榜样，使其清醒理智，恢复良知，抑制自己不正当的欲望和要求。

三、咨询个案举例

叶颖凡（化名），女，17 岁，高中二年级学生，现就读于某普通高中。叶颖凡是家中的独生女，她的父亲是高级工程师，母亲是护士。叶颖凡的父亲对她的要求一直非常高，总是希望自己的女儿在学业上能够出类拔萃，以便进入重点大学。结果叶在初中升高中的考试时，因为压力过大，考试失误，而以数十分之差没有进入重点高中。叶的父亲为此表现出极度的伤心失望。出于面子的原因，叶父不愿意找关系花钱将叶送入重点高中，因此叶出于无奈只得在某普通高中就读。

进入高中的第一天，叶就对学校、老师和同学表现出不屑和不满。由于出生于知识分子家庭，叶从小就比较清高，看到周围的同学家庭背景大多为个体户、工人等，叶理所当然地认为自己高人一等。而第一天上课，老师不慎的口误更是让叶嗤之以鼻。叶认为自己本应进入重点高中，而来到这里等于整个人躺在了烂泥里，对于周围的种种都抱着排斥的心态。叶的父亲为了使叶能专心学习，为叶办理了住校的手续。破旧的学生宿舍、糟糕的食堂饭菜，还有叶认为无比庸俗的室友，都让叶的心情降到了谷底。周围的同学很快察觉了叶对他们的不满和鄙视，自然而然也将叶排除在自己的圈子之外。在高一时，叶就把自己和同班同学以及室友完全孤立起来。到了高二，叶发现自己一向引以为荣的成绩也无法再在同学中出类拔萃时，内心倍感孤独，甚至对同学生出憎恶和怨恨。这个时候叶刚刚买的手机不慎丢失，将叶的不满引发到最高点。最初，出于一种报复心理，叶趁人不备拿走了同室小姚的手表，并将其扔进垃圾堆。看着小姚为此而伤心哭泣，叶感到一种夙愿得偿的满足。然而，同室其他同学对小姚的体贴安慰，加深了叶的孤立感，更让叶觉得全世界都在和她作对。此后，叶便一发不可收拾，经常趁室友或者同班同学不备偷走她们的财物，最初都是扔弃，后来发展到将其中的一部分留下自用，直到东窗事发。

叶初次来到咨询室是在班主任老师的强迫之下，叶的防范心理很强，不愿和辅导老师交谈，只承认自己偷过一次，即被抓的那次。虽然班主任老师从对其怀疑到现场将其抓住中间有相当长的时间，但没有搜集到足够的证据，面对叶固执狡辩，班主任只得威胁要将其扭送到派出所，搜查房间核对指纹，再让派出所的人直接通知其家长。听到这里，叶大哭起来。辅导老师和班主任商量过后，让班主任暂时离开，等叶平静下来之后，绕开偷窃的话题，和叶交谈起来，并对叶的学习生活情况表示出极大的兴趣。通过对叶的情况的了解，可以断定叶的偷窃主要是一种情绪性的行为。

对此，辅导老师首先要做的是营造一种轻松的氛围，获得叶的好感和信任。经过初步的尝试，叶开始认为，辅导老师是有水平、有爱

心的人，并不和其他人一样既比不上自己，又孤立自己。因此愿意向辅导老师打开心扉，痛痛快快地倾吐对学校和同学的反感。让叶发泄完自己的不满情绪之后，辅导老师认为，对于叶而言，进入普通中学而非重点中学是一个关键的症结所在。针对这一点，需结合当事人、学校、家庭三方面共同努力。

首先，要纠正当事人和其家长关于重点中学就是上大学的必要保障，普通中学就一无是处的观点。将重点中学和普通中学的优势和不足——列举出来，让其知道，进入重点中学并非就是进入了保险箱，而在普通中学通过自己的努力也并非不能实现自己的理想。另外，特别要让当事人知道，普通中学无论在老师还是同学中都有能人，自己并不是落入鸡窝的凤凰。并且让叶的父亲适当调整对叶的期望值，不要给叶太大压力，特别是要给叶足够的自主权，在继续住校还是搬回家住这个问题上，要让叶自己选择。对叶的各种安排在实施之前要尽量和叶商量，征得叶的同意。

其次，解决叶的人际关系问题。叶的偷窃行为很大程度上是由人际关系不良导致的。最初让叶回忆自己手机被盗时的感受，再让叶想象自己是小姚，体验小姚手表被盗时候的那种心情。叶承认让小姚这个无辜的同学成为自己蒙受损失时候的替罪羊的确是一种十分残忍的行为。同学其实和自己都是一样的，自己并不高人一等，同学也非庸俗麻木。在建立了同理心的基础上，让叶开始回忆自己和同学相处的情形，让其找出同学对自己体贴包容的一面。这样一说，叶想起自己生病的时候，寝室同学主动帮自己打水、打饭的情景；想起自己考英语之前在宿舍背书，打扰了同学休息，同学都给予体谅的情景，觉得其实同学并没有那么糟糕，很多时候对自己还是挺关心的。同时，和同学闹矛盾，很多时候都是自己小心眼、多心，或者不理同学的感受当众给同学难堪，才导致了后来的僵局。让叶对自己和同学之间的关系从理性的角度进行多层次的分析，而不要再意气用事，像以前那样专门以情绪化的方式来应对自己在人际沟通中出现的问题。

再次，建议老师给叶一个重新融入集体的机会。关于叶偷窃这件

事情，叶和老师双方都立下保证，叶尽力归还、赔偿所盗财物，而老师则在班上不再提发生过的事情，同时在班上要求同学之间也不许再提。叶的英语成绩很好，老师表示愿意安排叶做英语课代表，让叶来负责督促全班同学学英语。同时，老师在班上安排了学习互助小组，叶的数学成绩不理想，老师把叶和数学好但是英语差的同学安排在一起，让他们互相帮助。

经过多次咨询，包括和叶的父亲的数次交流，叶最终决定还是住在学校，而且还是原来那间宿舍。叶与班级同学之间开始慢慢恢复正常的交往，对自己的前途叶越来越有信心。一直到叶高中毕业，叶的偷窃行为都没有再复发过。

第二节　逃学行为

逃学是指学生在上课期间擅自离开学校到社会上闲混的行为。逃学的学生往往拿着书包离开家，在进入学校之前转了个90度的大弯，进入娱乐场所之类的地方玩一整天，到了放学时间再回家。逃学的学生会慢慢开始集团化进而发展出不良行为。逃学行为在心理上的表现是厌学，这是一种心理状态，不是某些人特有的，而是所有学生潜在的共同问题，仅仅表现为程度上的不同。然而一旦客观条件对其进行作用，厌学心理即表现为逃学行为。逃学是一个比较普遍的问题，它不仅仅是一个由学校纪律来处理的问题，同时也是一个学生情绪和社会适应不良的问题。

一、高中生逃学行为的特点与原因

（一）高中生逃学行为的特点

（1）在校生不去上学，逃避学校生活。

（2）逃学者用谎言欺骗父母，让父母以为他们上学去了，然而

实际上并非如此，父母并不知其逃学行为。

（3）逃学一般没有正当理由，主要出于厌学的动机。

（4）逃学后一般在外闲逛游荡，与社会上的人鬼混，出入娱乐场所。

（5）逃学者按照上学、放学的时间离家和回家，一般不会出现夜不归宿的行为。

（6）逃学行为往往具有反复性和持续性，逃学的学生往往在一段时间内出现连续的逃学行为。

（二）逃学学生的主要特征

虽然逃学的具体情况大相径庭，但是在逃学者身上仍然能找到一些普遍规律：

1. 平均智商低，学习成绩差

逃学者的学习活动完全是处于消极被动的状态，他们对于某些特定的学科存在畏难情绪，其注意力难以集中，少量的外部动因也能使他们呈现出分心状态，学习效率低、习惯差，学而不会。

2. 学习动力不足

从兴趣、情感、意志、动机等动力系统看，逃学者在学习目的上具有随意性和多变性，兴趣分散，志向不定，没有长远的计划和理想，不能自我控制，缺乏顽强性。

3. 破坏性强

由于在学校极少受到别人的关注和重视。逃学者开始表现为惭愧、内疚，继而发展为满不在乎，决定放弃学校，在社会上游荡。长期的逃学者一般都宁可和"伙伴"在一起，因而具有结成团伙的倾向。这些学生在社会上成群结队地游荡，很容易制造事端并衍生违法犯罪活动。

（三）高中生逃学行为的原因分析

高中生逃学的原因主要包括个人因素、家庭环境、学校教育和社

会影响。

1. 个人因素

学生逃学的根本原因是学生减弱了或失去了进行学习的内部推动力——学习动机。这种情况下学生缺乏明确的学习目标，伴随着学生学习的不是求知的幸福快乐，而是不安和焦虑。学校现实生活表明，逃学现象多半发生在学习失败的学生身上，而失败的行为往往使人产生消极退缩的情绪。在这种情况下，学生学习兴趣弱，学习态度不端正、迟到早退、上课不专心、作业不认真、无故缺课、害怕考试，发展到极端的情况即为逃学。

还有一些高中生的愿望追求和志向水平有问题，渴望金钱和权力；也有些人缺乏志向，成就动机低，不求上进，一心想要找个挣钱多而不费力的活儿干，对读书这种需要耗费巨大脑力来进行的劳动缺乏兴趣。他们的人生兴趣有偏颇，不愿意为将来的成就进行艰苦的学习。急功近利，享乐思想浓厚，对吃喝玩乐充满兴趣。由于学生对文化知识的兴趣不大，容易把学习当作一种负担，产生厌倦情绪，进而导致逃学行为。

另外，学习是一种艰苦的劳动，需要付出巨大的努力，极其有限的人可以花少量的时间和精力而获得优异的成绩。因此，意志力差的人往往难以取得学习方面的成功。逃学的学生多半缺乏意志力，不能克服在学习过程中遇到的困难和挫折。此时他们的心思不在学习上，学业负担一重，就会失去学习的兴趣，在困难和挫折面前容易认输，慢慢发展到厌恶学习、恐惧学习，最后导致逃学行为。

2. 家庭环境

家庭是学生直接成长的摇篮，父母往往直接影响孩子的成长。在我国，逃学往往直接起因于家庭。再婚家庭或者单亲家庭逃学者较多。这类家庭中的逃学者往往存在两种情况：一是受到父母虐待，当父母的根本不照顾孩子，孩子就转向从团伙中寻找温暖和认同，以获得归属感。二是学生的父母本身就存在情绪问题，他们因为自己的婚姻破裂，人生失败，把孩子视为唯一的希望，希望从孩子身上获得补

偿。但是他们望子成龙的心愿太过迫切，因此处理与孩子的关系时不免过于急躁，教育方法过于简单粗暴。有的甚至把对前任或现任配偶的怨恨与不满投射到孩子的身上。孩子不堪忍受，往往选择离家或是逃学来求得暂时的解脱。

另外，在一般家庭中，父母的期望和孩子的成就动机直接挂钩。如果父母的期望值偏低，孩子缺乏成就动机，也就没有学习的动力。甚至有些家庭父母重利轻才，他们只看中眼前的利益，不考虑子女的前途，完全不重视孩子的学习、品德的变化，导致孩子缺乏安静、和谐的学习环境。而另一些家庭，父母期望值过高，对于孩子的要求太过严厉，孩子感到压力太大难以释放，不但不能培养起对学习的兴趣，反而对学习产生厌恶和畏惧。这个时候孩子视考试如猛虎，一旦考试失利，由于害怕惩罚，也可能出现逃学行为。

3. 学校教育

现在在大多数中学尤其是高中，虽然一方面提倡素质教育，但是另一方面也因受到高考直接影响，升学率往往决定学校的声誉、资金与生源，因此现行的课程是以准备学生升学为主要任务的课程，还没有突破学科中心课程的框架。课程和教材设置不合理的现象还是比较严重的。在这种情况下，要学的科目过多，而每科的要求不仅没有相对降低反而有所增强。学生对每一科的预习、复习、思考时间相对减少，负荷超过了学生的可接受程度，学生学而不会，进入一个恶性循环，使得学生对自己丧失信心，甚至产生习得性无助，最后酝酿出逃学行为。

另外，在目前，大多数高中考试频繁，各种巧设名目的考试占据了学生的大多数时间，学生面临着激烈的竞争。而另一方面，与智育相比，德育、体育、美育、劳动教育失去了相应的地位，变成副科，得不到应有的重视。甚至在很多高中，体育课、美术课和音乐课只是空置在课程表上，它们的课程时间是各个"主科"老师争夺的机动时间。如此导致学校生活过于单调，造成学生的厌烦情绪和疲倦心理，使学生厌恶甚至逃避学习，转而逃出学校寻求新奇刺激的生活。

一部分高中老师的素质不高也是造成学生逃学的主要原因。很多高中教师虽然具有系统而扎实的基础知识，但是缺乏教育学和心理学等教育科学的知识，不能根据教育教学规律和学生的身心发展规律教育学生。一部分老师的教育观念也有问题，不能发现所谓的"差生"身上的闪光点，认为差生是不可教育的，对其忽略、歧视，甚至厌弃，导致了师生之间严重的对立情绪，隔阂与日俱增。学生处在一个敌对的环境中，只能以逃学进行逃避，发泄心中的不满。

4. 社会影响

随着社会主义市场经济的发展和人们对金钱重视程度的增加，同时，随着少数知识层次较低的人在市场经济初级阶段凭着大胆和勤劳迅速致富，在人们心目中形成了这样的印象：赚大钱和读书之间没有必然的联系。这种在社会上存在的"知识贬值"、"读书无用"等错误倾向，混淆了一部分学生的视线。特别是当他们看到一些文盲、半文盲都发财致富时，他们认真学习的动力受到阻碍，产生了物质上的拜金心理，学习积极性消失。另外，一部分大众传媒为了片面的经济利益而为享乐主义张目，使得学生受到鼓动，对酒吧、网吧、夜总会等娱乐场所充满好奇和向往，为满足自己的猎奇心理而逃学。

二、逃学行为的心理疏导

对于高中生的逃学行为，可以从以下五个方面进行疏导：

（一）心理辅导

因为高中生的逃学问题是个典型的适应不良的问题，所以这是学校心理辅导老师应该干预的问题。逃学行为发生的主要动因是厌学情绪，因此要疏导逃学行为，辅导老师就要从消除厌学情绪这个方面入手，这是一个艰苦的过程。

首先辅导老师要和学生建立一种互相信任的人际关系。大部分的逃学者都对老师有对立、抵触情绪，他们不愿意和老师见面，也不愿意向老师倾吐自己内心的想法。因此，与任课老师不同，心理辅导老

师要拿出一种友好的、包容的态度，坦诚地面对学生，对学生表现出充分的信任，以鼓励、平等、接纳的态度面对学生，使学生受到感染，认为自己也是值得信任的，认为辅导老师可以理解并且宽容地对待自己内心深处真实的想法。

在建立良好的关系以后，辅导老师应该详细地了解，深入地分析学生逃学的具体原因和深层次的动机，对学生的逃学行为作出科学的诊断。辅导老师需要了解：学生过去、现在的学习成绩和学习态度；学生的智力水平、学习方法；学生的个性特征与自我评价；学生的家庭情况，尤其是家长对学生学习的态度和家庭氛围；学生和老师特别是班主任老师之间的师生关系；学生的厌学情绪起始时间；学生现在的厌学程度。

在了解了上述情况之后，辅导老师应该对学生的现状进行一个判断，并且和学生一起讨论，根据学生的具体情况和心理学的有关原理、技术拿出一个被学生认可的矫治方案。在这个阶段，辅导老师要把自己的助人和学生的自助结合起来，充分调动学生的积极性，让学生参与到方案的选择和制订中。要与学生共同分析，让学生自己下判断，使得诊断结果准确，矫治方案合理，并且让学生也满意。在方案确定下来之后，辅导老师和学生应该严格地执行该方案，促使学生发生积极的改变。这个阶段中要运用大量的心理学理论和技术，首先要让学生在症状上得以缓解，使其心理和行为两方面同时发生积极的变化。

在干预取得成就之后，心理辅导工作并不能就此停止，相关的工作还要继续开展，以便巩固疗效。辅导老师经过多次辅导和干预，在学生的逃学症状得到明显的好转之后，还要继续寻求家长、其他老师和同学的支持与配合，不定期地进行跟踪接触，巩固治疗结果，强化学生的积极表现，防止复发，彻底对逃学行为进行矫治。

（二）寻求家庭支持

学生的逃学行为很大程度上与家长教育、家庭氛围密切相关。解

决逃学问题的关键在于争取家长的持续合作。对于长期逃学的孩子，家长往往尝试过种种方法，甚至试图通过简单粗暴的打骂遏制学生的逃学行为。在这种情况下，家长本身也存在病态心理。所以，此时需要家长探索自己的盲点，让家长结合孩子和家庭的实际为孩子制定更合理、更理想的目标，不要对孩子的期望值过高或者过低，为孩子现状的改变制定较好的策略和计划。如将孩子的职业计划进行适当的调整，使之更合情合理；对孩子的教育不要急于求成，为孩子制定短暂的、可行性大的目标，让孩子在现实的成功中先获得满足。

对于初次或者偶尔逃学的学生，要了解他们的行为是因为心理矛盾和情绪紧张造成的，是一种简单的适应不良。因此家长应该自己首先冷静下来，不要过高估计事情的严重性，和学生静下心来好好沟通，以了解学生的思想动态，用细致的关心让学生感受到家庭的温暖，认识到自己的问题是可以解决的。在这种情况下，大部分学生愿意重返学校。

（三）调整班级管理

学生之所以会厌学以至于逃学，与学不懂课程、缺乏良好的课堂气氛有很大关系，因此调整班级管理，改善课堂气氛有很大作用。首先，调整课程表。课程表的安排要根据学生心理发展的原理，注意学生情感自控能力变化的周期性活动，正面影响学生的情绪活动，引起有效的学习。其次，可实行班、组干部的轮流制。让班、组干部的选举一个学期进行一次，学生自己竞争上岗，都有机会为班级作贡献。这样让学生亲身感受集体的重要性，增强学生的集体观念和协作精神。再次，即使在学业活动繁重的高中，也不应该忽视课外活动的组织。学校应该根据学生的情况组织多种课外活动，培养学生的特长，增加学生社会实践的机会，使学生的压力得到舒缓，内在能量得到宣泄，增强学校对学生的吸引，减少学生的厌学情绪和逃学行为的发生。

（四）改善师生关系

高中生除了学业以外，还要面临大量的社会适应、人际关系等问题，因此他们会有很多心理冲突、心理危机。这些心理问题都会影响学生的学习成绩和兴趣。教师是过来人，比学生多了很多阅历和经验，因此，如果能够及时了解学生的这些问题，充分地理解学生，并给予学生适当的指导，使他们的问题得到合情合理的解决，学生就会对老师充满知遇之恩、感激之情，在这种情况下不大可能发生逃学行为。

教师还应该对学生的生活给予足够的关心。一些学生的逃学行为也可能和生活上的困难紧密相连。如在学校受人欺负，在家缺乏起码的学习环境等。教师如果能及时了解这些情况，和家长联系起来解决学生的后顾之忧，也能有助于解决学生的逃学问题。

此外，教师还要注意一下教育方式。心理学研究表明，对学生表示真诚的支持、肯定、鼓励和赞扬，能增强学生的自信心，加强其成就动机，提高他们的学习积极性。另一方面，教育学生还应该避免不利的时机。如果在学生抵触情绪高涨或者周围环境不利的时候强行对学生进行教育，不仅不能起到作用，反而会由于一些微不足道的小事造成僵局，导致师生关系的恶化，进而诱发逃学行为。另外，一些研究也表明，在人际交往中如果在背后谈论某个人的优点，当那个人知道后，会缩短两人的心理距离，增加亲切感。对于高中生更是如此。教师应该采取背后说好话的方法，尽量肯定学生的优点与长处，并想办法让学生听到。另外，对于学生的不足和短处，则要当面向学生指出，但是应该注意是在与学生单独相处时。这样一方面顾全了学生的面子，另一方面让学生认识到自己的缺点，深刻感受到老师的关心，会收到意想不到的增进感情的效果。

（五）进行行为矫正

逃学是一种特殊的个人行为，可以通过操纵行为的结果来减少逃

学行为的发生。根据操作性条件反射原理，可以用"事故合同法"来处理逃学。在合同当中，明确写明参与各方——这里主要指学生、家长和教师——应尽的责任。父母的主要责任是实施监督和奖惩。在征得三方同意后，须在相应的合同以及声明上签字，合同实施之后，严格按合同执行，则可减少逃学次数。"事故合同法"是一种有实效的行为矫正方法，它使学生、家长和教师在不同程度上都承担起责任，向学生表示了父母的决心和承诺。当然，它必须在学生愿意并能够合作的条件下实施。

三、咨询个案举例

苏文（化名），男，某普通中学高中一年级学生。苏文的父亲是某公司的总经理，在苏文小学升初中时与苏文的母亲离了婚，其后立即同其女秘书结婚。当时，法院将苏文判给其母亲抚养。为了表示对苏文及其母亲的愧疚之情，苏文的父亲让他母亲辞去了工作，全权负责他的生活。初中升高中时，苏文因为觉得学业吃力，不愿意升入高中就读，希望进入中专学一门职业技术，将来进入父亲的公司。母亲出于要和其父亲赌一口气的心理，逼着父亲花钱将苏文送入高中，并勒令苏文一定要考上大学，为自己脸上增光，让他父亲和那个"狐狸精"好看。

进入高中的第一学期，苏文就发现自己基础差，上课听不懂，没办法跟上课程的进度。第一学期期末考试之后，苏文的成绩排到全班最后。母亲认为苏文给自己丢了脸，整个假期都对其责骂训斥，并断言其"将来都不会有出息"。到了高一的第二个学期，苏文的学习兴趣消磨殆尽，开始出现极度的厌学情绪。在几个已经进入社会的初中同学的诱惑下，苏文开始逃学。因为苏文的父亲给零用钱极大方，苏和这些旧同学出入游戏机房、网吧、KTV 等娱乐场所，都是他买单，很快确立了在团伙中的老大地位。与之相比，苏更觉得学校生活索然无味，逃学行为更为频繁。

苏文第一次来到咨询室正是期中考试刚刚结束的时候，苏指着一

塌糊涂的成绩单对老师说，自己对上学实在失去兴趣了，希望老师放自己一马。通过和苏文的交谈，辅导老师发现由于不是自己选择读高中，苏从一开始就对自己的学业缺乏自信。又由于复杂的家庭背景，苏认为自己只是父母赌气的砝码，自己的学习成绩只能成为父母较劲的工具，因此从根本上缺乏学习动机。

辅导老师认为可以从以下几个方面对苏文进行疏导：

（1）培养苏文的学习兴趣。首先要让苏文知道，高中阶段的学习是一个打基础的过程，高中学习的知识对于未来的工作并非全无用处。高中物理、化学等多方面的知识是可以运用在日常生活中的。如果苏想学一门技术的话，也可以等拿到高中文凭以后再升入大专或者职高就读，而那个时候的所学必然比现在就读中专要扎实一些。因此，读高中绝对不是浪费时间。

（2）制定具体可行的目标，帮助苏文建立自信。由于苏文的学习目标和班上其他要上大学的同学不一样，所以，对苏文的学习成绩的要求，不应该定在和其他同学比较的基础上，而应引导其学会与自己比较。不必强求苏文在班上排名多少，而应要求苏文每次考试都有小小的进步，尽可能地做对基础的题目，牢固地掌握基础知识。让他知道，高中的知识比以前要难、要深，并非是自己理解能力的问题。

（3）分配任务，培养苏文的责任感。苏文在班上的人际关系并不差，只是因为学习差，所以有点自卑。辅导老师和班主任商量之后，决定让苏文担当班里的生活委员。生活委员主管日常卫生和收费事务，在班上算是个比较重要的位置。有了这个职务之后，一方面苏文可以从别的角度为班级服务，减轻其自卑程度；另一方面，由于生活委员责任重大，苏文如果再长期逃学就会耽误班级正常工作的开展，让苏文有一定的牵挂，培养他的责任感。

（4）抵御不良的外在影响。对于苏文逃学在外时交的几个朋友，应该让苏文自己认识到，自己还是学生，和他们不是同一类人。自己还有自己的事情要做，时间紧迫，不能和他们一样游手好闲。这种社会上的朋友，可以采取在本班为苏文建立学习小组或者配对学习来抵

制。班主任老师在班上谈了苏文的情况以后，有成绩较好又和苏文住得较近的同学愿意和苏文建立互助小组，帮助苏文提高学习成绩。互助小组的成立，一方面有助于苏文感受集体的温暖，在集体中找到朋友，建立归属感；另一方面，对苏文可以起到监督、提醒的作用。

另外，苏文的父母也应该为苏文的逃学行为承担一定的责任。通过和辅导老师交谈，苏母同意尽量不在苏文的面前发泄对苏父的不满，不让自己和他父亲的冲突影响孩子正常的学习。另外，适当降低对苏文的期望值，更加尊重苏文本人的意愿，对他的学习更多地采取积极鼓励的方法。苏文的父亲也应该多关心苏文，而并非仅仅为其承担教育经费那么简单。另外，苏文的父亲应该控制给苏文的零花钱，不让其有去娱乐场所挥霍的资本。

在辅导初期，苏文还是会有抵制不了内心冲动偶尔逃学的现象。随着咨询的深入，苏文的行为在很大程度上得到了矫正，虽然和其社会上的朋友还偶有来往，但是已经不单独和他们出去玩了。到了最后，苏文的心态基本上比较平静，给自己一个正确的定位，能够遵守班级和学校的纪律。到了高二的时候，苏文的成绩有了一些进步，逃学现象再也没有出现过。

第三节　吸烟行为

对于正处于青春发育阶段的青少年来说，吸烟所造成的不良影响要比成人大得多，而且，开始吸烟的年龄越早，危害就越严重。因此，早在 1979 年国务院就颁布了《关于宣传吸烟有害与控制吸烟的通知》，明确指出："鉴于青少年正处于生长发育时期，最容易受烟草中有害物质的毒害，建议教育部门进行宣传教育，并作为纪律，禁止中小学生吸烟。"在《中学生守则》中也规定了："生活俭朴，讲究卫生。不吸烟，不喝酒。"虽然国家与学校都明确规定禁止中小学生的吸烟行为，而学校中的吸烟队伍却依旧不断壮大，引起社会的普遍关注。

一、高中生吸烟行为的现状与原因

（一）高中生吸烟行为的危害及现状

1. 危害

高中生仍处于生长发育期，身体机能还没有发展完善，生理特点使得吸烟对其所造成的危害要比成人大得多。他们的呼吸道较成年人狭窄，纤毛发育尚不健全，而吸烟会引起气道阻力增加，对肺部造成压力。曾有人对 14～18 岁的吸烟学生进行分析，发现其肺活量均低于同龄、同性别不吸烟的学生。同时，香烟烟雾使呼吸道纤毛活动停滞，纤毛自然去污能力降低或丧失。久而久之，使青少年吸烟者易患支气管炎，并随着年龄的增长可发展为肺气肿、支气管扩张、肺心病等。此外香烟烟雾中的主要产物 CO 吸入体内后，与血液中的血红蛋白结合，降低血红蛋白输送氧气的功能，造成体内缺氧状态，使身体抵抗力下降。高中是长知识、长身体的关键阶段，学生学习繁重，新陈代谢快，耗氧量远比成人多，对缺氧的耐受性比成人差，不仅症状表现明显，且容易引起思维混乱，记忆功能减退，以致影响学习效果。

此外，吸烟容易与其他品德不良行为挂钩，增加学生接受社会不良分子引诱的机会，对社会、对家庭、对学生本身都造成伤害。

2. 高中生吸烟行为的现状

国内高中生吸烟人群发展迅速，曾有专家预测，到 2000 年中国高中男生的吸烟率将会达到 59%。现在 2000 年已经过去了，虽然没有全国性的大规模调查来验证该专家的观点，但根据各地独立进行调查所得的数据资料，可以估算，目前中国的高中生平均 10 人中就有 1 个是吸烟者，其发展状况令人担忧。

纵观今日高中生吸烟行为的现状，可以发现以下一些显著的特点：

（1）在吸烟的高中生中，明显有着"男重女轻"的分布特点。

男生占吸烟人数的绝大部分，而女生的比例则相对地少得多，且在吸烟的频率上，女生也远不如男生。受到传统观念及大众舆论的牵制，使得女生较少地接触烟草，为保持个人形象，许多女生亦不敢轻易地尝试吸烟，因而其吸烟情况不及男生严重。但这并不代表女生的吸烟情况处于一种乐观状态。越来越多资料显示，女生的吸烟队伍虽在总数上仍无法与男生相比较，但就其自身而言，却也呈直线上升的趋势。

（2）高中生的吸烟行为与其学业上取得的成就普遍呈反比关系。职高与普高学生的吸烟率明显比重点高中要高得多，就学校内部进行比较，吸烟行为严重的也多是学校中的"差生"。这往往还与品德不良相联系，有其他品德不良行为的高中生更容易受到吸烟行为的感染，而学习优秀的学生常常会被视为"保险系数很大"的群体。但这也不是必然的，不仅"品德不良"学生有这种行为，还有许多学习优秀的学生也卷入了吸烟这一行列。因此，学校应进行禁烟教育，在抓紧重点吸烟人群的同时，也不能放松对优秀学生的教育。

（3）吸烟的高中生，大多数属于偶尔吸烟人群，吸烟情况并不严重，多处于尝试阶段，处于吸烟习惯形成的过渡期，对戒烟没有强烈的过敏症状，且具有更多的社会和心理特征，因此他们的吸烟行为也较容易发生改变。然而，他们中的绝大部分对吸烟的危害认识不足，不知道吸烟的种种危害；或者存在无所谓或侥幸心理，认为吸烟者何其之多，而患上癌症的仅是一小部分，厄运并不一定就降临在自己头上，所以对吸烟存有轻易尝试的危险。

（二）高中生吸烟行为的原因分析

1. 个体自身因素的影响

高中生比初中生有着更高的独立要求，强烈的成人意识驱使他们倾向于模仿一些成人的言语、行动。对他们自己认为新奇好玩、大人却禁止的事情，更是有种对着干的叛逆心理。吸烟，在许多青少年心目中是成熟的标志，且是大人不允许的行为，具有强烈的诱惑力。学

生们为了表示自己"有成人气度"，也为了摆脱大人的约束，便容易受到引诱而投身于吸烟的潮流中去。再者，高中生自我意识的发展，使其从"混沌之我"、"无我"的蒙昧状态中苏醒过来，开始更多地探讨自我的内心世界，发觉自己与他人的不同，也容易沉浸于自己的内心世界而产生孤独感，从而为吸烟行为提供心理倾向的准备。最后是个性倾向的影响。有研究发现，有吸烟行为的学生通常具有反抗性强、倾向于寻求刺激和冒险、较为冲动、倾向于外控的个性特征。这些个性特征直接影响个体对吸烟行为的取向与态度。

2. 大众传媒的影响

虽然报刊、电视广告等不乏有关吸烟危害的报道，政府亦强制烟草制造商在烟盒上标明"吸烟有害身体健康"的字样，但社会上大多数吸烟人士依然我行我素。电视、电影上塑造的现代英雄更是烟不离手，意气风发时总不忘点上一根烟，悠然吸上几口，"潇洒"至极，"个性"尽显。此外，电视、电影产品对吸烟行为并无禁忌，许多青少年角色也有吸烟的行为。这些都对现实中的青少年产生了极大的负面影响。

3. 学校因素的影响

高中的学习生活比初中紧张，学习压力很大，如果学校不注意对学生的心理压力进行疏导，而是一味施与强制的教育手段，学生就容易走上与学校期望不一致的道路，不是努力地改善自己现存的状态，而是寻求其他的刺激来暂时摆脱内心的焦虑。吸烟，便是其中的手段之一。吸烟对人的神经有刺激作用，使人产生短时间的兴奋，可暂时忘却困扰。尤其对那些升学无望、前途渺茫的学生而言，烟酒便是最佳的精神寄托。另外，学校中教师毫无忌讳地公然在学生面前吸烟，对学生亦存在着非常消极的影响，不仅削弱了学校禁烟的说服力，更会使学生产生逆反心理，无视学校的禁烟规定。

4. 同伴的影响

高中生的交友观与初中生相比有了新的特点。寻找志同道合者，是高中生人际交往的重要内容，他们重视与朋友间内在思想的交流，以心理上相知默契作为友谊的重要砝码；在高中时期结交的朋友往往

会成为其人生中最要好的、最珍惜的亲密同伴。但高中生的是非观念不深，朋友，尤其是亲密同伴好的一面他们会学习、模仿，而对朋友的不良习惯，他们也极容易受到影响而形成相似或相同的行为。有关研究表明，同伴的吸烟行为和态度可以显著地预测青少年对吸烟行为的态度，以及对吸烟危害的意识。与父母的榜样示范作用相比，同伴的吸烟行为和态度更显著地影响着青少年对吸烟的认识。

5. 家庭的影响

对于孩子的吸烟行为，家长一般持反对的态度，且大多数会采取责骂、惩罚等较为严厉、专制的手段加以制止。但有的家长却不能以身作则，烟瘾一来，就在孩子面前毫无顾忌地抽，颇令孩子不解与反感。尤其是高中生这一特殊群体，家长的一句"因为我们是大人"是无法将其搪塞过去的，反而会引起他们的叛逆心理。在多数高中生的心目中，早已把自己等同于成人，家长随便敷衍的理由对他们而言并不具备说服力。虽然家长吸烟行为的影响不如同伴大，但依然可以显著地诱发青少年的吸烟行为，且这种影响随着青少年年级的升高而增大，到高中阶段这种影响最为显著。可见，对高中生的吸烟行为，家长吸烟行为的负面影响是不可忽视的。此外，高中生对经济有更独立的支配权。有的家长忙于工作，对孩子关心不足、管教不够，只知道满足孩子的经济需要而又不清楚他们的消费情况，在造成孩子家庭温暖缺失的同时，又为他们提供了放纵的物质基础，稍有错误引导，孩子就会陷进烟酒的泥潭之中。

二、吸烟行为的心理疏导

高中生的吸烟行为多属偶尔吸烟行为，具有较强的可改造性，给予合理的疏导，便可以使该群体的吸烟率得到下降。

（一）端正对吸烟行为的认识

个体对事物的认识直接影响着其面对事物时所采取的行动，同理，学生吸烟与否在很大程度上取决于他们对"吸烟"这一行为的

认识。高中生对吸烟的错误认识主要集中在以下三点：侥幸心理、成长成熟的标志、交往交际的必备需要。

首先，学校是无烟教育的重要基地，在吸烟危害认识宣传上起着举足轻重的作用，也正因如此，端正学生对吸烟的侥幸心理的主要执行责任在学校。传统的课堂讲授方式已普遍遭受学生的厌倦，新式的无烟教育应提升学生在其中的地位，使其从接受者转变为参与者：学生自己策划宣传禁烟活动，从资料搜集过程中主动获得吸烟危害的信息；利用高中生一定的实验动手能力，进行烟草、烟雾分析，把抽象的文字表述变为具体现象呈现于学生面前；学生与老师共同商量，选择宣传短片、参观地点，事后也由两者协商确定总结方式，共同参与。通过种种措施，使学生变被动为主动，既符合高中生个性发展倾向的要求，又可以加深他们对吸烟危害的认识，达到事半功倍的效果。

其次，"吸烟行为是成熟成长的标志，是个性的展现"这一错误认识主要来源于社会，尤其是大众传媒的渲染。"解铃还需系铃人"，大众媒介既然可以在负面上导致青少年吸烟行为的形成，同样可以从正面对青少年的吸烟行为加以劝导。根据社会榜样对高中生有显著影响这一特点，邀请影视明星、体育明星、政府领导人等学生崇拜的对象担当禁烟大使，向学生宣传吸烟的不良影响及危害，树立不吸烟的榜样，为学生提供可以学习也乐于学习的对象。

最后，虽然高中生已具有较强的独立性以及较全面的思考问题的能力，但毕竟涉世未深，是非观念不强，当同伴群体中有人有吸烟行为时，有的高中生不但不加以劝阻，反而为了显示"哥们义气"而有样学样。因此，家长与教师应引导学生采取正确的交友态度，使其认识到每个人都有不足之处，对待朋友的原则应是"取其精华，去其糟粕"，不可全盘照收；教导学生学会拒绝的技巧，学习如何抵御来自同伴和社会的不良影响。可采取角色扮演、辩论等较为生动而参与性又高的方式进行。需要注意的是：切忌采用强制性手段来阻止学生与其朋友的交往，这只会造成学生的反感，结果适得其反。

（二）多种教育措施相结合

纠正对吸烟的错误认识，从思想上达到预防和控制吸烟的效果，还需要多种教育措施相结合。

1. 学校教育

学校是青少年接受正统教育的大本营，有良好的教育资源，除了是进行吸烟危害教育的基地之外，还是控烟教育实施的重点场所。学校主要可采取以下三种措施：

（1）心理疏导。高中生担负着沉重的学习压力，尤其是高三的学生，面临着升学与就业的选择，时而掺杂着家庭、人际交往等问题，容易陷入消极、苦闷的情绪当中。这时，需要心理老师的帮助，探索问题的根源，并学会正确的减压方法，疏导心理压力，减少吸烟的心理倾向。

（2）发挥班级团队组织的作用，用集体的力量对学生进行教育，使得同学之间互相帮助，一起克服不良习惯。利用高中生异性交往的特点，还可采取交互劝阻的方法（即女同学劝男同学戒烟，男同学劝女同学戒烟）。

（3）特备措施。这主要是针对烟瘾较严重者的措施。医学上已证明口含维生素 C 后会对烟草气味产生恶心感觉，戒烟效果好。在征得家长同意后，对于特殊个案，学校可以采取这一厌恶疗法，使学生产生厌恶感，继而放弃吸烟；也可以采用低比例区别强化的方法，逐渐减少学生吸烟的数量。例如某学生一向每天吸 6 根烟左右，那么开始可以允许他每天吸 2~3 根，一段时间后减少为 1 根，再过后隔一天吸一根，逐步减少吸烟行为的次数，最后达到戒烟的目的。

2. 家庭教育

一般而言，孩子处于高中阶段时，其家长多正值事业高峰期，工作比较繁忙，往往容易忽略与孩子之间的交流，造成孩子内心的空虚而引起问题的发生。有不少家长在问题出现之前对孩子放任自流，不能防患于未然，一旦发现问题则束手无策，容易采用错误的做法来处

理孩子的问题。其实，家庭温暖对于孩子的健康成长是最重要的。家人的关心与理解，可以减少孩子心理上的空虚，建立良好的亲子关系，有利于孩子听从家长的教导。再者，孩子消费无度，生活毫无节制，容易受到社会上不良分子的引诱，而家长也提供了购买香烟的经济基础。因此，在日常生活中，家长应多关注孩子的消费情况，有技巧地切断孩子的香烟来源，避免他们接触、尝试香烟的机会，切忌用金钱的给予代替感情的交流。此外，应尽量避免把工作上遇到的烦恼带回家中，注意维持和谐的家庭氛围。

（三）　制造无烟环境

有关研究表明，长期生活在烟雾熏陶环境下的个体，其吸烟的可能性会大大提升，由此可见无烟环境的重要性。高中生的主要活动场所是学校和家里，因此学校、家庭对无烟环境的保持均有着不可推卸的责任。

学校应加大禁烟的力度，禁烟的对象不仅指向学生，而且指向学校所有人员，包括教师、职工、行政人员等，一律禁止在校内吸烟；对外来人员的吸烟行为要及时制止，营造无烟的校园环境，增加学校禁烟教育的说服力。而家庭，则是无烟环境的关键部分，学生有将近三分之二的时间是在家中度过的，受熏陶的时间最长，且相对于初中生而言，高中的学生更容易受到父母吸烟行为的影响，其预测效果已达到显著性水平。为了下一代，家长应尽早加入戒烟行列，为孩子树立不吸烟的良好榜样，使得在对孩子进行教育时也有据可依，不至于言行不一致。如果烟瘾太大，一时无法戒除，也应尽量避免在家中、在孩子面前吸烟，以免有样学样。

三、咨询个案举例

贾志（化名），男，17 岁，高中二年级学生，平时成绩一般，其他表现也不突出，人缘普通，在班里没有特别亲密的伙伴，属于不受瞩目的人物。然而最近有不少同学反映小志身上带有烟味，也曾有同学见到他在厕所偷偷吸烟。种种负面信息引起了班主任对小志的注

意，并于操场弃置杂物的房间发现小志吸烟，对他进行教育时他态度恶劣。于是，班主任将其作为个案交由心理辅导老师处理。

根据班主任的反映，小志家庭经济情况优裕，父亲长期在外工作，甚少回家，家中只有母亲和保姆两人。小志的妈妈是全职家庭妇女，颇时髦，烟瘾也很大，在班主任家访的一个小时内已抽了3、4根烟。而从贾母口中得知，小志有一个私人账户，每年年初他爸爸都会往里面存一笔钱，至于小志怎样使用他们是从不过问的。对于小志在学校的表现贾母也不清楚，因为她说她自己"管不了这孩子"。

经过几次谈话后，小志与心理老师建立了良好的关系，从小志口中心理老师了解到他目前的情况。小志自诉，其实他一直以来都觉得很空虚，在家里爸爸只顾着工作，连见面的机会都少，何况相互交流，而妈妈"水平太低"，自己也不愿意与她交谈；在班上没有可以聊天的朋友，处于可有可无的地位；生活缺乏目标，自知成绩不好，但也无须奋斗，因为不管怎样，父亲都会给自己铺好后路。自从在校外认识了几个朋友后，生活才稍微有趣起来，他们有的是技校的学生，有的是社会青年，常常会向他介绍一些新奇刺激的玩意，也常常让他吸烟。刚开始的时候，因为自己母亲的缘故对吸烟有些反感，但后来次数多了，自己不好意思拒绝，便也开始尝试着吸。

可见小志的吸烟行为主要是由朋友、自身及家庭因素而引起的，根据上述情况，心理老师采取了以下的疏导方法：

首先，从引起小志吸烟行为的导火索入手，心理老师设计了《No, friend!》的小话剧，讲述一个青少年盲目听从朋友的误导而陷入歧途，最终走进监牢的事例，角色均由班上的同学扮演，小志当观众。要求当观众的同学认真观看，然后上台发表自己的观后感。班上的同学都踊跃发表意见，也提出了许多拒绝朋友不合理、不正当的要求、邀请的方法。应老师的邀请，小志也上台讲述了自己的感受，并得到同学们的掌声。事后，心理老师与小志进行了一次长谈，强化该节心理课的作用，进一步引导小志辨别朋友的好与坏。

小志觉得自己在班上可有可无，缺乏自信，交往需要得不到满

足，加上其特殊的家庭情况，使得小志深感内心空虚，生活毫无目标可言。因此，心理老师与班主任共同协商，联手合作。在班上，老师给予小志更多的关注，安排他担任生活委员一职，参与班级事务管理，与其他班干部交流经验，讨论班上活动的计划、组织、方案等，增加小志的集体归属感与责任感，同时也充实了他的学校生活。注意平时与小志接触相对密切的同学，私下与他们商量，共同合作，关心小志的感受，让其更多地参与到他们的活动之中，成为关系更密切的朋友，使小志感到自己在班上并非孤独一人。另外，心理辅导老师还帮助小志制定包括戒烟在内的三个近期计划以及一个长期目标，并作为见证者帮助、支持小志完成计划，向目标迈进。

联系校医，让小志观看吸烟危害的宣传短片，传授吸烟对青少年健康危害的专业知识，并借出器材，让小志亲自动手做烟草分析，深刻体会烟草的毒害，纠正小志在认识上存在的对吸烟危害的侥幸心理。

家庭温暖是其他东西无法补偿的，小志的家庭情况是造成小志内心空虚、吸烟等问题的主要原因，但家庭现状的形成并非一朝一夕之事，要彻底改变亦不大可能。幸而小志的父亲得知其情况后十分配合老师的辅导工作，鉴于其父亲的特殊情况以及小志的意愿，初步建议他们以电子邮件为主要交流方式，两人每星期至少给对方发一封电子邮件。由于两父子平日在电话里也甚少交谈，不习惯以有声语言来表达自己的感受，因而就他们而言，电子邮件是一种比较理想的交流方式。此外，小志的父亲也承诺了节假日及特殊纪念日会尽量抽时间回家。至于小志的母亲，在老师及小志父亲的努力下，也答应了不在孩子面前吸烟，在家中也摆放禁烟标志，婉转地提醒客人不要在此吸烟，尽力维持无烟的家庭环境。

到学期结束时，小志已有三个多月没吸一根烟的良好纪录，且由于班务工作出色而人气大升，小志也变得开朗多了。在家中，目前虽仍与母亲的关系一般，但父子两人的关系有了很大的改善，电子邮件往来从未间断。此外，小志还参加了暑假的青少年禁烟行动，从吸烟

者晋身成为禁烟卫士。

第四节　上网成瘾

网络以其快捷的传播方式，丰富多彩的内容，还有虚拟世界的平等感，令好奇心强、追求时尚的高中生流连忘返。这对开阔视野、丰富知识是非常有意义的。但同时其产生的副作用也日益严重，如迷恋游戏、聊天、浏览黄色网站等导致许多高中生上网成瘾。2003 年年初，民盟北京市委开展的"网络游戏与未成年人教育"的调查显示，北京市有 22 万中学生在玩网络游戏，而中学生上网成瘾者的比例达14.8%（初中生 11.8%，高中生 15.97%）。

上网成瘾，是指由于过度使用互联网而导致明显的社会、心理损害的一种现象，是一种与上网有关的包括病态行为和认知适应不良的心理障碍。高中生一旦上网成瘾，便会无节制地把大量时间和精力花费在网上冲浪、聊天或进行网络游戏上，从而荒废了学业；并且这种对网络的过度使用严重影响了他们的身心健康，导致各种异常行为以及生理、心理疾病的产生。因此，为保障高中生的健康成长，探讨研究高中生上网成瘾的成因及对策十分必要。

一、上网成瘾的表现与原因

（一）高中生上网成瘾的表现

1. 生理上的症状表现

上网成瘾者，往往不分昼夜地把大量时间耗费在网络上，睡眠被剥夺和生物钟的紊乱导致其过度的身心疲劳。一般会出现头昏眼花、双手颤抖、面色苍白、疲乏无力、食欲不振等症状。究其原因，是由于上网持续时间过长，会使大脑神经中枢持续处于兴奋状态，引起植物神经紊乱，体内激素水平失衡，从而导致免疫力下降，诱发各种疾

病。此外，长时间的在电脑前僵坐还会引起腕关节综合征，背部、颈部疼痛，视力下降，暗适应能力降低等不良生理反应。

2. 心理上强烈的依赖

对于上网成瘾者来说，上网是其最主要的心理需要。在意外或被迫不能上网的情况下，他们会体验到强烈的渴求，无法集中精力做其他事情，甚至产生烦躁和不安的情绪及相应的生理和行为反应，上网后情况会好转。这就类似于药物成瘾的戒断反应。此外，成瘾者还必须逐渐增加上网时间和投入程度，才能获得满足感，就像吸毒者必须逐次增加毒品摄入量一样。

3. 人际关系淡漠

上网成瘾者几乎每天都把大部分时间耗费在网上。对于他们，人与人之间的交流往往以机器为中介，极大地减少了人际直接交往的机会。人与人之间的依赖关系被人对网络的依赖所取代。由于网络人际关系具有短暂性、不稳定性和不可靠性，上网成瘾者人际情感的远程交流会冲击原有的近亲情感。他们将自己的人际交往转入虚拟的网络空间，现实的人际关系往往会逐渐疏远或恶化，对周围的人和环境采取逃避或对抗的态度。上网成瘾的高中生，往往不会把自己的心事向家人或身边的朋友倾诉，而是把它们隐藏起来，转而在网上倾吐和宣泄。此外，由于家长和老师会对其上网行为严加限制，他们又经常与家长和老师发生冲突。

4. 学习动机下降

上网成瘾的高中生，把大部分兴趣和注意力转移到了网络上，上网成为其生活的主题。网络的过度使用，导致他们精神不振，无法集中精力学习，学习兴趣减弱，成绩下降。而且大部分上网成瘾的高中生还有逃学行为。除此之外，上网成瘾还会诱发高中生一系列不良行为，例如，对家长说谎，进行偷窃以获得上网的费用，等等。

（二）高中生上网成瘾的原因

1. 满足要求独立的愿望

高中生有着对成熟的强烈追求和感受。他们渴望社会、学校和家长能给予他们成人式的信任和尊重。但是在现实中，他们的能力和经验是有限的，因此父母和老师常常把他们当小孩看待，而网络则满足了他们要求独立的愿望。在网上，他们得到了在现实社会中可能得不到的尊重，他们可以感觉到自己是完全独立的个体；他们可以一遍遍地尝试错误，不会受到任何人的责备。

同时，高中生思维的独立性和批判性明显发展，开始喜欢怀疑和争论，已经不再满足于老师和书本上的结论，他们坚持自己的意见，有了自己的独特见解。网络就给他们批判性的思维特点提供了支持。在现实中，老师和家长常常会带着"他们是孩子"的眼光去看待高中生的观点和意见，这就在一定程度上伤害了他们的自尊心，打击了他们争辩的热情。而在网络上，大家都是平等的，每个人都能畅所欲言，自由发表自己的观点，包括一些在现实生活中不敢随意发表的观点。很多高中生就是被网络上这样一种言论氛围所吸引的。

2. 求知欲、好奇心的驱使

在当今这个信息时代，书本上有限的知识已经不能满足高中生强烈的求知欲，他们千方百计通过各种途径搜集最新、最全面的信息，上网就是其中一个最重要的手段。网络的开放性和自由性，信息的广袤性和即时性为上网者提供了极大的便捷。甚至那些平日难以启齿或难见天日的内容，都可以在网络上找到。这就极大地满足了高中生的好奇心理，使他们在网络世界中乐此不疲，流连忘返。

3. 不良情绪和本能欲望的释放与转移

高中生学习任务重，面临较大的学习压力，加上父母和老师的严格管教与他们独立愿望之间的矛盾，以及人际交往中出现的种种问题，经常使他们处于焦虑、抑郁、孤独等不良情绪的困扰当中。然而在网络这个虚拟的世界里，他们可以充分体验到"平等感"、"自由

感"。他们可以抛开现实生活中条条框框的约束，在一台小小的电脑前模拟人生；在聊天室里找到知己倾诉心声，满足情感表达的需要；在游戏中寻求刺激，体验成功；甚至在黄色网页里获得性的感官需求等。因此很多高中生把网络当成是一方理想的天地，一旦涉足便乐不思蜀。

个体的本能欲望是需要的最低层次，可是由于社会道德的制约，很多本能欲望在现实生活当中没有表达的机会和空间，例如攻击性本能。而在网络这种空间中，社会规范已经起不到抑制的作用，这种个性化的环境使得人能够很轻松地释放自己的本能欲望。那些充满血腥和暴力打斗场面的网络游戏之所以能让很多高中男生沉迷其中，很大程度上就是因为它满足了他们释放自身潜在的攻击、愤怒或仇恨能量的需要。

4. 补偿作用

在网络这个虚拟的空间里，人的身份往往也是虚拟的。人们不仅可以匿名，还可以随意隐藏，改变自己的性别、年龄、地位、出身、性格等，为自己塑造种种理想形象。通过在网络上扮演形形色色的角色来补偿自己在现实生活中的不足和缺陷。例如，一位在现实当中不善交际、腼腆害羞的男生，在网上可以是言论不绝、无所不谈、颇受欢迎的"风云人物"；一位在学习上经常遭受失败、挫折的"差生"，可以通过在网络游戏中取胜而不断体验成功，令众多玩家对他心悦诚服。

5. 自我保护意识淡薄

由于高中生以学习活动为主，与社会生活有着某种程度的隔离，加上他们认知能力的局限，对复杂的社会背景和社会活动的认识单纯，缺乏对现实中丑恶事物的认识、了解和接触，缺乏对丑恶事物的必要的防卫。因此，他们社会阅历很浅，社会经验少，缺乏明辨是非和应付复杂局面的能力，表现出自我保护意识的淡薄。他们上网大部分是为了获得自身精神上的愉悦或发泄，很少考虑到网络对自身生理或心理的伤害。所以极易被网络上的不良因素诱导而沉迷其中，不能

自拔。

6. 网吧泛滥，管理不严

网吧是上网成瘾的高中生最常出入的场所。走在城市里，不难发现大小网吧遍布大街小巷，其中不乏违规经营的"黑网吧"。这些网吧的经营者见利忘义，放任青少年超时消费，没有坚持按照公安、文化等部门规定的标准安装使用防火软件，致使青少年可以任意浏览网络中的色情、暴力等不健康的信息，有的还在网吧内出售烟、酒、饮料、小食品，设置"贵宾座"、"贵宾房"，甚至提供休息用的床铺。"黑网吧"想尽一切办法使自制力不强的青少年难以抵制诱惑而上瘾，不能自拔。

二、上网成瘾的心理疏导

目前，高中生上网成瘾问题的普遍存在，已引起家长和学校的关注，有些家长和学校已是"谈网色变"，于是他们对于学生上网采取了严厉禁止的方式。但这不仅于事无补，反而加重了孩子的逆反心理，"你越不让我上我就越上"。单纯地限制和打骂，都不能从根本上解决问题。所以，对于沉迷网络的高中生，宜疏不宜堵，应针对他们成瘾的原因对他们进行心理疏导以及采取适当的行为矫治方法。

1. 认知调整

让当事人认识到，人们寻求心理需要的满足无可厚非，但如果因此过分或单纯地依赖网络，就有可能本末倒置，与现实生活的距离越来越远，甚至分不清现实与虚拟世界的界限，社会适应能力越来越差，反过来又加剧向网络逃避的行为，最后形成一种恶性循环。因此，在心理咨询中，很重要的一步就是首先要与当事人一起发掘他们对网络沉迷的原因，帮助他们认清自身的需要，树立其自信心，积极寻求满足需要的其他途径，从中选择正确的思维方法和解决办法，从而摆正网络的位置，改善上网的心态。

首先，评估当事人对于网络的使用模式。如喜欢什么时间上网，在哪里上网，每次上网所花的时间，上网时主要做些什么等。评估过

程有助于发现当事人上网行为的引发条件和维持条件。

高中生沉迷网络的原因比较复杂。有的是因为好奇心的驱使；有的是为了寻求刺激；有的是为了逃避生活中面临的问题或压力。比如，考试失败或学习上遇到困难、被周围的人排挤、没有知心朋友、父母离异、家庭经济陷入困境等。只有与当事人共同发掘他们沉迷网络的根本原因，让他们真正面对自己的问题，才能消除成瘾行为的引发条件。因此，在咨询过程中应根据当事人的具体情况给予相应的现实生活方面的辅导。例如，通过咨询发现当事人是因为人际交往困难、社交失败而丧失信心，沉溺于网络，就需要对他进行社交技巧、社交思维等方面的指导，从而帮助他重建自信，重新投入社交群体当中。随着其社交情况的改善，培养其参与社会交往的兴趣，最终达到让其融入、适应现实生活和社会的目的。这是最关键也是最有效的办法。

2. 行为矫治

（1）帮助当事人制定行为契约与上网计划。帮助当事人制定一份行为契约，其中包括规定时间范围内所要达到的程度标准以及相应的强化。建议当事人在契约内做一些自我约定，例如，如果能做到在工作日内不碰电脑，那么周末就可以安排几小时玩电脑；如果某一天违反，则周末不得接触电脑。此外，与当事人一起制订一份上网计划，规定每次上网的时间以及上网的内容等。由于与其他成瘾行为一样，上网成瘾行为很容易复发。当上网冲动出现时，当事人很难通过自己的意志力来控制自己的冲动。为此，咨询师应尽量争取成瘾者身边人（如家人、同学、老师、朋友）的支持和监督，以协助当事人实施契约和计划。

（2）厌恶疗法。厌恶疗法是一种较常用的行为治疗技术，其做法是将要戒除的目标行为（或症状）与某种不愉快的或惩罚性的刺激结合起来，通过厌恶性条件作用，达到使患者最终因感到厌恶而戒除或减少目标行为的目的。可作为厌恶性刺激的包括药物、电击等，也可以是想象。在征得家长同意的情况下，可使用催吐药物作为厌恶刺激。但较常用的还是想象厌恶法，即咨询师可以指导当事人，每当

他出现上网的欲望或行为时，要他立即闭上眼睛，想象眼前站着一位使他感到害怕的人或动物，如威严的父亲或老师等；也可以想象使他感到恐怖的电影情节。不断地加以刺激—强化—反馈，最终使网络（条件刺激）与恐怖情景（无条件刺激）之间建立固定联系，以此来戒除上瘾行为。

三、咨询个案举例

小堂，男，17岁，高中二年级学生。由于他沉迷网络游戏，经常迟到、旷课，老师和学校领导多次对他开展思想工作，但他屡教不改，旷课数目已累积超过学校规定的开除学生的限度，校方正考虑把他开除。

小堂的父母在他4岁的时候就已离异，他一直跟随爷爷奶奶生活，有一个姐姐。爷爷经商，因而家庭经济状况较好。他的父母离异后，母亲改嫁，一直没和他见过面。小堂的父亲是个不务正业的人，还染上了毒瘾。他从来没关心过家庭，缺钱用时，就摊开手向家里要。得不到钱，毒瘾又发作的时候，就会使用暴力。而且，他经常给小堂灌输一种"不读书照样能混口饭吃"的思想。高一下学期，小堂与母亲重逢，还收到了母亲送的许多礼物，包括手机。据同学反映，那段时间，小堂显得很开朗。但不到一个月，他又和母亲失去了联系。从那以后，他整个人变得很颓废，加上那段时间不用上晚修，他便每晚都和几个同学泡在网吧里玩网络游戏。

在所有家庭成员当中，小堂与姐姐的感情最深厚。以前姐弟两人同在一所中学读书时，每天都一起上学、放学。但是，由于高考成绩不理想，姐姐现在正在外地复读，每个月最多回家一次，平时主要通过电话和书信联系。小堂自诉，他有一个很大的心愿，就是希望姐姐能考上理想的大学。为了不影响姐姐学习，不让她担心，小堂在姐姐面前总是表现得很懂事。

小堂是个住宿生。自从沉迷网络后，他每晚都在网吧泡到凌晨三、四点，然后才爬墙回宿舍睡觉，有时干脆在网吧躺一下，到早上

上课时才拖着疲惫的身躯回学校。由于睡眠严重不足，所以在课堂上经常打瞌睡。成绩一落千丈，由以前的中等水平落到了班里的最底层。他自诉，自觉成绩无法赶上去，所以干脆放弃学习，宁愿逃课到网吧玩游戏也不愿待在学校"苦学"。

小堂性格内向，朋友不多，自从沉迷网络后，他和班上同学的关系更疏远了。和他关系最密切的，就是年级里与他有着共同嗜好，经常出入网吧的几位男生。据班上的同学反映，小堂就像变了一个人，他显得很不合群，从不参加集体活动，课间休息的时候也总是趴在桌子上睡觉。班里的同学主动接近他，他也表现得很冷漠，而且脾气变得很暴躁，动不动就用暴力解决和男生之间的冲突。

小堂身材高大，爱好打篮球。他曾说过，他的理想是做一个出色的 NBA 篮球明星。但是，自从迷上网络游戏以后，他就放弃了篮球，很少参加体育锻炼。而且，为了省钱去网吧，他宁愿不吃饭，因而现在身体很虚弱，脸色苍白，看上去一副营养不良的样子。

沉迷网络游戏这一不良嗜好已严重影响小堂的学习和生活，造成他成绩下降、身体虚弱、精力不足、情绪不稳定等等。结合小堂自身的特点分析，他沉迷网络的原因可归结为以下两个方面。

1. 成功的体验带来的成就感

这是小堂告诉心理老师他沉迷于网络游戏的最大原因。

每个人都有自我实现的需要，都渴望成功。在网上的虚拟社会中，每个人都可以成为一个行侠仗义的大侠，或能打善斗的拳坛怪杰，凭自己的游戏能力让众多英雄好汉拜倒在自己脚下，弥补了在现实生活中的某些"缺失"，这使得青少年沉醉其中，欲罢不能。尤其对那些生活学习遇到挫折，充满失败感的青少年来说，网络是他们的避风港，在网上他们可以扮演另外一种角色，找回失去的自尊。小堂由于沉迷网络，浪费了很多时间，造成学习成绩急剧下降，遭到老师和家长的批评，但是由于功课落下太多，一时间赶不上去，于是干脆放弃学习，重新回到网络游戏当中。学习上的挫败感只好通过玩游戏获得的成就感去补偿。

2. 通过网络游戏获得归属感

很多网络游戏是由参与者组成几人至几十人不等的团队集体对抗，要想获得胜利，必须团结一致，相互协同作战。因此，不管是熟悉的还是陌生的，一个组的成员往往都很团结、友爱，富于牺牲精神，气氛非常热烈，令人流连忘返。此外，在网络这个虚拟社会中，人们因共同的兴趣而联系在一起，恪守同样的规则发展人际关系。这种"集体感情"对于像小堂那种性格内向、人际关系不太好、缺乏家庭温暖的青少年来说，无疑在一定程度上填补了他们心理上的空虚和失落。

针对以上原因，心理老师给小堂制订了一套疏导方案。此方案从小堂个人、家庭及学校三方面着手制订。总目标是让小堂尽快摆脱对网络游戏的依恋，恢复正常的学习、生活；提高社交能力，尽快融入集体；提高学业成绩。

1. 个人方面

主要是改变小堂的一些不合理认知。

首先，要让小堂认识到，个体在满足心理需要、追求理想实现的过程中，遭遇压力和挫折是在所难免的。要想成功，必须经受住挫折和压力，勇敢地面对困难和挑战。把网络当作逃避现实的一种选择，在网上弥补无法满足的心理需要，寻找现实中无法实现的理想，只能暂时缓解心理上的压力和痛苦。从长远的角度看，把网络当作逃避现实的一种选择，对自身人格的发展是有害的。

其次，让小堂重新认识家庭，认识父母。使他认识到，家庭中的一些不幸是很难改变的，要坦然接受，勇敢面对。

最后，让小堂回顾自己过去在学业上取得的成就，使他重拾信心。

2. 家庭方面

家庭是人生的第一所学校。小堂处于一个特殊的家庭，家庭因素是造成他行为偏差的一个重要原因。

在所有家庭成员当中，小堂最信任姐姐，与姐姐的感情最好，因此就要充分发挥这一家庭成员的作用，让她多鼓励小堂。在心理老师

的建议下，小堂的姐姐给他介绍了一位在大学里读体育系，篮球打得很棒的大哥哥。这位大哥哥经常跟小堂一起切磋球技，给他讲一些大学里的趣闻。这一方法很有效，现在小堂已经对大学生活充满向往，并且定下了要考体院的目标。

3. 学校方面

首先，要提高小堂的学业成绩。由于小堂功课落下了很多，成绩要一下子赶上去是不可能的，这是一个循序渐进的过程。因此，建议教师根据小堂的实际情况，采用适当降低要求的方法。如果用与其他同学一样的作业标准去要求他，成功的难度较大，容易造成他的畏惧情绪。正面引导、降低要求、分别评价为小堂创造了成功的机会，学习的成功可以帮助小堂建立内在的动力机制，增强他的信心。

其次，要多鼓励、多表扬。这就需要老师和同学多发现小堂的优点和进步。即使是很小的进步，例如没有迟到、课堂上没有睡觉、按时交作业等等，也要给予及时的表扬和鼓励。这样，一方面对于他是一种强化，可以激励他不断进步；另一方面，又可以使他体会到别人对他的关心，从而消除孤独感。

再次，要使小堂尽快融入集体。主要措施：①组织一些趣味性较强的集体活动，鼓励小堂参与其中，激发他的参与意识与热情。这样一方面可以增加他与同学的交流，另一方面可以培养他的合作精神。②鼓励小堂积极参加一些可以充分发挥他自身特长的活动，例如运动会、篮球赛等等，让他在现实中获得尽可能多的成功体验。

最后，帮助小堂制定一个生活、学习时间安排表，目的是提高他的自控能力，并让老师和同学监督他实施。

以上方案实施两个月后，收效已经比较明显。小堂迟到、旷课的次数少了，虽然还会去网吧，但是频率低了，时间也缩短了。他基本上恢复了正常的生活、学习，每晚坚持去上晚修，并按时回宿舍休息，因而精神状态好了，课堂上也很少打瞌睡了。现在他加入了年级的篮球队，每天下午都能坚持训练，和同学之间的交流也多了。身体状况好了很多，在校运会的时候还拿了一百米跑第一名和三级跳远第二名。

虽然学习成绩一时还赶不上去，但是已经形成了比较端正的学习态度。

第五节　打架斗殴行为

打架斗殴行为，属于校园暴力范畴。所谓校园暴力，Zeira 等人认为，校园暴力包含严重程度和发生频率不同的多种行为，比如暗杀、性骚扰、校园殴斗、报复犯罪、欺负、言语威胁和胁迫、体罚、群体犯罪、故意破坏行为和约会暴力。打架斗殴是校园暴力最常见的形式，从本质上属于人际冲突的一种，是由于利益关系、观点不一、个性差异等引发的人际交往对象之间的紧张状态和对抗过程。在面对冲突时，冲突处理方式的选择和化解强烈的冲突情绪是关键问题。打架斗殴，看似一种个别的、简单的社会现象，其实具有复杂的社会心理和社会文化背景，给青少年造成的危害远不止皮肉的创伤，严重的会造成孩子们心灵的扭曲，甚至影响他们的一生。从长远看，如果中学生的暴力行为得不到及时的矫正，容易发生更加严重甚至极端的恶性事件，对社会的影响和破坏力会更大。

一、打架斗殴的特点与原因

1. 高中生打架斗殴行为的特点

（1）行为的冲动性。

高中生处于生理发育的高峰期，大脑发育很快，大脑神经机能处于兴奋多于抑制的状态，心理上处于左右摇摆、起伏不定的矛盾状态之中。有强烈的求知欲、好奇心，乐于冒险，但自控力差，这就使得高中生行为的目的和动机无确定性，受外在的因素影响较大，一旦受到外界刺激，往往不假思索，立即采取行动，表现为从"想"到"做"的时间很短。

（2）动机的多元性。

具体分析打架斗殴行为的目的和动机，一般有以下几种：一是经

济目的。由于经济需求和经济能力的差距，有的青少年，父母、家人给的钱不能满足其支出的需要，便采取敲诈、勒索的方法敛取钱财，引发暴力事件。二是争风吃醋。青少年生理发育逐渐成熟，有的追逐异性引发矛盾，便通过暴力手段予以解决。三是相互嫉妒。因成绩、长相、经济条件等不如对方，产生"既生瑜，何生亮"的嫉恨，置对方于死地而后快。四是寻求刺激。学习生活单调枯燥，用暴力手段欺凌弱者，借以取乐，以填补空虚的心灵。五是自我表现。有的学生在学习上和学校组织的各项其他活动中不能引人注目，为寻求出人头地，争当"老大"，用暴力手段表现自己。六是出于报复。因琐事产生矛盾，为寻求心理平衡，用暴力手段报复对方。

（3）手段凶残，不计后果。

处于青春期的高中生认知能力不够完善，法制观念淡薄，缺少宽容和忍让，"单挑"和"摆平"成了他们解决矛盾和冲突和主要手段。他们凭一时冲动采取行动，而且很少考虑行为和后果，真正是无知无畏。打架斗殴，不分青红皂白，不管抄到什么家伙，都敢向对方身上"招呼"，甚至出现模仿影视作品中特务对待革命者使用"酷刑"的行为，也有为免除后患干脆杀死对方的极端例子。

（4）盲目讲求"哥儿们"义气。

乐于合群是青少年学生的重要特点。由于身心的发育，青少年学生的独立性和自主性逐渐增强，他们不愿意向家长、教师敞开心扉，不愿意受社会、家庭、学校的制约，更愿意在同辈人中寻求"知己"。这样，几个趣味相投的"哥儿们"便聚合在一起，形成相对独立的小团体。这种小团体具有很强的统一性，又具有很强的封闭性、排他性。一旦团体的某位成员与他人发生矛盾，他们就会采取统一行动。由于小团体在校园中非常普遍，因而校园暴力一般都带有很明显的团体色彩。

（5）以男生为主，但女生暴力行为增多。

男生是打架斗殴事件的主要参与者，主要和男生暴躁、易冲动的个性有关。但在最近见诸报端的校园暴力案件中，女生的暴力行为迅

速增多。究其原因一是大部分女生比较羸弱，暴力行为容易在女生中达到目的；二是女生又比较内向，碰到以强凌弱的"女霸"，遭受欺凌，往往不敢或不愿举报，忍气吞声而助长了女生暴力行为的气焰；三是女生不善于交流，长期的内心冲突所积蓄的心理能量得不到必要的宣泄，积累到一定程度，形成突发性暴发，从而酿成暴力事件。

2. 高中生打架斗殴行为的原因

（1）个人因素。

①个人主义的思想误区。部分青少年主张一切以个人为中心，主张"天下我最大"，对他人和社会缺乏应有的责任感，漠视他人生命，一旦个人私欲得不到满足，便试图通过暴力途径解决。

②好斗好胜心理作祟。一些孩子有强烈的嫉妒心，当嫉妒升级为嫉恨时，他们往往会采取消极的甚至带有毁灭性的行为去达到自己的不正当目的。同时恃强凌弱，发泄自己的不满情绪，或者显示威力，在学生中间树立"威信"，以此来获得"特殊的地位"。

③个性冲动的极端表现。部分青少年之所以采取偏激的暴力方式来处理问题，其中一个很大的原因是他们试图引起关注，尤其是学习成绩不佳而压力较大的青少年。这部分学生，在学校往往是受忽视的，在家庭中是受批评的，在社会上是不被认可的。为了表现自我，获得社会认同，少数青少年走上了暴力"蹿红"的道路。

④人际关系的无所适从。从某种程度上来说，青少年的人际相对简单，也比较容易处理。但中学生处于一个不断成熟、逐渐社会化的过程中，个性的稳定性差。当人际交往中发生某些矛盾却难以处理时，往往寻求暴力方式释放压力。尤其是在恋爱关系中，过早的、不成熟的恋爱而导致的暴力事件则更为普遍。

（2）家庭环境和教育因素。

家庭是社会的细胞，是人生的第一课堂。不良的家庭环境和家庭教养方式和教育手段不适当，是造成青少年采取暴力手段的基本动因。具体表现在以下方面：①父母离异、单亲或重组家庭。有的青少年因此而变得性格孤僻、行为怪异、性情暴戾，再加上疏于管教和引

导，其后果可想而知。②家庭教育的不力。现在的学生大多是独生子女，同时也是家里的"皇帝"或"公主"。家长对子女过度溺爱，最大限度地满足孩子的物质要求，而无暇顾及孩子的成长，对孩子的学习采取了放任自流的态度，从而使家庭教育出现了真空。③家长的榜样、示范不到位。家长的榜样和示范作用对青少年的成长有潜移默化的影响，"身教重于言教"是教育的一条基本规律。部分家长自身素质差，自私自利、恃强凌弱、独断专横的家长作风对青少年的校园暴力行为起到了推波助澜的作用。④教育方式、方法不恰当。少数父母由于不了解青少年身心发育的特点和青少年教育的内在规律，往往采取了错误的教育方法：或是专制蛮横，动辄拳脚棍棒相加；或是溺爱放纵，随其所意。其后果都是适得其反，使青少年形成不健康的人格特征，暴力倾向明显。

（3）学校因素。

学校本是教书育人的地方，是知识的殿堂，可是近几年频发的校园暴力事件似乎昭示着学校已经不再是一片净土，而成为一个充满暴力的"危险地带"，不得不令我们深思。具体来说，学校的影响主要有以下两方面：①学校道德教育和法制教育不到位。在升学率的压力下，许多学校片面强调智育而忽视德育和法制教育，导致青少年对社会、对人生、对自我不能有一个正确的认识，甚至持有错误的人生观、价值观，并且缺乏应有的法律知识，不懂法、不守法。现在有不少学生认为自己是未成年人，即使是犯罪也不用负刑事责任。②师生关系的不和谐。师生关系原本应该是民主、平等而和谐的，但纵观近几年的校园暴力事件，可以看出师生之间关系不和谐是引发校园暴力事件的一个重要原因。比如，有的教师在教学过程当中方法失当，对学生进行体罚或变相体罚，由此导致学生对老师的不满，甚至爆发暴力。有的教师对学生中产生的矛盾和纷争要么听之任之，要么简单粗暴，以至矛盾越来越尖锐，结怨越来越深，从而导致暴力事件的发生。

（4）社会因素。

①社会暴力文化的不良影响。现代社会的开放性、信息化，青少年可以通过各种途径接触到暴力文化。电影、电视、渲染暴力的"纪实文学"、网络小说、网络游戏，以及网上的视频、图片等无不充斥着暴力、色情的内容。近几年的新闻媒体报道的校园暴力事件，大多数与暴力的网络游戏有关。青少年长期沉迷于虚拟世界的杀戮，容易脱离现实社会，只看到社会的阴暗面，使人变得冷漠、无情，一旦在现实生活中遭遇到不满，或与他人发生冲突，自然就会采取极端暴力的方式来解决矛盾和冲突。除此之外，现在不少媒体或为了提高销量，或为了增加点击率，当重大暴力事件发生后，他们常常是无情地报道出这些血腥的画面，有时候还添油加醋地报道，通过对暴力的过分渲染而追求所谓的轰动效应。广大的媒体受众，尤其是青少年，受到媒体的影响，在潜意识中形成了"暴力摆平"的概念。

②社会不安全因素的影响。部分校园周边环境治理不力，潜在的不安全因素对学生的健康成长构成了潜在的威胁。如部分地区学校周边仍然存在一些违规经营的网吧、游戏厅、录像厅、歌舞厅等娱乐场所，禁而不绝，不少学生沉溺其中，不思进取，不求上进，甚至与社会上一些不三不四的人接触，导致少数不法分子有机可乘，在校园周边寻衅滋事，将学生作为侵害目标。

二、打架斗殴的心理疏导

1. 心理辅导

（1）思后果，远暴力。让学生思考：胁迫他人，伤害他人身体，以暴力手段勒索钱物，这是什么行为？会有什么后果？有可能会受到处分甚至法律的制裁，对双方的家庭造成伤害。也可能让受害者心生怨恨，产生强烈的愤怒和敌意，甚至会反击、报复，这样学生本人也会成为暴力行为的受害者。如此两败俱伤，不仅失去朋友，还会自毁前程、殃及家庭。

（2）借力控制冲动，加强自身修养。当你处在冲动的情绪中，

务必要克制自己，把自己的想法告诉老师或者好友，请他们帮忙寻求更好的解决方法。同时加强道德修养，培养良好的心态，改善人际关系，多看健康读物，多参加有意义的活动，学会自我调节过激情绪。

（3）探寻解决矛盾的有效方法。高中阶段是心理变化较大的时期，部分同学情绪不稳，血气方刚，做事易冲动，自控能力差，尝试模仿暴力行为来解决问题，却很少考虑社会意义和后果。部分中学生心理狭隘，自私，唯我独尊，讲义气等。因此，在进行疏导的过程中，需要全面认识其心理发展的规律，充分地理解其内心的想法，然后共同探寻面对挫折和冲突的解决方法。

（4）充实学校生活，获取正能量。马斯洛的需要层次理论提出人都有基本的生存需要、安全需要以及更高层次的尊重的需要、归属和爱的需要。校园里打架斗殴的学生大多是学习成绩较差，表现不好，以及被老师和同学所讨厌的一类。由于他们正常的心理需求得不到满足，便容易从另一个极端来获取。他们经常不务正业，不学习，到处滋事，以此博取关注，满足内心缺失的安全感和满足感。因此，在面对这一群体时需要更多地从内心需求的角度出发，关心、理解、协助他们全面地分析原因，克服学习上的困难，迎头赶上而不是自暴自弃。

（5）慎交友，交益友。良好的伙伴关系对中学生的心理健康发展意义非凡。中学生大多思想单纯，相信朋友之言，听从朋友之劝。然后不分良莠、交友不慎，就可能深受其害。因此，应多交良友、益友，从他们那里获得积极向上的正能量。

2. 充分发挥家庭的情感功能

父母要善于营造一个和谐温馨的家庭，培养学生向善向上的道德情操。一方面要为子女树立良好榜样，以互敬互爱的形象，维护好家庭的完整和统一，为孩子的成长提供舒心的环境，要消灭家庭冷暴力，杜绝家庭暴力事件；另一方面要发扬家庭民主，善于与子女沟通，把握子女的思想动态与精神需求，及时发现并纠正子女的暴力苗

头、关爱而不溺爱；还要时常反思和改正自己的不良习气，为人处世，为子女示好范、引好路，培养子女的社会责任感和感恩之心。特别强调的是要给子女减压，培养目标要切合子女的实际，切忌好高骛远，盲目施压。

3. 充分发挥学校的教育功能

学校要努力营造学生"进得来、留得住、学得好"的环境，建设良好校风。建立严格的管理制度，并通过各种形式有效培养学生自律能力。在课程改革背景下，端正办学思想，从学生出发，全面提高学生素质，把学生从应试教育的泥潭中解放出来，为学生展示特长、张扬个性提供宽广舞台，使学生走入"乐学"佳境，远离暴力尘嚣；加强师德教育，努力塑造教师完美人格，用爱心调整师生关系。李镇西老师说过："爱，是教育的前提，而且这种爱，应该是真诚的。"换句话说，教育者对后进生的爱，绝不应是为了追求某种教育效果而假装平易近人，故作姿态，而是教育者人道主义情怀的自然流露。唯其有爱，我们的教育手段、教育方法才会不断创新，教育过程中的语言暴力、暴力行为才会匿影遁迹、荡然无存。

三、咨询个案举例

苏叶（化名），男，16岁，高中一年级学生，平时上课表现与众不同，不听讲，睡觉；迟到旷课，自由散漫，随心所欲；课外时间经常上网，抽烟，屡教不改；最严重的是有暴力倾向，情绪暴躁，处理问题极端化，经常参与打架斗殴，以暴力解决问题，为此，曾多次转学。

根据班主任反映，苏叶家在农村，父亲在外打工，普通工人，母亲在附近的纺织厂工作。父亲文化水平很低，平时对苏叶期望值很高，若有不满，则拳脚相加，有时还用木棍敲打，平时沉默寡言，好赌博。母亲对苏叶非常溺爱，无微不至，有时甚至会袒护孩子的过错，表达一种扭曲的爱。夫妻二人长期吵架，几乎要离婚。

老师眼中，苏叶上课就喜欢睡觉，很懒散，喜欢打扰别人，不肯

接受教育。对待老师的批评指正，总是屡教不改。在同学眼中，他没有朋友，令人生厌，经常参与打架斗殴，有时稍有不满还会殴打班上同学。

经过几次谈话，苏叶和心理老师建立了良好的关系，从苏叶的口中心理老师了解了他目前的情况。他说："上课时老师批评我，我不服。凭什么就骂我一个人，不是也有好多人不认真听课吗？其实有时我也想学好，就是经不住校外人的诱惑，想玩刺激的东西。在家里，我很怕爸爸打我，在学校不喜欢老师当着所有同学的面批评我。世界上连父母都对子女如此冷漠，还有谁能真心待人呢。读初中的时候，老师一直不喜欢我、讽刺我、排斥我，于是我就开始和他们对着干，有人惹到我，就好好教训他们。每次打赢了的时候，有一种很强烈的满足感。"

通过对苏叶的观察，心理老师认为他是一个比较典型的有心理偏激倾向的青少年。他成长于关系紧张的家庭，失去了对人的信任。父母的教养方式不当，母亲在儿子面前软弱无力，而父亲只用棍棒和拳脚来解决问题。加之学校老师一味地批评和排斥，同学们瞧不起，这一切都对处于青春期的苏叶造成了强烈的心理冲击。

根据上述情况，心理老师采用了以下疏导方法：

首先，接纳苏叶的现状，鼓励、无条件积极关注。通过观察，发现苏叶很喜欢看课外书，于是心理老师以课外书作为媒介，与他探讨喜欢的书籍以及作家，一方面肯定其喜欢看书的习惯，知识面广，增强其自我效能感；另一方面在沟通中引导其正确认识和评价客观事件，从而能够冷静客观地分析和评价问题。

其次，引导苏叶全面客观地认识自己，发掘自身的优点，同时也意识到自己的缺点。客观地分析苏叶打架的原因，探讨应对不良情绪的方法，逐步学习和掌握积极的应对方式，如参加体育运动、看书等等。

建议班主任老师少用粗暴的言语，多给予一些积极关注和鼓励。在与班主任协商后，班上老师答应给予他更多的积极关注，而忽略一

些不好的行为，经过苏叶的同意，安排其担任体育委员一职，参与班级事务的管理，讨论班上活动的计划、组织方案等。增强苏叶的集体归属感与责任感，同时也充实他的学校生活。注意平时与苏叶关系较好的几个同学，私下和他们商量，共同合作，关心苏叶的感受，让其更理性地去参与同学们的活动，感受到老师和同学们的关心，而不是觉得大家都不喜欢他，遗弃了他。另外，心理老师还帮助苏叶制订了包括不参与打架斗殴在内的三个近期计划和一个长远目标，并作为见证者，帮助和支持苏叶完成计划，向目标迈进。

家庭的温暖对苏叶来说，是一个期盼又不敢奢望的东西。父母关系不和，以及父亲的残暴是造成其打架、极端性格的重要原因。但是家庭情况的改变又不是一朝一夕的事情。基于这样的情况，心理老师和班主任与苏叶的父母进行了一次深入的谈话，透彻地分析了苏叶目前的主要问题以及家庭温暖和家庭支持的重要性。幸而苏叶的父母在得知这一情况后，表态会积极努力地配合老师的工作，协助其改变。父亲能够理性地对待苏叶的学习成绩以及表现，表达更多的关怀和陪伴，改变以往拳脚相加的教育模式；母亲与父亲在教育理念上需达成一致，尽可能地关心，但不是溺爱苏叶。周末的时候可以陪伴苏叶一起出去户外活动。另外，父母需要良好的沟通，减少吵架的次数，营造和谐的家庭氛围。

学期结束时，苏叶的表现有了明显的改善，尽管刚开始会有些不适应和难受，但是随着自己的努力以及家长、老师和同学们的帮助，无论是学习，还是日常表现都有了可喜的进步，三个月以来，没有参与过一项打架斗殴的事件，同时与父母的关系也有了很大的改善。

第八章　高中生性心理问题及疏导

性心理是指与人类"性"有关的心理，它包括围绕性意识、性欲望、性冲动、性行为、性满足而产生的认知、情感、需要和经验等心理活动。人的性心理活动是相当复杂的，加上它要受到来自社会道德规范和伦理观念的制约，使得不少青少年学生容易产生各种性心理的困扰，需要给予心理的辅导和咨询。高中生常见的性心理问题主要包括性意识困扰、性冲动和性行为问题、异性交往问题及性心理异常等。

第一节　性意识困扰

一、性意识困扰的表现与原因

个体在进入青春期后，伴随着性生理的发育成熟，性意识也开始觉醒。青少年的性意识活动通常表现为被异性吸引、渴望了解性的知识、常想到性问题、性幻想及做性梦等。

"常想到性问题"，通常是指在遇到有吸引力的异性时，想到对方或与自身有关性的意念、裸体表象、性感部位及体验到自身的性冲动等；或是在读到与性有关的书刊、文章时，产生对性的臆想、对自身生理性反应的感受，联想到对自己有吸引力的异性等。

"性幻想"，通常表现为在某种特定因素的诱导下，"自编"、"自

导"、"自演"与异性交往内容有关的联想。性幻想可导致生理上的性兴奋、性器官充血，偶尔也可出现性高潮。因此，性幻想是性冲动的发泄形式之一。

"性梦"，是进入青春期以后在梦中出现与性内容有关的梦境，一般认为与性激素达到一定水平和睡眠中性器官受到内外刺激及潜意识的性本能活动有关。性梦中可以伴有男性遗精、女性阴道分泌物增多等性兴奋现象。

人的性意识活动是从性启蒙后开始的，其内容的丰富和活动频度的增加在青年期达到高峰。对这些性意识活动，许多青少年都能够给予恰当的应对，对自己的心理行为活动没有构成不良的影响，这属于正常的情况。但是，也有一些青少年因为不能较好地认识和对待自己的性意识活动，而出现性意识困扰。这些性意识困扰会引起他们不同程度的心理冲突，使他们出现焦虑、烦躁、厌恶及内心不安、恐怖、自责等不良情绪表现。少部分性意识困扰者，还会出现失眠、注意力不集中、情绪忧郁、不愿与他人（尤其是异性）交往等症状，从而影响其学习和工作，有的甚至导致严重的心理障碍。

导致青少年性意识困扰的原因主要来自于他们对性心理及性意识活动的错误认识。常见的因素有下列几个方面：

1. 性无知

性无知指对青春期性意识发展的特点缺乏正确认识。在性发育基本成熟后，由于性激素的作用和性生理的巨大变化，必然在心理上产生相应的反应，如出现性梦、性幻想、关注异性，或者产生接触异性的念头。若将这种正常的心理反应视为异常，自然会心情焦躁、丧失自信、产生自我否定的评价。

2. 性罪恶、性淫秽观念

这个观念与我国几千年来封建社会遗留下来的保守观念相联系。多数青少年自小学到中学乃至大学都未受到系统的性科学教育，学校、家庭、社会未给他们消除陈旧观念提供必要的客观条件。所以，有些青少年对出现性的想法，就认为是"下流的"，也就不足为

奇了。

3. 性压抑

多见于高中或大学时期，因为这时期处在性心理发展的异性交往和恋爱期这两个阶段，本应通过适当的异性交往来满足自己的心理需要，但产生性意识困扰的青少年学生大多是人为地压抑了自己合理的需求。由于内心的自责、恐惧不安，而主动回避异性，更加重了焦虑、紧张、困惑和压抑。这种性压抑往往导致强迫性观念和神经衰弱，越想让自己不去想与"性"有关的内容，结果越适得其反，以致心理失调，学习成绩下降。

二、性意识困扰的心理疏导

对性意识困扰的学生进行心理咨询，主要针对当事人的错误思想进行有的放矢的认知调节。具体来说，疏导的策略主要包括以下几方面：

1. 协助学生正确看待性意识活动，树立科学与健康的性意识观念

咨询中要让学生正确了解性生理和性心理的有关知识，了解青春期性意识发展的规律，帮助他们正确看待和处理自己的性幻想、性梦以及被异性吸引、常想到性的问题等表现。一方面要认识到这些性意识活动是青春期性心理的正常反应，以消除因为性意识活动所带来的罪恶感、自卑感和种种自我否定的评价等；另一方面也要注意让自己的性意识活动有适当的宣泄途径，如通过与异性同学的自然交往或与同性同学讨论有关的话题来让自己的性幻想有表达的机会，以免使自己陷入性幻想中不能自拔。

2. 提供有关的科普书籍，帮助学生修正自己错误的认识

性心理困扰与性知识缺乏有密切关系，因此，寻找一些性生理和性心理的科普书籍来让学生阅读，让他们对性心理发展的规律及其行为表现给予正确的了解，将有助于帮助他们消除误解，解除心理负担，进而避免自卑、自责的不良情绪。要强调的是：阅读有关书籍并

不包括那些"黄色书刊"。许多青少年学生对性生理与性心理的许多错误认识以及由此而产生的性心理困扰，大多来自于这样一些不科学的、富有煽动性的书刊。事实上，淫秽书刊、色情影视等会给中学生性心理和性行为的形成带来畸形冲击。所以，应帮助学生选择健康、科学的性知识书刊来阅读。

3. 鼓励学生找好友交谈，帮助自我认识

许多学生的性心理困扰源于对自己性身份、性幻想、性欲望、性冲动的害怕，他们以为只有自己才会遇到这些困扰，因而担心、恐惧。如果这种不安心情没有找人倾吐，而是压抑在心里，则会出现问题。相反，如果找好友交谈，一方面有助于宣泄其不良情绪，更重要的是它会使其了解到原来每个人都有同样的烦恼，因而心理会放松许多。通过与好友交流，还可以从他人处获得一些如何应付青春期烦恼的信息和经验，从而有助于自我的调节。

三、咨询个案举例

某女，高中二年级学生。她自诉学习没兴趣，不愿意与人交往，心情烦恼而来寻求帮助。通过积极的支持保证和耐心的询问，当事人终于说出其来访的真正缘由。原来当事人长期以来被一种她称之为"肛门痴"的毛病所困扰。当事人经常感到有个东西总是在她的肛门处乱钻，使她难以静心学习，也使得她害怕与人交往。为此她非常痛苦。通过进一步的询问，我们发现当事人的问题可以追溯到初中时期。初二时，当事人所在的班里来了一位男实习老师，该老师长得比较英俊，讲课也生动易懂，令当事人很倾慕。慢慢地，当事人开始暗恋该老师，不仅上课时目不转睛地注视老师，下课时也总想与该老师交谈，甚至睡觉时也在想老师。每当该老师走到她身旁，她就心跳加快，难以平静地学习。同时，对自己这种思恋老师的心理和行为表现，当事人又感到很自责，认为自己简直思想太坏。于是，当事人努力控制自己，尽量不去注视和想念该老师。然而，越想控制自己，其结果越适得其反，为此当事人很烦恼，上课开始注意力不集中，学习

效率下降。此后，虽然实习老师已离开学校，但当事人内心的矛盾冲突仍然存在。到高中时，另一件事情加重了当事人的心理冲突。有一次，当事人和一位女同学在球场边看男同学打球，那女同学说她很不喜欢看到男生穿短裤，这时，当事人的眼睛就不由自主地望向男生的下身。这举动令当事人很害怕，她觉得自己实在"太坏了"。此后，每当看见男生，她就努力不让自己去看对方。然而，越想控制自己，自己的眼睛却好像失控一样，偏要看向男生的下身。当事人非常惊慌，她开始想象自己周围有一堵墙，使自己无法看到男生。慢慢地，当事人又感到似乎有什么东西在试图穿过这堵墙，最后就发展为所谓的"肛门痴"。

该当事人一方面渴望、幻想与异性交往、亲热，同时又自责、压抑自己的心理需要。我们在咨询时主要采用下列步骤和技术方法：

（1）消除顾虑，积极鼓励。当事人第一次来访时，情绪抑郁、消沉，也比较焦虑。在咨询时，讲话犹豫、吞吞吐吐，只说自己对学习没有兴趣，做什么事都打不起精神，也不想与人交往，不愿再深谈。毫无疑问，当事人对咨询师还不太信任，有顾虑。对此，咨询师没有着急，一方面就对方来咨询、愿意改善自己的心理状况给予积极鼓励；另一方面再次向对方说明心理咨询的原则，尤其是强调保密性原则，以消除当事人的顾虑。同时，咨询师也向对方指出，咨询的目的是帮助她自强、自立，如果没有当事人的积极配合，咨询是不可能有效的。建议当事人回去想一想，下次再来咨询。

（2）认真倾听，积极同感。当事人第二次来咨询时，已不再犹豫，她讲出了自己患"肛门痴"的苦恼，并对此感到着急和伤心。咨询师在给予真诚的关心和安慰之后，慢慢引导当事人追溯问题发生、发展的过程。在这过程中，咨询师不仅注意听对方的述说，还给予积极的同感，即尽量站在对方的角度，设身处地地去理解对方，并将这种理解及时向对方传达。这样，当事人就会感到被理解、被尊重，更加信任咨询师，并能更加放开自己。在了解到学生的基本情况之后，咨询师还让当事人做了"16PF人格测验"，以了解其个性

特点。

（3）分析问题，引导领悟。第三次咨询时，咨询师和当事人一起，共同分析问题的前因后果，让对方领悟到心理困扰的原因在于自己内心的矛盾冲突，而冲突产生的关键又在于自己没有正确认识性心理发展过程中出现的性心理反应。这时，咨询师还向对方介绍了青春期性生理和性心理的有关知识，尤其针对性意识问题进行了详细的说明，指出青少年出现性幻想是完全正常的，无须为此自责自罪。当事人听了之后，心情明显轻松了许多。咨询师进一步鼓励对方放下沉重的心理包袱，改变自己的不良暗示，如对自己说："我不是坏女孩。我和其他女孩子一样，都要经历这个过程，我无须为此自责。"当事人表示回去后好好想想。

（4）再接再厉，促进成长。第四次咨询时，当事人自述情绪好了许多，但对自己的"肛门痴"是否能消除还有些不放心。咨询师再次向其说明，所谓"肛门痴"只不过是心理冲突的外在表现，只有内心冲突减轻消除了，症状才会消失，建议当事人对此持"顺其自然"的态度。同时，咨询师还针对当事人性格比较内向的特点，建议对方多与同学交往，多关注外界事物和他人。这样有助于转移自己的注意力，也有助于扩展自己的生活经验，获得良好的人际关系，进而促进自己的成长。

经过上述咨询过程，该当事人对自己的问题有了正确的认识，放下了包袱，并积极投入到学习中去。很快，她的心理困扰得以消除。

第二节　性冲动和性行为问题

一、性冲动和性行为问题的表现与原因

性意识的出现必然会在行为方面反映出来。事实上，许多个体在童年，甚至幼年起就已经出现了性行为，只是当时的性行为尚带有简

单模仿和好奇的性质而已。随着性生理、性心理的不断成熟，发生性行为的人数和性行为活动的频度也随之增多。这些性行为包括手淫、边缘性性行为和婚前性行为等，其中以手淫的发生率最高。

手淫，又称自慰行为，是指用手或辅助工具刺激性器官，以获得性快感的行为。一般来说，发生手淫的高峰年龄段男生为 13～15 岁，女生为 13～14 岁，正值男女青春期。有资料显示，男青少年中有 70%～90% 的人曾有过手淫，女青少年中 30%～60% 有过手淫。可见，就统计学角度来看，手淫是个体性发育过程中普遍存在的现象，不能视之为异常行为。但是，如果由于各种原因导致手淫过度，影响了个体的心理健康状况，则应给予关注。

一般来说，过度手淫的原因主要与性生理失调、遭受心理的压力和挫折、性知识缺乏和外界性刺激的诱惑等因素有关。过度手淫的危害性在于它会影响青少年的精神状况，尤其是令他们产生强烈的"自我道德谴责"感，使其自卑，进而影响其正常的学习与人际交往，有的甚至产生社交恐惧症。这是因为在一些不正确观念的影响下，仍有不少青少年认为手淫是一种"见不得人的"、"很坏的"行为。即使有的人在理论上也知道手淫是一种自慰行为，适度手淫并无害处，但在潜意识里仍认为它是有害的。其实，手淫是性成熟过程中普遍存在的一种自限性性行为，它不仅没有那么多可怕的恶果，而且还存在一种自然的、生理的调节机制。正如美国心理学家哈密尔顿认为的那样："手淫这种行为是一种自我限定的功能，就像吃饭、喜欢某种体育运动或任何其他的自然功能一样。假如过度手淫，那么你的生殖区就会感到不舒服。如此而已。"当然，说适度的手淫无害，并不是说手淫是必需的，更不是说要手淫无度。在咨询过程中，我们所强调的是不要对手淫有犯罪感和恐怖心理，最好的准绳也许是：顺其自然。

青少年的性行为还包括边缘性性行为和婚前性行为。边缘性性行为是指童年或少年期的游戏性性交，青春期及青年期的接吻、拥抱、抚弄性器官等。这些性行为，如果青少年不能给予较好的控制和应

对，也会导致心理的困扰和心灵的伤害。一些资料显示，有边缘性性行为的学生中，约 1/4 的男生和 1/2 的女生在事发当时就对其心理构成了严重的困扰，如心理上的不安、烦恼、自卑、自责、恐惧等，都对他们的学习、生活、交往等产生了不良影响。而婚前性行为更是令青少年在心理上出现严重不安、自我否定和恐惧焦虑，这种比例在男女学生中可达 82.2%。这是因为婚前性行为是社会文明和校规校纪所不容许的，也会受到社会、家庭的指责。而且，一旦发生性行为，当事人双方都会因此而产生很大的心理压力，不仅造成当时的身心痛苦（尤其是对女方），还可能会影响到以后的恋爱或婚姻。

目前在中学生中，有边缘性性行为和婚前性行为的情况并不少见，就其原因来说，与社会环境和社会风气密切相关。现在整个社会对"性"持相对比较开放的态度，中学生恋爱、网恋，电影电视中的许多亲吻或有关的性活动情景，以及文学作品中有关性的描述，都对青少年学生有重要影响。

二、性冲动和性行为问题的心理疏导

对学生性行为问题的心理疏导，主要从以下几方面入手：

1. 帮助学生建立正确的人生观，培养远大的理想

青春期的性生理发展给青少年学生带来了心理上的骚动，他们感到了自己的性欲望和性冲动，而社会道德规范的限制，要求他们必须给予控制，只能延缓性的满足，这令他们感到压抑和烦恼。但是这种矛盾并不是不可调和的，它可以通过注意力的转移和情感的升华来达到。因而建立正确的人生观，培养远大的理想则是首要的，因为有了正确的人生观和远大的理想，就可以使自己明确奋斗的目的和方向，并通过积极的行动来达到所确立的目标。在这过程中，性心理的欲望及其带来的困扰成了个人生活中的一个小插曲，并会随自己的成功而变得理性和成熟。当然，不可将性心理的欲望看成是实现理想的绊脚石，而应该顺其自然，即使出现一些性幻想和其他性心理表现都无须惊慌，只要认识到这是正常反应并加以适当宣泄即可。

2. 鼓励学生积极参加集体活动，消除心理紧张

性生理和性心理的发展成熟，带来了一些生理和心理上的紧张，而这种紧张必须给予适当的宣泄才有利于心理健康。积极参加集体活动，可以满足与异性交往的需要，而且参加各种社团活动、体能和艺术的竞赛、野外活动等，有助于个体释放多余的能量，获得生理和心理的放松。此外，参加集体活动也有助于将自身的注意力转移到有益的活动中，并在活动中增加自信、扩展视野、拓宽胸襟、增进心理健康。

3. 建立正常的异性交往，促进心理发展成熟

性生理和性心理的不断发展成熟，将风华正茂的青少年男女推向了两性交往的崭新的生活领域。自然、正常的异性交往将有助于学生身心健康和人格发展，也能为以后的婚恋生活奠定良好的基础。相反，抑制、回避正常的异性交往，不仅影响学生健全人格的发展，也为今后的成长设下障碍。因此，如何适当地与异性交往，成为学生自我调节的重要内容。我们认为，与异性交往时，不妨遵循"自然"和"适度"两个原则。具体来说，应注意这样几点：①克服过分羞怯。与异性交往时要感情自然，仪态大方，不失常态，避免因为过分的羞怯而引起对方的误会。②真实坦诚。与异性交往过程中要做到坦荡无私，以诚相待，相互信任是建立和发展良好异性关系的前提和基础。③留有余地。虽然是结交知心朋友，但所言所行要留有余地，不能毫无顾忌。比如谈话中涉及两性之间的一些敏感话题时，要尽量回避或谨慎地应对；交往中的身体接触要把握好分寸，不能过于轻浮，也不要过于拘谨。在与某异性的长期交往中，更要把握好立场，亲密程度恰到好处。

4. 对于谈恋爱的学生，要加强情绪和行为的自我控制

青少年学生在恋爱过程中，一定要用理智控制情感，切忌受本能的驱使或为了想套住对方而发生婚前性行为。要防止婚前性行为的发生，首先，要确立婚姻的责任感与恋爱的道德情操，对自己的恋人高度负责；其次，要从心理上筑起一道防线，牢牢把握住婚前婚后的界

限；最后，要掌握好自己的言行举止，不要有过分的挑逗性的行为。正如莎士比亚的名言："爱和炭相同，烧起来得想办法叫她冷却，不然会把一颗心烧焦。"只有用理智驾驭感情，把握住自己，才能获得真正的爱情。

当然，如果婚前性行为已经发生了，并且已经令当事人出现了心理的困扰，这时心理咨询的重点就是要帮助当事人减轻内心的矛盾冲突和自我责备，学会现实和理智地看待婚前性行为。咨询的技术主要包括支持性心理疗法和认知调节，前者是针对不安的情绪给予安慰和支持；后者是针对自我责备、自我谴责的不良认知给予矫正。

三、咨询个案举例

某男，高中二年级学生，因害怕见人而来咨询。当事人走进咨询室时，戴着一副墨镜，并在整个咨询过程中都不敢将眼镜取下。原来当事人害怕别人见到他的眼睛，他认为他的眼睛"很邪恶"，有一道可怕的光，会令看见他眼睛的人不由自主地低下头。因此，无论是上课还是其他活动时间，甚至是睡眠时他都戴着墨镜。通过耐心的询问，我们了解到该学生的问题与其过度手淫有关。当事人在初中时期，受一位邻居的唆使，看了一本黄色小说。当时他感到很刺激，很兴奋，并伴有强烈的性幻想和自慰行为。而性快感又强化了他对黄色书籍的渴望，最后形成了恶性循环，使自己陷入过度手淫中不能自拔。同时，当事人对自己的这种行为又感到自责自罪，这种内心的矛盾冲突令他痛苦不已。到了高中后，当事人的内心冲突更加突出，越和女生接触交往，其性欲望和性冲动越强烈，手淫行为也越频繁，同时自我谴责也越强烈。慢慢地，当事人觉得自己太坏，而且感到别人能通过他的眼睛看到他的内心深处。于是，不敢见人、对人恐惧的症状开始出现并越来越严重，最后发展为必须戴上墨镜才能感到心安一点。

此个案属于社交恐惧症，其根本原因在于自己无法控制的手淫欲望与自责、自罪的极端矛盾冲突所致。咨询过程主要包括下列步骤和

技术：

1. 认真倾听，积极同感

当事人曾到过其他医院的心理咨询门诊进行咨询，所以了解有关心理咨询的目的和原则。在咨询时，他能较为主动地讲出自己的心理困扰。这时，咨询师的主要任务就是要认真倾听，了解问题发生、发展的过程，同时尽量设身处地地对当事人的烦恼给予理解，尤其是对当事人的过度手淫行为，采取比较宽容的态度。这样，有助于与当事人建立良好的咨访关系，也有助于减轻他的焦虑、自卑情绪。

2. 共同分析，引导领悟

通过与当事人一起分析其心理困扰的发生、发展过程，引导他认识到自己之所以出现对人的恐惧，其根源在于过度手淫所带来的强烈的罪恶感。同时，向当事人讲解手淫行为是一种性心理发展过程中普遍存在的现象，它有助于缓解性冲动所带来的紧张状态。当然，过度手淫有时可能会导致性器官的不适或并发一些炎症，过度的性兴奋也可能会导致人的精神疲劳，仅此而已。因此，当事人无须过于自责、自罪。对自己怕见人的症状，也不要太紧张，只要自己能够正确认识手淫问题，在内心深处不再排斥自己，不再把自己看成是一个"坏家伙"，那么，对人的紧张、恐惧症状就会有所减轻。

3. 系统脱敏，消除恐惧

在当事人对自己心理问题的原因有了一定的认识之后，则可采用系统脱敏的方法来帮助他减轻和消除对人的恐惧症状。首先，是对当事人进行放松训练。通过暗示和自我暗示，让当事人全身肌肉放松，并认真体会人在放松时的那种安详、平静的舒适感觉。要求他每天坚持训练两次，慢慢掌握放松的技术。然后，和当事人一起，分析他对哪些人、在什么情况下产生恐惧心理和反应，并按恐惧的程度将恐惧的对象和情景进行由低到高的排序。最后，引导当事人按恐惧的等级，逐步进行想象。每当当事人在想象某个对象和情景中感到恐惧、出现恐怖反应时，则立即让他放松，并在放松状态下对自己说："我无须紧张害怕，别人不会从我的眼睛里看到我的内心。再说我也没什

么可担心的，我不过是有手淫行为，这不能表明我是一个坏人，否则，所有的男性都是坏人了。"在恐惧的症状缓解之后，继续让其想象，然后放松，直到对这一等级的情景不再恐惧为止。随后，逐步按等级进行系统脱敏。通过大约八周时间的训练，当事人的恐惧症状有所减轻。

4. 鼓励实践，巩固效果

在当事人的社交恐惧症状有所减轻之后，则鼓励他多与人交往。当事人开始时还是有些担心别人会注意他的眼睛，看出他的眼睛有异常，因而有些紧张。后来，便要求他主动去问同学有没有发现他的眼睛有异常。结果，当事人鼓起勇气去问了几位同学之后，同学都说没有发现他的眼睛有什么问题，当事人终于认识到自己的担心是没有依据的，只不过是自己的心理在作怪。此后，他放下了包袱，开始能够与人比较自然地交往了。

第三节　异性交往问题

一、异性交往问题的表现与原因

高中生的异性交往问题主要表现在交往不恰当，如交往过于频繁，或交往过度紧张，有的甚至出现社交恐惧症。另外，中学生恋爱也是学校反对的。

其实，异性交往是青少年学生正常的心理需求和表现。心理学研究认为，青少年的性心理发展一般要经过三个阶段，即异性疏远期、爱慕期和恋爱期。这三个阶段的具体表现如下：

1. 异性疏远期

多见于刚进入青春期的十三四岁的青少年。这一时期，由于性生理发育的显著变化，不断地引起男女学生心理上的不安、害羞和困扰，有的甚至产生抵抗发育的心理。于是，男女之间的关系开始疏

远，即使是童年时代两小无猜的朋友，在这一时期也会不自然地躲避。男女同学很少在一起交谈或参加集体活动，个别男女学生干部之间接触得多一些，就会受到其他同学的嘲笑、起哄或讥讽。这样就会使男女同学更惧怕接近，尽管他们在内心深处可能都已产生了接近和向往异性的愿望，但"欲擒故纵"，外表上却故意对异性"敬而远之"。

2. 爱慕期

随着少年进入青年初期，情窦初开，异性间的疏远逐渐缩小。他们很快便对异性表现出好奇心，并以善意、友好、欣赏的态度对待异性同学，他们也愿意与异性同学在一起学习、一起参加社会活动，并发展友谊。这一时期是青少年性意识发展的一个重要阶段，其产生主要是青春期发育高潮的到来而引起的，主要表现形式有二：一是情感吸引，二是渴求接触。就其一般性而言，有如下四个特点：

①喜欢表现自己。在这一时期，无论男性还是女性，都喜欢在异性面前表现自己，以期引起对方的注意和肯定。

②感情交流肤浅。两性间接触时感情交流比较隐晦含蓄，常以试探的形式进行。如女生常以目传情，或借口要求男生帮助以观察对方对自己感情流露的反应；男生则借口与女生说话，或通过主动帮助女生做事以获得对方感情反馈的信息。这种"犹抱琵琶半遮面"的做法，很少能达到感情上的真正交流。

③交往对象广泛。一般来说，周围的同龄异性，只要有某种契机拨动了自己感情上的琴弦，就有可能成为亲近的对象。换言之，爱慕对象不是确定的、单一的。

④向往年长异性。在爱慕期，青少年有时候会出现喜欢、向往、崇拜年长异性的现象。如有的学生会对异性老师产生超过尊敬范围的感情，以致与异性教师在接触中感到非常不自然。这种感情的产生时间，不仅包括初中和高中时期，也包括大学时期。

3. 恋爱期

对于进入青年中、后期的个体来说，由于其性生理发育已基本完

成，社会成熟与心理成熟已达较高水平，因而他们有了与自己倾慕的异性谈恋爱的心理需要，并常付之于行动。这个时期的异性交往有以下特点：

①交往对象的特定性。在恋爱期，男女青少年已开始按照自己心目中的偶像寻找"意中人"。他（她）们追求特定的异性，并喜欢与之单独在一起活动，出现了不喜欢参加集体活动而带有"离群"色彩的心理倾向，这一特点在男性身上表现最为明显。

②相互爱情的浪漫性。这一时期的男女青少年往往把恋爱看成为一种神秘的、奇妙的、难以理解的力量。对恋爱的浪漫态度，典型的表现就是"一见钟情"。这种浪漫的恋爱态度与关系稳定、坚固、和谐和以注重现实为特点的爱情是不同的。

③感情交流的深刻性。与爱慕期两性交流比较隐晦含蓄和以试探的方式进行不同，在这一时期，两性间的感情交流较为直率、系统，并常以幽会的方式进行。

④对爱恋对象的占有性。这一时期的男女青少年会产生对爱恋对象的占有欲，并出现毫不掩饰的嫉妒心理：对爱恋对象与自己的同性同学和朋友的接触十分不满，甚至疑神疑鬼；对自己的同性同学和朋友与自己爱恋对象的接触既尴尬万分，又十分愤恨。显然，这种情况的出现，与性欲意识的发展关系极为密切。

由此可见，渴望与异性同学或朋友交往是人类性心理发展的必然，它对于个体从儿童时期过渡到成人期有着重要的意义。但是，由于传统观念的影响，社会和家庭对青少年的异性交往总是持过度敏感或反对的态度，这使得一些青少年学生在异性交往方面难以自如应对。他们有的感到有压力，不敢与异性交往，导致异性交往经验的缺乏，甚至导致异性交往的害怕或恐惧；有的则因为缺乏异性交往的正确指导，或因为逆反心理，不能把握好异性交往的尺度，而陷入各种异性交往的困扰当中，比如被异性误会、过早谈恋爱、出现婚前性行为等。这些情况会影响青少年的学习和生活，也会导致他们的苦恼与痛苦。

二、异性交往问题的心理疏导

1. 帮助学生明确自己的心理需要，把握交往的度

对于青少年学生而言，异性交往的目的是满足性心理发展的需要，获得与异性交往的经验，并在交往中学会欣赏异性，取长补短，获得相互的帮助与友谊。而中学时期并不是恋爱的季节。在咨询中，需要帮助青少年学生认识到这一点，进而明确自己交往的心理需要。只有明确了这一点，才能体现自然的原则。所谓自然原则，就是指在与异性交往过程中，言语、表情、行为举止、情感流露及所思所想都要做到自然、大方，既不过分夸张，也不闪烁其词；既不盲目冲动，也不矫揉造作。而自然原则的最好体现是像对待同性同学和朋友那样对待异性，像建立同性关系那样建立异性关系，像进行同性交往那样进行异性交往。

同时，明确了交往的心理需要，也就能遵循适度的原则。所谓适度原则，是指异性交往的程度和方式要恰到好处。如果是友谊，则在交往时所言所行要留有余地，不能毫无顾忌而导致对方的误会。比如，在与异性同学交往时，谈话中涉及两性之间的一些敏感话题时要尽量回避；交往中的身体接触要把握好分寸，不能过于轻浮，也不要过于拘谨；交往的地方和场合宜是公开性的，交往的时间和频度要恰当，能为大多数人接受。如果出现对方误会的情况，则应向对方明确表明自己的态度，切勿暧昧或拖泥带水。

2. 帮助学生区别友情与爱情

友情和爱情是青少年心理发展中不可缺少的感情需要，但是友情是不等于爱情的。虽然友情和爱情有共同的地方，如好感和给予，但它们也有明确的区别：第一，爱情以异性间的性爱为基础，是建立在男女双方间的一种崇高纯洁的情感；第二，爱情的目的和归宿是两性的结合，组成家庭；第三，爱情是专一的、排他的，只能在一对男女之间形成特殊的感情。友情则不具备这些特点。当然，在一定条件下，友情和爱情也可以互相转化。所以，在与异性同学或朋友交往

时，青少年需要把握好友情和爱情两者的关系，并表现出相应的态度和行为，否则就可能陷入不明确的异性关系中，影响双方的心理健康。

笔者曾收到过一个中专生的来信，她在信中谈到：最近她的心情很不好，总是难以专心地投入到学习中去，其原因要追溯到暑假时。在暑假回家的途中，和她同班的一位男同学在火车上向她表示，希望和她发展恋爱关系。但当事人马上就婉言拒绝了，因为她认为，自己虽然对对方有好感，加上又是同乡，所以平时也喜欢与他交往，两人关系也不错，但还没有到爱情这种程度。假期结束回到学校后，当事人发现那位男同学开始不怎么理睬她，而且常和班上另一个女同学来往，有时还当着当事人的面表现出很亲热的样子。于是当事人感到难受了，她慢慢觉得当初拒绝那位男生可能是一个错误，并越来越觉得那位男生有很多自己喜欢的地方，甚至觉得自己似乎已经爱上了对方。为此，当事人很苦恼，不知该如何是好。

无疑，这位当事人问题的关键在于混淆了自己的情感需要。实际上，目前有许多青少年都混淆了友情和爱情这两种情感，其中中学生的"早恋"现象比较多的属于这种情况。所谓早恋，是指不到恋爱年龄而进行的恋爱。无论是根据人们生活自立的程度，或与法律规定的最低婚龄的相差程度，中学生的恋爱都可以叫早恋。目前，早恋是一个世界性的问题，许多国家的中学生早恋问题都日趋严重，我国也不例外。根据刘锦英（1983）对四川省高中、中专和初中生的抽样调查，发现高中、中专学生中早恋者比例为21%，初中生中早恋者为8.6%，且年龄有提前的趋势。刘氏指出，就班主任老师能够确实掌握的学生情况而言，各种孩子气式的"钟情"则更是普遍，甚至小学高年级学生也有递条子、约会等事情发生。

3. 帮助学生正确处理恋爱问题

面对学生所谓的"早恋"问题，咨询老师首先要明了学生的早恋是属于哪一种类型。一般而言，中学生的早恋可划分为三种类型：

第一种类型：这些人大多是初一年级学生中年龄较小者。他们情

窦未开，即男生尚未有梦精，女生尚未有初潮，由于接受了不健康的性信息，便开始向异性同学"求爱"（写信、递条子、约会等）。这些孩子气的行为并非受成熟的性欲望所推动，其"恋爱"是纯模仿性的，且带有游戏性的特点。这种"早恋"在小学高年级就可出现。由于受好奇心的驱使和带有很强的游戏性，这些"早恋"者在和异性的接触中，往往不考虑时间和地点，随心所欲，此种类型可称之为"模仿型的游戏性早恋"。

第二种类型：这些人大多是初一年级中年龄较大的学生和初中二三年级中年龄较小、社会成熟度又相对较差的学生。他们性发育已经开始成熟，由于受性欲望的驱使和渴望探寻性的奥秘，而向异性眉目传情、暗送秋波、递条子、订约会或互相发出一些天真的海誓山盟。这些"早恋"者虽然互相传递着爱的信息，但其行为的主要内部动机是一种捉摸不定的亲近欲和难以控制的好奇心。尽管他们口口声声说"我爱你"，但并不了解爱的意蕴，多数人是把对异性的好感误作爱情，尤其未考虑为什么要恋爱，恋爱会给自己带来什么样的后果等问题。他们选择的对象也无明确的标准，几乎遇到谁都可以谈，带有明显的盲目性和非专一性。此种类型可称为"天真型孩子气钟情"。

第三种类型：这些人大多是初中三年级较大的学生和高中学生。他们的性意识已经超过了朦胧阶段，开始对爱情有了自觉的追求。他们之所以恋爱，大多出于对对方的学业优异、身体强健和容貌秀美的爱慕，并且把求爱的目标集中到一个人身上，希望与对方单独相处，或礼貌而谨慎地去幽会。他们虽然还不能全面理解恋爱和婚姻的全部内涵和对对方应尽的责任和义务，但双方在内心深处都憧憬着未来夫妻生活的幸福，其恋爱以婚姻为目的。这种类型的早恋可称为"少男少女的认真初恋"。

在三种类型中，第二种早恋比较多见，而且比较容易成为问题。因为这种类型是种狂风暴雨般的性骚动，不仅对性问题有强烈的好奇，且常常产生一种进行性尝试的愿望。但是由于社会心理发展的不成熟，他们虽然在恋爱，却不懂得恋爱的意义。其中有些人甚至认

为，只有性行为才能表现出爱情，性行为完全是双方的事，丝毫无碍于他人和社会。这类早恋者被动地受着性冲动的驱使，盲目地探求性的奥秘，加之理智水平差，常常难以控制自己的情绪。因此不仅容易做出荒唐的行为，且潜藏着失足的危险。这类早恋者是咨询人员的重点对象。

在明确学生早恋的类型后，咨询师就可以有针对性地帮助当事人。一般来说，对于早恋问题，关键在于动之以情，晓之以理。咨询师的态度必须真诚，而且应站在当事人的立场去分析和引导，帮助对方认识到早恋弊大于利。同时，引导学生注重发展健康的异性交往关系，并在与异性的交往中使心理走向成熟。另外，需要注意严格保密。

4. 提高学生对情感问题的承受力，避免严重危机事件的发生

尽管学校反对中学生谈恋爱，但是仍然有一些学生不顾禁令，谈恋爱甚至偷吃禁果。有恋爱就有失恋，有的学生因此而陷入深深的痛苦中，有的甚至自杀。一般来说，失恋要经过一个震雷似的轰击感、焦灼的痛苦燃烧感和烦躁不安到冲动平息的过程。前两个阶段是失恋的危险期，少则三五天，多则十天半月。只有闯过危险期，从失恋的痛苦中摆脱出来，才能使心理恢复平衡。所以，对于失恋者也要给予及时的心理支持和帮助。

三、咨询个案举例

某男，高中三年级学生，即将参加高考，可因为要照顾女朋友，不能全心投入复习之中，非常焦虑而来咨询。当事人自述从高一开始，就与同班的一位女同学谈恋爱。那位女同学学习成绩不算好，因此，他们经常在一起学习，互相帮助，他在学习上帮助对方，而女生则在生活上关心他。两人感情一直不错。但是进入高三后，女同学的成绩更加不尽如人意，他看在眼里，急在心里，经常花很多时间给女朋友补习。这样一来，他自己的学习和复习时间减少了，学习成绩也开始下降。本来他的成绩一直是名列前茅，老师和父母对他寄予了很

高的期望。可现在却因为照顾女朋友而导致学习下降，不仅老师、父母着急，那位女生也很内疚。女朋友不断叫他不要管她，可他不忍心。但同时，他也对自己的成绩下降而担忧、焦虑。他不知该如何办才好。

咨询初期，咨询师的任务是认真倾听，引导宣泄。通过认真的倾听和关注的态度，咨询师引导当事人不断地讲述自己的担心、焦虑和矛盾，让当事人在讲述中宣泄自己的负性情绪。同时，通过咨询师设身处地的同感与关怀，使当事人感到温暖和支持，从而建立相互信任的咨访关系。

然后，咨询师与当事人共同讨论，分析原因。当事人在着急的心态下，容易迷失自己的目标和方向。他会陷入情绪情感中不能自拔。因此，咨询的第二步就是要待当事人比较冷静以后，和他一起共同分析现状，抓主要矛盾，并找到解决问题的方向。下面是咨询对话。

咨询师：你来咨询的主要目的是……

学　生：我既想要帮助女朋友，又不想影响自己的学习成绩。

咨询师：我理解你这种想双赢的心理。可是你觉得自己能做到这一点吗？

学　生：以前可以。但进入高三后，学习难度加大了，复习任务也重了，就感到力不从心了。

咨询师：可尽管力不从心，你仍然想坚持？

学　生：是。但我又不想影响自己的学习，令父母和老师失望。

咨询师：如果你真的因为帮助女朋友而影响了自己的高考，你猜会有怎样的后果？

学　生：我想我自己当然会难过啦，老师、父母会很失望，我女朋友也会感到不安和内疚。

咨询师：也就是说，对所有人而言，都希望你考得好的成绩，读上好的大学。

学　生：是的。可我真的想帮助我女朋友。

咨询师：我能理解。其实你一直都在帮助她，是吧？

学　生：是。

咨询师：能告诉我你帮助的效果吗？

学　生：她已经有了比较大的进步，但还是难以突破许多难点。

咨询师：你觉得她难以突破这些难点的原因是什么？

学　生：我想她的思路还是不够开阔。

咨询师：确实，如果思路不够开阔的话，解决难题是比较受限制的。你觉得你能帮助她打开思路吗？

学　生：我现在也觉得比较困难。也许跟她的基础和性别有关吧。

咨询师：因此，即使你花更多的时间在她身上，其实也是效果不大的。

学　生：应该是的。

咨询师：那你觉得目前你更需要做的是什么？

学　生：我想还是抓好自己的学习和复习吧。

咨询师：女朋友呢？

学　生：我想我已经帮助她很多了。

咨询师：也就是说，你也觉得其实最后的复习应该靠她自己了。

学　生：是啊，只能如此了。

咨询师：当然，你们还可以在心理上互相支持和鼓励。最重要的是，大家都尽力而为，力求大家都不后悔。

学　生：对，是这样。

　　通过上述对话，该生明确了自己的方向，也消除了内心的着急和不安。最后，咨询师再和当事人一起，就最后的冲刺展开了讨论。当事人给自己制订了一个周密的复习计划，信心十足地准备应考。

第四节　性心理障碍

一、性心理障碍的表现与原因

性心理障碍，又称性变态，是指性满足的对象和性满足的方式与常人不同，违背当地的社会文化习俗，甚至导致伤害别人的异常性行为。青少年学生中能见到的性心理异常主要有恋物癖、异装癖和同性恋等。

1. 恋物癖

恋物癖是通过闻、嗅、抚摸异性穿戴过或者佩戴过的物品而达到性兴奋和性高潮的异常性心理现象。能够引起恋物癖患者性兴奋的物品有很多，例如有的患者所选择的物品多是直接接触异性体表的、具有特殊气味和摸起来能给予特殊感觉的，如女性的内衣裤、头巾、丝袜等；有的患者则直接对异性身体的某一部位特别感兴趣，如头发、阴毛、手、脚或者耳朵等。但就每一个具体的患者而言，能够引起性兴奋的物品仅限几种。他们往往会花许多时间去收集他们所需要的东西，有时甚至不惜用非法的手段（如偷窃等）去获得，并对获得的物品十分珍惜，会仔细珍藏并时常把玩。

恋物癖一般起自青少年时期，几乎全是男性，而且大多数都是异性恋者。不过，他们常对性生活胆怯，或者很自卑，因此很少有攻击性行为。恋物癖患者常因其变态行为而给自己造成许多麻烦与不幸，但却不能克制自己的行为，因此常会感到极大的痛苦。关于恋物癖形成原因的理论很多，但均未得到证实，一般认为可能与下列因素有关：

（1）一种习得的结果。大部分患者都与环境影响和性经历有关，最初性兴奋出现时与某种物品偶然联系在一起，后经过几次反复形成一种条件反射，对某种物品遂产生迷恋。

（2）社会文化环境的影响。比如，在中学阶段，男女划分"界限"，使得心理素质差者将异性的某物品视为异性象征物，将其性冲动向它发泄。

（3）由性心理发育异常所引起。患者一般都有性心理异常的特点，他们在潜意识中多有对自己生殖器的忧虑，害怕被阉割。从而促使某些人去寻求较安全、较容易获得的性行为对象，或产生把异性身体的某一部分及饰物当作性器官的潜意识，以缓解内心的不安。

（4）无知与好奇。性知识缺乏、好奇和意识方面的某些问题也是形成恋物癖的原因。

2. 异装癖

异装癖是以穿着异性的衣服而得到性满足的心理异常现象，同样是以男性居多。他们通常喜欢把自己从头到脚都打扮得像女性一样，包括内衣、长筒丝袜、装饰品、化妆品等，然后对着镜子自我欣赏，并希望得到别人的赞许。在穿着异性服装的同时，他们往往会出现性兴奋，产生阴茎勃起并手淫。一般来说，大多数异装癖者都是异性恋者，他们确信自己的男性性别，着异性服装只是为了获得性兴奋。他们成人后会与异性结婚，但在妻子面前将掩饰自己的这种癖好，也有少数患者说服妻子与自己合作，为自己提供女性服饰或者允许自己在性活动时着女性衣服。部分患者还会通过偷窃来获得女性的衣物。

研究者发现，异装癖者的性染色体和性激素分泌并无异常，之所以形成异装癖，可能与下列因素有关：

（1）心理因素。对正常的性生活感到惧怕、忧虑，有罪恶感，着异性服装能解除其潜意识中的这些忧虑和惧怕。

（2）家庭环境的影响。患者在幼年时本身性别受到环境的影响，如父母本来想要个女孩，却偏偏生了个男孩，或者相反。为了填补心理上的缺陷，便把孩子打扮成异性并给予更多更大的关注和爱抚。

（3）教育引导不当。有些父母总是认为女孩子温顺听话，讲卫生，因此在日常生活中教育孩子时，总爱把男孩当女孩来对待，还常拿邻居家的女孩做榜样进行教育，这样使孩子在儿童和青少年期缺乏

正常的社会交往，养成异性化的气质。

（4）迷信思想的影响。有些家长，特别是年纪大一些的爷爷奶奶之辈，受封建迷信思想的影响，为求孩子平安成长，便将孩子打扮成异性形象，取异性名字。

异装癖患者一般在5～14岁之间开始萌发异装兴趣，到了青春期就产生与异性装束有关的色情幻想。开始时一般在自己房间中穿异装，通过镜子自我欣赏。以后逐渐频繁起来，甚至出现在公众场合。他们穿着异性服装大多会体验到平静和舒适感，如果不穿或被阻止，则会引起强烈的紧张不安情绪。

3. 同性恋

同性恋是以同性为满足性欲的对象。有同性恋行为的人比人们所想象的要多，据美国的有关资料报道，同性恋可能占整个人群的百分之十左右。具体分布如下：

单一的异性恋	35%
主导异性恋，偶尔的同性恋	35%
主导异性恋，稍有几次的同性恋	20%
几乎两者相等	2%
主导同性恋，稍有几次的异性恋	2%
主导同性恋，偶尔的异性恋	2%
单一的同性恋	4%

我国虽无统计，但绝不是极个别现象，特别是近些年中学和高校反映出的情况，说明同性恋的存在是不容忽视的。同性恋形成的原因很复杂，精神病学家、社会学家、遗传学家对此各持一说。一般认为，除少数成因与遗传因素和内分泌失调有关之外，大多数是幼年时性别角色认同发展不良所遗留下来的后果。因为同性恋行为常常在幼年时期即可出现迹象，例如在游戏时喜欢扮演异性角色，爱着异性服装，体态、动作、腔调也与异性类似等。在儿童时期，这些同性恋行为的迹象可能还是模糊而不自觉的，乃至青春期性腺开始活动，情况就会恶化，开始对同性发生好感，而对异性不感兴趣。

同性恋大致可分为三类：其一，真正的同性恋，也称完全性同性恋，对异性存有厌恶心理。其二，双性恋的同性恋，即同性恋和异性恋兼具，但侧重于同性恋一方。其三，境遇性同性恋，由于环境、条件所致。如军营中的士兵、监狱中的囚犯、远航中的水手、男女分校中的学生等。

同性恋自古以来就存在，很长一段时间被视为性变态。不过随着社会的发展，对同性恋已经持比较开明的态度。世界上的一些国家和地区已经通过法律承认同性恋的合法地位，有的国家和地区还允许同性恋者组成家庭。在我国的新的精神疾病分类手册中，同性恋也将不再列入性变态的范畴。不过，同性恋者在我们国家仍然将承受比较大的压力。中学生中，存在着同性恋倾向的个案，需要给予关注和辅导。

二、性心理障碍的心理疏导

性心理障碍的产生原因尽管各有不同，但不管是什么原因所导致的，其处理的原则和方法基本上是一致的。具体来说，对性心理障碍的咨询和治疗主要包括下列技术：支持性心理疗法、认识领悟疗法和行为矫正。

1. 支持性心理疗法

此法的目的主要是对来访的性变态患者给予积极同感，消除顾虑。性心理障碍特别是同性恋，在我国的社会文化及道德观念中，是不被接纳的一种行为。所以来咨询的当事人往往有很大的顾虑，他们害怕遭到歧视，害怕自己的事被泄露，因此咨询过程中阻抗较大。为了消除当事人的顾虑，获得信任，咨询师的宽容、理解的态度是非常重要的。咨询初期，一定要向当事人强调咨询的保密原则，同时要耐心地启发他讲出自己的心理困扰。作为咨询师，你可能不赞成同性恋，讨厌恋物癖和异装癖的行为，但却应接纳和尊重当事人这个"人"，尤其是当事人来寻求帮助，就说明他有希望改变的动机。因此，咨询过程中，咨询师应给予认真的倾听，并尽量去理解当事人的

烦恼和痛苦。

2. 认识领悟疗法

此法的目的主要是帮助当事人寻找出现性变态的原因。性变态有的是由于早期的特殊经验或家庭教养不当所致，有的是由于不良的模仿学习所致，有的是由于正常的恋爱受挫所致，有的则是特殊的环境和受西方思想某些观念的影响所致。咨询中，咨询师要了解当事人性变态心理产生发展的过程，分析各种影响因素，并引导当事人领悟自己的问题所在。有的当事人对自己的性变态行为感到困惑，心理压力很大，甚至自认为是一个怪人。因此，一旦明白其性变态的原因后，有的人心理一下子轻松不少，或症状减轻消失，或自信心有所恢复，积极地投入到咨询和治疗中。

3. 行为矫正

在当事人明白自己性变态的原因后，咨询师应和对方一起，讨论性变态在我国国情下，将面对的各种压力，同时鼓励当事人树立信心，积极按照咨询师的指导意见进行行为的矫正。通常，对性变态进行行为矫正的方法是厌恶治疗。

厌恶治疗所选用的厌恶刺激主要包括电击和弹橡皮筋两种。前者通过电击仪输出的各种不同强度的直流电，刺激患者的局部肌肉，使其产生痛楚和肌肉痉挛收缩的不愉快感，从而达到消除变态性取向和性行为的目的。后者则是通过将橡皮筋套在患者手腕上，给予用力弹拉所带来的痛楚达到症状消除的目的。橡皮筋厌恶疗法因为简单易行，比较普遍。但应用时操作必须正确：①拉弹必须用力，以引起腕部有疼痛感；②拉弹时必须集中注意力计算拉弹次数，直到病态现象消失为止；③拉弹如果在 300 次以上，病态现象仍不消失，必须检查拉弹方法是否正确，如方法无误，可能此法对患者无效；④每日必须做治疗日记记录。

三、咨询个案举例

某女，高三学生，因同性恋倾向而来咨询。当事人的父亲是个军

人，长年在部队，很少回家。她的母亲很能干，具有要强、果断、做事干脆利落的个性。当事人从小与母亲在一起，耳濡目染，其个性发展也像母亲那样，具有一定的男子气概。进入青春期后，当事人发现自己虽然也喜欢和男性同学交往，但却没有那种在异性面前感到害羞心动的感觉，相反，她却对那些长得很漂亮、个性又温柔的同性同学很有好感。当事人自述，从初中开始，只要她发现有令她心动的同性同学，她都会长时间地注视着她，并会有意无意地上前去和那位同学交谈。高一时，喜欢上某一女生，两人成为好朋友，但交往一段时间后，对方最终因感觉到她的情感不是简单的友谊而离开她。当事人感到很痛苦，她知道自己属于同性恋情况，但她无法令自己喜欢和爱上异性。她自己也曾努力改变自己，努力和异性同学交往，但只能与异性交朋友，却无法改变自己的性取向。因此，她相信她的同性恋倾向是无法改变的。

对这位同学的咨询主要包括以下步骤：

1. 认真倾听，给予同感的理解

当事人来我们这里咨询之前，曾找过另一位咨询医生，但那位医生一听她是同性恋，马上就说要给她进行厌恶治疗。当事人对此很不接受，觉得对方没有理解她。在咨询过程中，我们尽量耐心地倾听，并结合当事人的家庭背景，对她出现同性恋的原因给予了真诚的理解。同时，针对当事人多年的努力给予肯定，对当事人现在的绝望心情，也给予设身处地的理解。为此，当事人很感谢和信赖咨询师。

2. 共同分析，认清同性恋产生的原因以及可能面临的压力

咨询过程中，咨询师和当事人一起，对其产生同性恋倾向的原因进行了共同分析，帮助她明了自己的同性恋倾向可能与其家庭环境有密切关系。随后，针对当事人打算放弃改变性取向的心理，给予讨论：如果继续自己的同性恋趋向，甚至以后交上同性恋朋友，在中国这样的国土上，将会面临什么样的社会压力？自己是否有能力去面对和应付这样的压力？

3. 行为矫正，减轻同性恋心理

通过认识上的领悟与提高，当事人作出了改变性取向的尝试。于是，咨询师指导她进行行为训练：先让当事人想象自己与某同性同学亲热依恋的情景，在当事人很投入时，马上要求当事人想象周围有许多人都在围着看她们，指责她们，而她的父母也在其中，她们感到非常的难过和痛苦。这样反复练习后，当事人觉得自己的同性恋心态似乎减轻了些。

当然，同性恋倾向的改变并不是一两次咨询就能立刻见效的，咨询师需要反复叮嘱当事人，要随时注意自己的心理调节，只有通过自己坚强的意志和坚定的决心，才可能真正改变自己的性取向。另外，对于同性恋的咨询，不能都采用厌恶疗法。如果当事人本身不愿意改变，也不能勉强，只能接纳他，并和他一起讨论怎样应付将来的压力。

第九章　高中生环境适应问题及疏导

　　由初中升入高中，进入了一个全新的环境，开始了人生的一个新阶段。每个学生对高中生活都有很强烈的新鲜感，有一种"全新"的感觉。周围的同学都是全新的面貌，同初中相比，他们来自更广范围的不同地区，具有不同的性格和气质。高中学习不仅文化课的门类增多了，课本加厚了，内容加深了，而且需要更多精力来安排自己的日常生活。同初中相比，学生对父母的依赖减轻了。逐渐地，还会发现学习方法、生活习惯、人际交往等与初中时都有很大的差别。如果没有适当的引导，这些问题会不会影响到高中生的学业发展和健康成长？我们有必要了解进入高中后的学生会存在哪些适应不良的问题。

第一节　学校环境适应不良

　　学校环境不仅包括学校的操场、教室、花草树木等，还包括校风、班风、教风、学风和考风等一切氛围性的环境。

　　就学校而言，从初中到高中，学生所处的环境有哪些变化呢？相对初中来说，高中的课程多、作业多、考试多，同学之间的学习竞争也要比初中时激烈。整个高中生活紧紧围绕高考展开，高三是中学阶段的最后一年，每个人都面临着升学或就业问题，都把能否升入大学看得十分重要，几乎每个高三学生都有不同程度的心理压力。一跨入高中的门槛，学生会不由自主地体会到紧张和忙碌的学习氛围。

一、学校环境适应不良的表现与原因

有些学生难以很快完成由初中生向高中生角色的转变，部分高中生在适应这些变化的时候可能会出现一些问题，主要表现如下：

1. 对教师集体的不适应

一方面不能很快适应新的知识结构的教学安排，高中的学习量大，开设的课程多，自学课少，不能很好地完成老师的作业，没有时间把学过的知识系统化；另一方面难以适应新的任课老师新的授课方式、方法，主要是各科的学习要求与过去不同。任课老师比初中时多，且每个老师每周上课最多不超过六节，少的只有两节。每个老师的教学风格又各有不同，所以，对于高中生来说，他们接受的是教师集体对他们的教育。学生可能会感到不知道听哪位老师的好，从而出现不适应现象。

2. 对课程的深度和难度的不适应

初中时只要上课认真听讲，课后不用花太多时间就能轻松应付考试；但是高中就不同了，不仅需要上课认真听讲，课后更需要大量的时间来巩固、复习，很需要有一套适合自己的学习方法。高中的课程有很大的难度，要在相同的时间内接受这些内容，要付出更多的努力，更要求学生能合理安排自己的时间，掌握科学的学习方法。对课程难度的把握可能需要一段时间的尝试和了解。

3. 对学习方法的不适应

虽然初中和高中上课一样都是统一模式，教师讲学生听。但是，进入高中以后，学生自觉、独立、合理地安排自己的学习更为重要。要不要记笔记，如何记笔记，记哪些笔记都由学生自己处理。同时，高中的记忆方法和初中的记忆方法也有所不同，高中的很多课程更侧重于理解记忆，而不同的学生理解的快慢有很大的差别。

4. 对学校和校园活动的不适应

高中的学校活动更多的是围绕学习和高考进行的。这与初中多姿多彩的生活有很大区别。可能有的学生会认为高中生活很枯燥，什么

活动都没有，特别是那些活跃分子，更是有很大的失落，感到英雄无用武之地。相应地，高中生活中自己支配的时间较多，这种管理上的"大撒把"使得学生不适应。有的学生中考成绩不错，对自己的评价过高，认为到了高中要先放松放松，所以把大量的时间花在参加各种社团活动上，在学习上有所松懈。因为高中知识非常系统和连贯，所以，一旦有一堂课听不懂，就会影响下面的学习。有的学生意识到了问题的严重性，就拼命熬夜恶补，有的同学干脆放弃学习，一心扑在社团活动中，最终造成顾此失彼的情况。

5. 不能正视进入新环境后角色转变的巨大反差

升入高中的学生有相当一部分在初中是班干部、团干部，是班级、学校的"明星"人物。但是进入新学校、新班级后，笼罩在头顶上的光环一下子暗淡了，在新的班集体中变得默默无闻，成为一名普通的新生，扮演起"被领导者"的角色。一些学生对这种角色转变的巨大落差不可避免地感到自信心不足、寂寞、孤独，总是怀念以前的班集体，这种心理上的失衡会使学生产生相当强烈的不适应感。

6. 对生活变化的不适应，想家恋家心理难以排遣

有些高中实行寄宿制，寄宿生特别是初次住校的寄宿生普遍想家。学校生活和家庭生活有很大的差别，学生不适应学校的作息时间，对于上下课以及作息时间不清楚。同样，由原来在家里一人一个房间，到学校要几个同学合住一起，难免出现摩擦。面对新环境中一张张陌生的面孔感到不知所措，因怀念亲人和初中旧友，而导致和同学关系不融洽，甚至是冷淡。由于作业时间增多，学习任务加重，如何安排好学习和睡眠的时间，如何安排娱乐的时间等都需要高中新生不断去适应。

7. 人际交往引起的烦恼

"人与人不同"，新学校里新班主任的治班风格，各科任课老师的教学方法很可能让新入学的同学感到陌生。在新的环境下，新生与人相处时日尚短，和老师、同学的交流不够，也可能导致新同学产生不适应感。更有甚者，有的学生不能正确处理正常的学习竞争，将学

习成绩看作是一个"角力"与"较劲"的标尺，从而产生焦虑、嫉妒或自卑等不良心理，造成同学关系紧张，感到适应困难。

8. 拥挤和噪音问题

目前比较突出的问题是学校人群密度过大，有的学校一个班级竟有80～90名学生。学生拥挤会造成心理空间被侵害的感觉，极易导致心情烦躁、人际摩擦增加。同样，如学校建在闹市区或工厂附近，嘈杂的声音随时进入课堂，容易分散学生的注意力。此外，学校的扩音设备年久失修，课间操或午休时播出终年不变的音乐以及大吵大嚷的训话与"通知"，乃至震耳欲聋的上下课铃声，本身都是一种噪音，令人难以接受又无法逃避。同时，教室之间隔音性能不佳，也会影响课堂效果。

上述原因表明，在初高中衔接过程中，中学生不适应心理是由客观环境和学生自身心理相互作用而产生的。

二、学校环境适应不良的心理疏导

不适应就是我们与周围环境之间出现了不平衡。其实，在新的环境中出现不平衡是难免的，有时还是必要的。这种不一致可能会激起我们的好奇心和克服不一致的努力。而高中是人生的一个转折点，走好第一步非常关键。可以说高一是一个"坎儿"，高中三年能否取得好成绩，高一是关键。处理好人际关系对尽快适应高中生活很有帮助。下面我们就来具体分析如何适应高中生活：

1. 努力搞好同学关系

进入高中后，每个学校都有军训，军训的过程是锻炼意志品质的一个过程，更是新同学之间首次接触、相互认识、建立友谊的一个过程。平时的学习和生活中，要多与同学真诚交流，一起探讨问题，相互帮助。人际关系和谐了，才能够把更多的精力放在学习上。

2. 适应学校的作息时间

对于学校的上下课以及休息时间要非常明确，以免由此带来种种烦恼和惩罚。然后是学会和同寝室同学的朝夕相处。要学会理解和尊

重同学。住在学校不同于家里，事事要考虑自己的言行对他人可能带来的影响，做事之前要尽量争取其他同学的意见。

为了能尽快适应住校生活，学生可以作如下的准备：

（1）在进寄宿学校前，可开始有意识地培养锻炼自己，如独居一室，每天起床整理房间和内务；自己学着动手洗衣服、洗碗等，争取早日扔掉父母包办的这根"拐杖"，做到自己的事自己做。

（2）进了寄宿学校后，要与同寝室同学搞好关系。不要事事斤斤计较，要努力做到"对己严、对人宽"。别人遇到困难时，应主动关心帮助，这样就能与同学和睦相处。遇到自己难以解决的困难和矛盾时，还可向老师求助。

（3）尽量尊重别人的生活习惯，自觉遵守学校作息制度。晚上看书自习，尽量不影响他人休息。

（4）父母不在你身边，起居饮食要靠自己照顾自己。平时要注意冷暖、卫生和劳逸结合。不做不安全的事，有空常给家里打个电话，以免父母挂念。

3. 积极主动参与集体活动，主动帮助和关心他人

做事民主又为他人着想的同学总是受人喜欢的。青少年的可塑性是很大的，并且离家住校的生活可以锻炼学生的生活自理能力和独立处理问题的能力，这对他们以后的生活和成长都是很好的磨炼。经过一段时间的磨合，绝大多数同学都能适应学校的这种集体生活。

4. 与同学交往，建立新的友谊

要有接纳新同学的积极心态。每一次离开熟悉的环境，来到另一个陌生的场所，都免不了会有失落和惊恐感。但如果能明白这是人生旅途中不可避免的考验的话，为什么不微笑着勇敢地去面对新的一切，以积极的心态去接纳新同学呢？

要主动与新同学交往。如果暂时还没有交上新朋友，觉得孤独，那就敞开心扉，勇敢地去和新同学交流，没有人会拒绝一张真诚的笑脸和一份真挚的友谊。所以，在建立新的友谊，结交新朋友的最初，要有一颗真诚善良的心。

要学会一些与新同学相处的技巧。微笑、尽快记住别人的名字、做一个好的倾听者、寻找一些共同的话题等都是好的建议。

5. 调整心态，保持乐观的态度

高中是初中的"精英"荟萃的地方，原来的佼佼者到了高中后没有了优越感，会感到失落甚至焦躁不安，但是高中新生的"以自我为中心"的想法，也往往是症结所在。所以，调整心态，相信大家处在同一个起跑线上，付出多少努力，就会有多少收获。过去了的每一分每一秒都将永远不会再来了，与其背着过去的包袱，不如放下以往的辉煌成绩，轻松上阵；未来还不确定，所以最应该珍惜的是拥有的现在。

6. 学校要注重硬件环境的建设和改造

高中学校一般开始向绿化、亮化、香化、美化的方向努力，有的学校就把校园的每一个地方都变成育人的教材。如在小树的标牌上写着："不经过狂风暴雨，就不会长成参天大树。"在大树的标牌上写着："暴风雨过后你会发现他更加挺拔。"在厕所的门口则写着："您带着沉重而来，希望您带着真正的轻松而去。"类似的话语不含半点说教的成分，却起到了积极暗示的作用，对规范学生的行为，调整心态具有良好的效果。

三、咨询个案举例

一名高一新生在升入高中半年后来找心理辅导老师，他的问题具体如下：

学　　生：老师，段考后到最近的这段时间里，我经常感到烦躁不安、精神紧张、晚上睡不着。我想，主要是成绩不理想的缘故吧。我的段考成绩在班里只排在 28 名。我希望能像初中阶段一样，在班里名列前茅。我觉得我应该可以达到这个目标。我不明白，我以前学习能力在班里是很强的，但为什么考上高中后学习却总是比不上其他同学？自从上了高中以后，我觉得学习真累。付出了很多努力，但是结

果这么差！

心理老师：你认为你目前的状况，学习成绩在班里最多能达到什么水平？

学　　生：我想，如果学习效率比较高的话，可以达到中上水平，排在十几名吧。

心理老师：如果你通过努力能达到这个目标，会有怎样的心情呢？

学　　生：我想，我会比较高兴的，毕竟有一个较大的进步了。

心理老师：那么，我们暂时把力争进入前十几名作为近期目标。现在我们来讨论如何采取有效的措施，来实现这个目标吧！

学　　生：好的。进入高中以后，我感到课程内容太多，难以融会贯通。为什么我在初中阶段感觉不到呢？

心理老师：因为初中阶段和高中阶段的学习特点不同。高中阶段的各学科学习有三个突出的特点：①知识量大，系统性强。②综合性强，各学科互相影响。③能力要求高，贵在自我培养。所以，每一个高中新生只有了解高中学习的特点，做好思想、心理上的准备，才能掌握高中学习的主动权，迅速适应高中阶段的学习生活。

学　　生：那么，如何掌握高中学习的主动权呢？

心理老师：要掌握高中学习的主动权，必须从以下几个方面做起：

1. 主动锻炼思维能力

对一个高中学生来说，在学习上，要主动锻炼自己，把主要感知事物外部特征的感性认知向对知识的分析、综合、理解的理性认知过渡；把较多的具体形象思维向抽象的逻辑思维过渡。培养自己思维的主动性、独立性与灵活性，提高思维能力。这将成为高中生学习的主要特点。

在高中的课堂上，老师们则更多地采用启发、引导的方式授课，要求学生自己阅读、自己思考，自己体会结论意义的情况远远多于初中。学习优秀的同学总结说：每学到一个新概念，我都要问自己：问题是怎样引出来的？运用了哪些已知的基础知识？概念是怎样定义

的？它的运用条件是什么？等等。

可见，对高中各科的学习，如果不主动地独立思考，不动一番脑筋去理解知识，往往就难以掌握基本概念的实质，更难抓住事物之间的内在联系与区别。听课的目的是把自己的思维方法跟老师的比较，找出差距，培养自己的思维能力。

的确，对一个高中学生来说，对知识的学习，如果仍局限于死记硬背，而不注意分析和概括，不注意借助思维使自己的认识能够从个别中看到一般，从现象透视本质，从而融会贯通，那么，他就既没有很好地完成初、高中的学习过渡，也不能在学习上产生质的飞跃。

由此不难看出，逐步掌握科学的思维方法及其规律，是搞好高中学习的关键之一。

2. 讲究科学的学习方法

不少高中学生学习上不去，陷入困境，心情十分苦恼。但他们唯一聊以自慰的是自己已全身心地投入学习了，连节假日都用上了，尽力了。这恰恰是学习上的一种误区。并非勤奋都能获取科学的明珠，这里还有一个方法问题。科学的学习方法就是说学习时采用一套科学、高效的方式或途径，要抛弃那种单纯依靠延长学习时间，采用"笨鸟先飞"式的低效率做法。概括我们的一些优秀学生的学习方法，尤其是高一的新生，在学习上要注重做到"三先三后"、"三戒三倡"。

这"三先三后"的学习方法是：先预习后听课；先复习后做作业；先独立思考后请教别人。"三先三后"的学习方法，突出表现为每个学生对自学能力、独立思考能力和解决问题能力的自我培养。这种自学能力一旦形成，学习的被动局面就有可能改变，学习成绩就有可能上升。良好的学习方法和习惯的形成，也必将为其之后学习的深造与事业上的发展奠定基础，使其受益无穷。有同学把这"三先三后"的学习方法叫做"加速运动"，无疑这是尝过这种学习方法甜头的同学们的切身体会。

所谓"三戒三倡"：一戒把学习当作苦役，缺乏学习兴趣，提倡

对知识的追求，对智慧的启迪；二戒过多地、单纯地死记硬背，提倡以掌握事物本质和规律的理解记忆为主；三戒解题模式化，提倡勤于思考，提高思维的灵活性。

以上所说的科学的学习方法，看似老生常谈，实为许多学习尖子生的经验之谈，它对刚升入高一的新生来说极为有用。

3. 培养自信的心理品质

初高中学习能否顺利过渡，还有一个十分值得重视的问题，那就是看你是否对自己的学习充满自信。还要做到"三相信"、"一莫要"：相信暂时的挫折无碍大局，只会帮你积累经验教训；相信自己有能力，只是不得要领，没有施展出来；相信自己定能总结出一套只属于自己的好方法来。切莫一遇困难，就沮丧、心烦、寝食不安，到头来落得个神经衰弱、休学养病的结局。

居里夫人曾说过这样一句名言："自信心是人们成长与成才不可缺少的一种重要心理品质。"可以毫不夸张地说：失去自信与自尊，有才能的人也会变成无才能的人了。

总而言之，要能充分估计自己的学习潜力，树立信心，及时调节自己的情绪、态度和行为，不断改进学习方法，相信你将不断取得进步。最后，祝你成功！

学　　生：老师，我明白了，谢谢老师！再见！

心理老师：同学，再见！

第二节　家庭环境适应不良

一个和睦的家庭，好似一个平静的港湾，让孩子感到舒适、温馨，有所依赖。而不和睦的家庭，孩子常常没有安全感。父母整日把各自的精力投入到复杂的情感纠纷之中，在这种环境中，孩子情绪压抑，无心学习。还有的学生因疼爱自己的长辈的去世而悲痛，感伤人生，出现悲观绝望的情绪，严重影响学习。总的来说，与高中生关系

较大的家庭环境包括家庭结构、家庭关系、家庭地位、家居环境等。下面我们来具体看看高中生家庭环境变化所引起的不良表现有哪些。

一、家庭环境适应不良的表现与原因

家庭因素引起的适应不良的具体表现有：

1. 家庭结构变化引起

重要亲人的去世、父母离异无疑是对高中生影响重大的生活事件。他们是一个非常敏感的群体，很大的一个特点是自尊心强，在同学中要面子，同学之间的攀比更具社会化。一旦出现家庭问题，学生通常会有较大的性格变化，或者出现异于平常的行为。比如学习成绩下降，可能会使本来很外向开朗的学生突然变得内向，不爱与同学交往。甚至令其存在强烈的自卑心理，觉得自己会被其他同学看不起，导致情绪低落，没有学习热情，学习中的心理障碍也逐渐形成，并由此波及生活诸方面。笔者一个邻居家的女孩，现在读高一，从小就聪明乖巧，能说会唱，是爷爷奶奶的掌上明珠，父母关系融洽，也是老师的宠儿。可是到了初中，父亲因经济原因入狱，接着父母离异，都抛弃她各自重新建立家庭，她只能跟着外婆一起生活。现在的她成绩下降很快，终日沉默不语，多疑暴躁，经常看到她独来独往，在路上遇到熟人也都是绕道走开，从来不主动打招呼。外婆最近发现她的一个作业本上写了许多"活着不如死了好"之类的话。可见，这种家庭的影响对她是非常大的。

2. 家庭气氛的转变和父母榜样的作用

父母可能会因为学生住校，导致双方关系失衡，生活方式发生很大变化。比如，一个高三的学生，自从上了高中，父母的负担小了很多，又加上父亲退休在家无聊，染上了打麻将赌博的恶习，父母经常因此发生冲突。该生每次回家，都看到父亲坐在麻将桌旁。学生索要零花钱，父亲随手就从赢来的钱中给他，他感觉赚钱原来可以这么容易，因此认为读书没用，和社会上的一些青年结成团伙，走上了歧途。

3. 家庭关系的对抗性

本来融洽和谐的家庭关系变得紧张，对青少年有很大影响，尤其当父母双方公开表露愤怒、攻击和敌对情绪时。比如在父母离婚前，家中充满了吵闹声；父母脾气暴躁、文化程度较低的家庭中，也是经常出现骂声甚至侮辱性的语言。长期生活在这样的家庭氛围中，会造成学生性格内向孤僻、自卑，怕同学看不起他，对人不信任，不敢与同学交往。

4. 家居环境的变化

家居环境主要指家庭居住的环境和条件，比如由农村搬到城市居住，可能有些家长会有自卑感。本来在农村，家里的经济条件还算不错，但是到了城市，经济开销大了，过去与现在之间的落差太大，心理承受不了，最明显的反应就是自卑。觉得别人瞧不起自己，尤其谈到家庭的时候，更是唯恐避之不及。这样就会影响到学生的自信心。

5. 家庭经济状况发生变化

比如父母月收入的改变，导致家庭经济状况变好或者变坏，父母给学生的零用钱变少或变多，都会对学生在校的生活产生影响。突然手边的零用钱增多了，除了学习外，学生有可能出现打游戏、上网等，一旦入迷，学生就不能保证足够的学习时间，对学生的影响非常大。有的学生一旦拥有优越的经济条件后，开始变得傲慢，觉得自己什么都好，什么都对，下意识地瞧不起别人，尤其那些生活条件不如自己的同学，这样的学生容易作出过激行为。

家庭生活在高中生生活中扮演着很重要的角色，一旦家庭环境发生变化，学生生活的方方面面都会受到很大的影响。这些是所有的研究都已经证明了的。那么，当出现这些问题的时候我们该怎么解决呢？

二、家庭环境适应不良的心理疏导

1. 强化家庭教育职能

教师、学生多与家长沟通情感，要理解家长对子女严格要求的不同心情。家长的心理无非是望子成龙、望女成凤心切；攀比心理；家

庭经济来源不易，希望投有所获等等。针对这些心理，做子女的要认真分析，自己既要努力学习，尽力而为之，又要把自己的学习真实情况与家长交流，取得家长的认可。切忌只报喜不报忧，甚至弄虚作假，让家长产生期望过高的心理。对于家长向自己提出的过高要求，自己近期的确无法达到，需要以后再努力的，先要向家长说明情况，得到家长的谅解，切忌"明知山有虎，偏向虎山行"地一味盲干。总之，多与家长沟通情感，交流思想，不仅可以减轻学业上的压力，而且可以给自己的学习带来动力。

2. 注重教育方法，提高家教质量

（1）学校可为家长建立家教咨询中心。开辟多条咨询热线，聘请有关专家担任咨询人员，主要是引导家长用正确和适当的方法去影响、教育子女，解答家长和监护人提出的有关家教方面的疑难问题，减少家教方面的偏差和失误。

（2）充分发挥"家长学校"的作用。定期举办专题学习，比如"如何面对孩子的身心变化？""如何培养孩子的自控能力？""如何帮助孩子适应高中学习生活？""为了孩子，为了我们自己，请你保持健康的心理""让孩子自己往前走"等，让家长们交流经验，提高认识。

（3）要尽量做到"三多"和"三不要"。"三多"是：多观察子女的表现，多和老师交流，多和子女讨论学习、生活和人际情况。"三不要"是：不要时时刻刻提醒孩子的成绩，不要夸大子女在这一时期的表现，不要当着子女的面把孩子与其他人相比。

3. 构建家庭、学校紧密联系的绿色通道

教育孩子是一个复杂的过程，在实施素质教育的今天，很多家长感到茫然，加强学校与家庭的联系，构建家校绿色通道，是帮助家长摆脱家教困境，树立正确家庭教育观的一个可行办法。成立家长学校、定期召开家长会、教师家访等措施综合进行有利于达成教育目标的共识，对学生采取有针对性并切实可行的教育和引导。

4. 营造健康温馨的家庭氛围

健康温馨的家庭氛围是孩子身心健康发展的基础和保证，也能最大限度地解除外界给予孩子的压力和紧张感，使孩子体会到生活的美好、精神的愉快，有利于孩子充分发挥天性中积极的因素，健康成长。父母之间互敬互爱，互谅互让，保持恩爱的夫妻关系；父母与长辈之间，要互相尊重，互相理解，长辈要爱护晚辈，晚辈要孝顺长辈；父母与邻里之间要和平共处，互相帮助；父母对子女要平等相待，多一分体贴、少一些训斥，多一分爱护、少一些冷淡，多一分理解、少一些专横。如果一旦发生婚姻危机，也千万不能危及孩子，一定要妥善处理好孩子的抚养与管理，不能推诿责任，不要限制孩子与父母任何一方的亲近和接触，让孩子尽可能远离心灵的伤害。

5. 给孩子以正确的教育与引导

父母要做孩子的朋友，而不是做威严武断的家长。要像朋友一样平等地与孩子交流、沟通，才能真正走进孩子的世界，了解他们内心所想所思，孩子也才能敞开心扉与父母交流，并告诉父母他们生活中的快乐与困惑，使父母和孩子之间的互相尊重成为可能。要尊重孩子的基本权利，遵循孩子成长发展的自然规律，尊重孩子的独立人格和自我意识，还要给他们一定的自由空间。这样才能更好地给以正确的引导和教育，孩子也能更好地接受父母充满爱的建议与指导，同时这样也能更好地培养孩子的独立思考能力，为今后的全面健康成长打下良好的基础。

对孩子的要求与教育要因人而异，切不能过高、过激。首先，要了解孩子的心理需求，尊重他们的选择，引导孩子摆正兴趣爱好与课堂学习的关系。其次，要正确对待孩子的学习成绩。要正视孩子的实际情况，不能拔苗助长，要多一些正面引导和鼓励，让孩子建立自信，切忌用过激的语言刺伤孩子的心。再则，对孩子身上的不良行为，父母要高度重视，不能熟视无睹，更不可放任自流，要循循善诱、晓之以理、动之以情，让孩子体味父母的苦心与真爱，并从心理上理解父母的告诫，进而改正自己的行为。

三、咨询个案举例

小洁，独生女，高二学生。去年，她的父亲退休回家后迷恋上打麻将赌博，母亲因此经常与父亲吵架，导致感情破裂，进而要求离婚。她劝母亲，但是母亲因经常和父亲打架而变得暴躁不安，发脾气甚至打她，家中再也没有了往日的欢笑声。她虽然身在学校，但是内心总是担心父母在家的情况，害怕父母迁怒于自己而受到严厉的惩罚，担心父母因此离婚而家庭破裂。老师发现高一的时候她很开朗，对集体和同学的事情都很热心。这个学期以来，她很少与同学来往，经常看到她一个人发呆，脸上也少了很多笑容，郁郁寡欢。上课注意力不能集中，学习成绩下降很快。于是，老师陪同她一起来找心理辅导老师。

对这类学生的辅导，要采取认识调整的指导方法，从关心体贴入手，调动积极性和进取心，改变偏颇的想法，保持与父母的沟通。

我们分析认为，曲折多变的家庭生活使她由原来的天真活泼变得郁郁寡欢。家庭的阴影给她的心灵留下了深深的创伤，使得她遇到问题不能正确对待，总以为别人看不起她，这种自卑心理严重影响了她的学习、性格以及和同学之间的正常交往，进而遏制了积极的心理品质。而问题的根本在于家庭的关怀和她自身对家庭问题的认识。

所以辅导老师采取了以下辅导策略：

首先，辅导老师理解她，经常与她谈心，赢得她的信任，使她愿意把心里话说出来，使得她的内心压抑有了一个宣泄的地方和环境。同时指出她的缺点是自卑，自卑导致她对很多事情都没有信心。她同意辅导老师的看法，表示愿意改变。

其次，辅导老师与班主任取得了联系，在学习生活上，班主任和同学能多给予帮助和关心，让她在集体中感到人与人之间的真情所在。

再次，问题的关键是她的家庭，所以通过学校和家庭的沟通，改善她与父母的关系。当老师把她的情况告诉她的父母的时候，她的父

母也没有想到自己的行为对她的影响会有这么大，所以这就说明子女与父母的沟通存在障碍。

最后，班主任老师发现她的优点，比如很在乎班级和集体以及个人的荣誉，怕因自己给班级丢分，对于这种有集体意识的表现，辅导老师和班主任都给予肯定，并表扬了她，同时请她担任班级的生活委员，并参加了学校的鼓号队，让她能在集体中多与同学交流。

经过两个多月的努力，她的心态变得积极主动，生活重新有了笑声。

第三节　教师教育风格与管理的适应不良

一、教师教育风格与管理适应不良的表现与原因

经过初中三年的学习，学生已经适应了初中老师的各个方面。有些同学接触到新的老师，由于不适应新老师的讲法和口音，不适应新老师的教学方法和教育风格，会产生抵触心态。越是听不懂就越是抵触，进而开始厌恶一门课。因此，有些中学生往往是因为喜欢某门课的任课老师而喜欢这门课，不喜欢某门课的任课老师从而讨厌这门课。所以学生对老师的接纳与否会直接影响到学生的学习成绩。这些是值得我们教师注意的。那么，教师的教育风格有哪些不良体现呢？

1. 教师的学生观出现偏差

教师的学生观就是教师对学生的看法。学生的性别、相貌、个性、学习等差异对教师的评价可能构成一定的影响。例如，品行端正、聪明伶俐、学习优良的学生讨人喜欢，愚笨拗犟的学生令人心烦等等。老师与学生之间的情感交流是双向的，老师这种厚此薄彼的不公正评价会导致学生不接受老师。

2. 教师与学生的交往过程错位

任何人都有受尊重的需要，高中生处于身心发展的突变阶段，这

种需要尤为明显。如果老师在交往中对学生的行为、动机、心理不能给予正确评价，来满足学生的这种心理需要，那么师生之间就会出现交往错位。比如学生违反了纪律，老师是粗暴指责批评，还是"晓之以理，动之以情"，处理的效果如何都与老师的交往能力有关。有些老师一味地批评学生，多用负面语言评价学生，很少或没有表扬鼓励学生，因此打击了学生的积极性。不善于交往，只会给教师带来负面效果，使师生隔阂加深。

3. 教师的人格魅力欠缺

有些教师因为工资、房子一类生活事件而愁眉不展；有的老师因为学生给他起了外号，就很凶狠地整治学生；有的老师对阔人、贵人、名人、要人子女多关照，而对平常百姓子女不屑一顾。这些行为对学生的影响是微妙的，潜移默化的。高中学生已经有了自己的是非观，虽然不能指望每个教师都成为圣人，但是至少让学生感觉到老师是一个好人、善人、亲人。这样，老师给学生讲课、讲道理、布置作业，学生才愿意听、愿意做，教育的成功也才能由此开始。

4. 课堂气氛沉闷，学生没有学习积极性

高中学习的一个重要特点是课堂讲授多，课后训练多。老师如在整个讲授过程中，单向灌输知识，学生消极被动地接受知识，如仓库一般储存知识和积累知识，并以既定的答案为最终和唯一结论，则会使学生变成书本和分数的奴隶。这样课堂气氛会非常沉闷，老师讲得口若悬河，学生却听得云里雾里。再就是"唯师是从"的专制的师生观。许多教师在听到学生不同意见时，常用自己的想法束缚学生，或给予伤害自尊心的批评，造成学生不敢提出和老师不同的意见，创造性思维便无从产生，最终变成一群只会听人吩咐、不会思考也不愿思考的学生，老师严厉却缺乏爱心。

5. 教师的消极行为

教师的消极行为主要由非健康或者亚健康的精神状态引发，与教师个人的成长环境、生活经历有关。对生活缺乏热情、对党与国家缺少信心，思想认识激进、偏激甚至消极，个人理想及社会理想模糊，

理想色彩及完美色彩浓重。反映在教育教学活动中，对学校的制度、活动缺乏正确认识，执行上打折扣或者有应付、拖拉之嫌。具体表现为懒散、被动、效率低等。客观上对学生起潜移默化的消极影响。

6. 教师的不道德行为

首先表现在对学生思想的侵犯方面，即教师在教学中的"自由主义"和"新自由主义"行为，使课堂成为阐述个人世界观、人生观、价值观的舞台，课堂成为个人自由思想出售的市场。个别教师利用学生的不成熟心理，传播异化理论甚至歪理斜说以满足部分学生的好奇、猎奇心理。表面上似乎增强了学生对社会、人生的"感性认识"。实质上，"感性认识"是片面的、不客观的，甚至是不科学的、不实际的。面对教师"兜售"的"实在"观念，学生或主观积极接受，或客观被动接受，或无所适从，冲击和压力很大。

其次表现在对学生精神上的压迫方面。部分教师出于维护集体荣誉、完善个人形象等"良好"动机，强迫学生按照他的思维去想、去做。如把个人未竟的理想强加于学生；利用学生的心理与学生进行非正常甚至不正当交往及情感交流，强迫学生做不愿意做的事情，甚至是不道德、违法的事情。

二、教师教育风格与管理适应不良的心理疏导

对于学生来说，高中的每一位老师都是陌生的，所以，为了能够使学生尽快适应教师，熟悉教师的风格，我们建议采取以下策略：

1. 留下良好的第一印象

教师在接到一个新班的时候，要了解每个学生，抓住时机树立威信，给学生留下美好的第一印象。比如有的班主任在没有踏进新班之前，就根据学生在初中时候的详细资料，了解学生的优点、兴趣爱好、特长等，做好精心的准备。新班主任点睛的三言两语很可能影响学生对老师的欢迎程度，这样也为形成宽松平等、积极向上的班风做了一个铺垫。

2. 保持良好的心理素质

教师要善于控制自己，稳定的情绪可以营造和谐的课堂气氛。教学过程中不顺心的事不可避免，毕竟老师面对的是一群活泼好动、性格各异的学生。教师的一句气话、一句过头的批评都会伤害学生的心灵，轻者一言不发、重者捣乱放纵，更甚者干脆不学了，结果一堂课就会在师生互不满意、紧张而冷漠的情境下进行，其效果可想而知。所以，教师要学会调整情绪，控制情绪波动，以便使和谐师生关系在整个教学中得以形成和发展。

3. 用真情对待学生

任何交流都是相互的，教师要关心爱护学生，尤其是尊重和信任学生。要建立良好的师生情感联系，教师必须放下架子，以朋友的身份与学生进行沟通，而不是像审犯人一样进行训示。教师要真情付出，关心爱护每一个学生，公平地对待学生，不能厚此薄彼，尤其是对学业成绩不够理想的学生，教师要多鼓励、多关怀，相信他们的潜力，切实帮助他们。教师通过声音、笑貌、动作、眼神将对学生的期待传递给学生，学生会产生认知上的、情感上的、行为上的反应。可以说，教师在教学活动中的态度会对学生的成长和发展产生极其深刻的影响。我们相信，教师的真情投入必定会得到学生的真情回报。爱心可以缩短师生之间的距离。

4. 展现教学过程的魅力，品味教学成功的喜悦

高中的课程难度大，怎么能调动学生学习听课的积极性呢？通过联系学生生活实际，激发学生学习兴趣，增强学生情感体验，引导学生体验到成功的喜悦。改进教学活动，使教学过程充满情趣和活力。展现教学过程的魅力，提高教学活动的吸引力。

5. 完善个性，展现个人魅力

教师要得到学生的爱戴，就得有内在的人格魅力。努力完善自己的个性，使自己拥有热情、真诚、宽容、负责、幽默等优秀品质，这是优化师生情感关系的重要保证。为此，教师要自觉提高自身修养，扩展知识视野，提高敬业精神，提升教育艺术，努力成为富有个性魅

力的人。

6. 学生也要试着理解老师，与老师建立融洽关系

最起码要尊重老师的劳动，不懂就要多问，老师是不会排斥学生问问题的；有困难主动跟老师提出来，寻求老师的谅解和支持。

三、咨询个案举例

学生在进入高中后，失去了在初中时的辉煌成就，觉得失落。有些学生会很快在新的环境中重新树立自信，找到新的支撑点。而有的学生不能很快适应老师的教学风格，从而严重影响了学生的健康发展。下面我们来看一个个案：

曹丽丽（化名），高二学生，升学考试时，她以年级第一名的成绩由本校初中部升入高中部。初中老师对她的评价是学习功底扎实，勤奋好学，对班级的事情很热心，有很强的组织能力和交往能力，与老师和同学的关系都处理得很好。可是，从高中二年级开始，她变得沉默寡言了，在课堂上很少发言，有几个要好的同学，但是与大部分同学很少交往。很少参加班级活动，对班级的事情也不是特别热心。学习成绩下降很快。班主任观察到她的情绪波动很大，高兴时会很活跃，而平时很压抑。由此，班主任介绍她来辅导中心找辅导老师谈谈。

经过辅导老师耐心的引导，她终于说出了她的心结所在。原来，她一直不喜欢现在的物理老师。初中时她的物理成绩非常好，所以担任了物理课代表，当时的物理老师非常和蔼，讲课循循善诱，一环扣一环，而且还幽默风趣，上课总是笑声不断，老师也非常喜欢她。她觉得上物理课是一种享受。但是到了高中，物理老师换了，讲课风格也变了，她非常怀念以前的老师，每次上课都在想初中的课堂气氛。越想越怀念过去，甚至怀念过去所有的老师。

分析：该学生的情况属于对新教师的教学风格不适应的典型案例。因为教师风格的改变，学生心理上不能接受这种改变，就认为现

在的老师讲课一无是处，给予完全否定。这样导致学生没有尝试着去发现老师讲课的优点和长处，越是这样，越难以接受现在的老师。

辅导原则和方法：

首先，对学生现在的心情表示理解，鼓励她宣泄内心的不满。她说两年来没有老师和同学知道她心里是怎么想的，现在说出来感觉好多了。

其次，向学生说明每个老师都有自己的个性和讲课特点，鼓励她试着去发现现在老师的特点和可取之处。因为她以前的学习成绩很优秀，所以老师对她印象很好，尝试着与这位老师多接触，了解老师的为人，会发现老师有很多让我们敬佩的地方，由此和老师建立良好的关系。这样有助于她改变对老师的认识。

再次，与该老师取得联系，争取得到老师的配合，师生共同消除误会。

经过一段时间的适应，该学生对老师的理解加深了，她说："原来这位老师也是一个很风趣的人，他讲课也是很有规律的，只是我以前没有发现而已。"渐渐地，曹丽丽变得开朗了很多，重新成了班里的一名活跃分子。在学期末，曹丽丽的各科学习成绩都有了很大的提高。

第四节　班级竞争的适应不良

一、班级竞争适应不良的表现与原因

进入高中，尤其到了高三，学习上的竞争日益激烈，班级与班级之间的竞争也很明显。那么这种竞争对学生们来说是不是都能激励他们更加发奋地学习呢？不尽然！有的学生面对竞争会手足无措，有的更是不能承受这些压力。下面我们来看看高中生在面对激烈的竞争时有哪些表现。

首先，不能适应高中生活的紧张氛围。高中课程安排紧凑，课程

内容多，难度大。同学们个个都是初中时候的佼佼者，这样的环境会使有的学生觉得紧张压抑，而不能正确看待同学之间的竞争。有的学生会出现生活非常紧张但是又没有学习效率的情况。比如有一位高中生因为一次考试失败，别的同学说了他几句，他就觉得失去了自尊和自信，最后走上自杀的道路。

其次，有的学生不能正确对待挫折。人生难免有挫折，而许多高中生不能忍受自己的人生中出现任何瑕疵。比如，一位高中女生，因为和同学有一次小小的争吵，便觉得自己的人际关系很糟，觉得人长大了烦恼就多，于是开始逐渐减少与同学的交往，性格越来越孤僻；学习成绩也下降很快。

再次，不能正确对待考试分数。有些中学在每次考试之后都会公布考试成绩并排名，有些学生喜欢这样的做法，但也有的学生不能正确看待考试分数。一旦考试名次靠前就沾沾自喜，一旦考试名次下降就灰心丧气，自己的学习热情完全由考试分数和名次所决定。

最后，不能正确看待同学关系。有些高中生，认为同学就是竞争对手，是考场上的敌人，所以学习资料不愿公开，同学请教问题也不愿提供帮助。久而久之，他就会远离同学，心胸变得越来越狭窄。

二、班级竞争适应不良的心理疏导

在中学生当中，有一种常见的毛病或叫"通病"，就是自我期望过高，而自我评价过低。也就是说，有些人志向很高，心气儿很大，可是一提起自己的条件，又觉得这也不行，那也太差。这种"过高"和"过低"的反差就造成了一些人产生消极的自我意向，从而失去了应有的自信。

这种反差是怎么形成的？主要是横向和别人比较形成的。例如拿别人的高智商和自己的普通智商比；拿别人的高个子和自己不尽人意的身段比，当然会越比越泄气，越比越自卑。

心理学家指出，几乎所有人情绪的消极反应都是自信心不足的结果。一个缺乏积极的自我意向的人，会轻易夸大那些微不足道的过失

和不足，自己吓唬自己，就像面临天塌地陷的灾难一样。例如，一个女同学仅仅因为在人前唱歌走了调，而感到无地自容，难以抬头。所以，简单地说，一个人万万不可拿自己的弱处去比他人的强项，这样除了自寻烦恼，越来越自卑以外，再无所收益。

我们提倡的比较是自己和自己比，自己的现在和过去比，自己的今天和昨天比，只要有一点点的进步，就是成功。积少成多，慢慢就会有大的进步。这样去想，就会产生获取进步后的欣喜，自信便油然而生。如果和别人比，也应在羡慕别人的同时，看到自己身上特有的长处，正视自己的潜力，发挥自己的优势，明白在现有情况下怎样去努力进取。

目前，学生在学校里最经常的比较是比较学习成绩。学习是否成功，主要是看在各种大大小小的考试中的名次如何。在这种情形下，不少学习上落后的同学虽然尽了很大努力，但因在班上名次不可能在短时期内有重大突破，因此也就得不到同学、老师、家长乃至周围人的肯定。虽然自己和自己比是进步了不少，但是和别人相比，仍感到灰溜溜的。这种学习上的处境和由此造成的失败心态，使这些同学对学习产生了厌倦或恐惧，以致认为自己真无能，天生不是学习的材料。有一些学校，每次大考小考后都要排名次，排座次，造成一种非让你和别人进行比较的局面。这种做法，无论是对哪一个座次上的学生，都没有太明显的积极意义。无论在什么情况下，学生心中都要有一个明确的意识：自己和自己比，只要有提高，就是胜利。用这种方法进行自我鼓励，尽量避免因和别人比较而产生自我贬低。

第一，解剖自己，认识自己。在出现问题时，中学生应首先解剖自己，了解自己，特别是对自己的不足不要"讳莫如深"，而要敢于"暴露"，同时还要寻找自己的长处以增强自信心。

第二，发挥自己的优势，在人多的场合表现自己，及时抓住各种能锻炼自己的机会。每一次交往的成功，都将有效地加强对自己交往能力的正确认识。用"我能行！"这样积极的语言暗示自己，即使偶尔失败也没关系，相信自己一定能成功。

具体办法：

一是发挥自己的优点，增强信心，知道自己原来也不差。

二是找出学习榜样或能激励自己发奋的格言，作为自己追求的方向。

三是肯定自己的能力，重新振作精神。

四是培养耐受挫折的能力，正确对待挫折。包括学习中的挫折、人际交往中的挫折、生活方面的挫折等等。

三、咨询个案举例

下面是笔者收到的一名高中生的来信，现在我把信和我的回复笔录如下，供大家参考：

老师：

您好！

进入高中后，学校很重视我，让我担任了班委和团委干部，开始学习成绩也不错，被同学誉为女生中的"四大金刚"。但我渐渐开始感到自己在同学中的位置不像在初中那样突出，而且还发现，一些考试成绩不如我的同学，在知识面、社会适应能力等方面要比我强；宿舍里，一些家庭条件好的同学谈天说地，我插不上嘴。心里开始有某些失落感，并感受到一种莫名的威胁。高一上学期期末考试，这些同学的成绩与我的差距开始缩小，特别是其中一位我觉得对自己威胁最大的女同学，总分高出我1分。我感到心里很不是滋味，继而产生失眠，不想住学生宿舍，渐渐又产生恐惧，怕见校门、宿舍的床、课桌。学校认为我需要休息一段时间，我提出暂时休学。老师，您说我该怎么办，请您帮帮我吧！

小小

下面是我的回信：

小小你好：

请你不要着急，让我们一起来分析一下你的问题。

你表现出多种情绪症状，如紧张不安的焦虑状态，信心丧失的抑郁状态，无法自控地注意他人的强迫状态，对学校、对同学的恐惧状态等；同时，又表现出学习时无法积极思考、听不进课、作业做不下去等行为抑制障碍。你过去一直没有类似表现，仿佛忽然换了一个人。不难看出，进入高中后，你在同学中地位的改变是产生症状的主要刺激源，在自己成绩不能遥遥领先时，你不能正确应对，导致对学校环境适应的不良反应。

你的问题起因于进入高中后不能像以前那样出众。深入分析，是你对这一情况缺乏正确、客观的认识，没有思想准备，产生挫折体验后又不能正确面对所致。你想想看：

第一，该高中是尖子学生集中之地，同学之间的差异缩小了，竞争将会剧烈，自己原有的优势已不复存在，优越感自然会消失。

第二，你是考试型的学生，靠勤奋刻苦和大量训练对课本知识掌握较好，考分高，但由于条件限制，在课外知识和能力方面发展不够。

第三，该高中对学生自学能力、自控能力要求很高，学校和老师不可能像以前那样在你身上花很多时间。

第四，由于环境的改变，进入高中后成绩波动和地位改变是正常的，应根据新的情况调整自己的行动，适应新的环境。而你未能清楚认识到这些，仍用习得的行为方式来应付新环境。当优越地位开始动摇时，不能客观分析原因，采取相应的对策，而是转向盲目自卑，产生种种不良的适应性行为；除此之外，也暴露出你人格发展上的弱点，如长期顺境下形成的挫折耐受性低、虚荣心强、偏执、苛刻等。

针对你的情况建议如下：

首先，解除局部症状，恢复上学。通过脱敏训练，然后多去思考那位同学的优点和长处，夸奖该生，从而消除你对别人的片面看法。

其次，你要清楚地认识到环境的变化、自己地位的改变是正常的，不能适应主要是和自己人格发展的弱点有关，所以要加强自我锻炼、矫正人格发展弱点。

再次，重新认识自己、增强自信。要看到自己的成绩并不差，只是其他同学赶了上来。若从全市高中来看，自己仍是佼佼者，只是身在尖子群体中显现不出来。另外，每个人都有长处与短处，勤奋刻苦、基础知识扎实正是自己的长处，是学习进步的重要基础。

最后，给自己制订一个具体详细的学习、活动计划。当然也需要老师、家长的配合。

第十章　高中生应激事件及疏导

十六七岁的高中生正处在心理迅速发展，生活正发生或者即将出现巨变的关键时期，高中生的心理适应能力有待进一步提高。能否正确处理这些事件，关系到其能否全力投入学习、能否健康地生活，甚至关系到其今后的发展。生活中的重大变故又称生活事件，会使人处于应激状态，即高度紧张状态。应激一般会持续几个小时，也可能几天，几个星期，甚至更长。这取决于个体能否正确看待和处理这些生活事件。

1967 年，美国华盛顿大学教授霍梅斯等人就曾经根据对不同年龄、职业的 5 000 余人的调查结果，编制了"社会再适应量表"，用于研究测量个体所遭遇的生活事件或变故对身心疾病的影响程度。笔者根据此量表，并结合自己多年的在中学做咨询的经验，认为高中生中常见的应激事件主要有考试及升学打击、失恋、患急重病和自杀等。在本章中，笔者主要讨论这四种情况。

在开始之前，有必要对有关概念作出澄清。应激事件，又称生活事件、生活变故，即人生的平静小溪上泛起的朵朵浪花。它既包括负性事件，如亲人去世、考试落榜、失恋等；又包括正性事件，如结婚生子、工作升迁、中奖等；还包括一些中性事件，如搬家、饮食习惯变化、职务改变等。本章讨论的四种应激事件都是负性事件。无论是负性的，还是中性的或正性的事件，它们都会给人们的生活带来变化，带来紧张，使人出现短暂的不适应，也有人会经历较长时间的不适应。这就是应激状态，怎样尽量缩短应激状态持续的时间是个体，特别是高中生应该慢慢学会的，这也是咨询师经常面临的话题。

第一节　考试及升学打击

在中学特别是高中阶段，学习活动在学生的生活中所占的比重最大，学生对考试结果的在意程度也最高。任何经历过高中的人应该都有印象。学生们基本上都确立了考大学的志向，有的同学甚至有了明确的目标，如要考上中山大学等。在这一阶段的孩子也越来越能体谅父母的心愿，这无形中增加了他们的压力。"为了父母，为了自己的将来，为了……我要考上某某大学。"这样的誓言在高中阶段屡见不鲜。但是，等结果出来了呢，总会有学生落榜。有些是因为平时基础不够牢，有些是因为临场发挥不好，有些是因为当时太紧张，有些是被自己的誓言所累，考试时总是想自己的目标而无法静下心来答题等等。原因各异，反应也各异。平时基础不够牢的，就比较容易接受现实，或许会想"我平时成绩就不够好，能考到这样已经不错了"。那些平时成绩不错，老师、家长期望很高，自己也满心打算，结果却因为临场发挥不好而名落孙山的，就最难接受现实了。没考上，孩子沮丧、痛心，甚至家长会责骂、埋怨。于是有的孩子想不开，落榜后自杀的现象并不罕见，新闻常有报道。虽然大部分的落榜生没有选择自杀，但是他们所承受的巨大痛苦，却是那些没有尝过落榜滋味的人难以理解的。

在平时的考试中也是一样，很多孩子因为某次考试成绩不理想而闷闷不乐，他们有的能正确地看待并处理这些问题，有些学生却不能。作为老师，特别是心理老师，我们要特别地留意那些对考试失败反应较为强烈的学生。与其他学生相比，他们更难以接受现实，他们需要接受挫折教育，更需要我们的爱护。最起码，他们是无辜的，不应该因此而受到谴责。

一、考试及升学打击的常见反应与原因

没有人在一生的考试中都是一帆风顺的，每个人都经历过考试打击，或多或少，或大或小。笔者在中学所做的心理咨询中，不乏因考试不利而来寻求心理帮助的案例。高中生在面临考试及升学打击的时候可能作出的反应不外乎以下几种。

1. 攻击性强

很多学生会在考试失败或者升学落榜后变得攻击性强，怨恨自己平时做得不够，用手使劲地打墙或者桌子；或者对某个同学有意见，于是跑去找茬，好趁机修理他一顿；也有的怨恨某个老师，嫌那个老师讲得太差，甚至狠狠地骂那个老师几句，这都是常有的事情。当然，大多数学生的攻击性并不直接地表达出来，比如很多学生喜欢踢足球，特别是在考试考得不理想的时候，就邀几个同学一起去踢球。踢球能很好地满足人的攻击欲望，无论是踢球过程中的铲断还是大力射门都能很好地宣泄人的攻击欲望。一般心情比较郁闷的人踢起球来都很猛，在身体接触的时候，都会把对方当作假想的攻击对象。也有的同学去做些别的事情，比如打电子游戏，特别是那些比较暴力的游戏。当然也有的人去跑步，使劲地冲刺，发泄自己心中的郁闷。体育运动是比较好的宣泄攻击欲望的方法，值得提倡。

2. 再接再厉

有很大一部分同学，是能够很快地接受考试失败或者升学落榜的事实的，从他们知道失败的消息的那一刻起，他们就开始起航了。这次考得不好，下次一定要考好，且一定能考好。通过考试，自己看到了自己学习上的不足，只要自己改正，就一定能越走越好。这种才是比较可取的面对考试失败的反应。这种人不会被考试失败所打垮，只会越考越坚强，越考越有经验。以后再遇到什么重大考试的时候也不会慌张，自己经历过那么多的大风大浪，难道还怕这点小浪花吗？

3. 否认现实

也有些人面对失败的抗击打能力比较差，较其他同学更难以快速

接受现实。他们平时会严格要求自己，争取让自己不出错、不落伍，因此他们一般都是勤奋好学的，有较强的忧患意识。正因为如此，他们的经历还是较一帆风顺的，几乎没经历过大的挫折，所以当某一天，他们真的遭遇考试失败的时候，就会难以接受。觉得自己肯定是受到了不公正的待遇，或者是改卷过程中出了差错。因为这种考试失败情况从来没在他身上发生过，所以这次应该也不是真的。作为心理老师，我们应该特别注意那些平时学习兢兢业业、勤奋刻苦、成绩也不错的同学，因为如果有一天他们面临考试失败的话，可能会出现更加强烈的反应。

4. 过多焦虑，自信顿失

也有的同学考试一旦失败一次，就变得异常焦虑、抓耳挠腮。就好像到了世界末日一样，诚惶诚恐。这种人可能忧患意识特别强，也特别不自信。他们这次失利，就好像看到了下次又失利了，然后是第三次、第四次……他们常说的一句话可能就是："像这样下去，怎么能行呀，如果以后都考这么差的话，怎么可能考上大学呢?"当然，这种学生的成绩平时一般也是不错的，即使考砸了一次，他们也都会很快地扭转形势，使自己的学习转入正轨，但这种面对失利的态度是不利于心理健康的。如果每经历一次小小的失利都这么焦虑的话，会使他们的精神经常处于一种高度紧张状态，而这些本来是可以避免的。只要他们面临失利的时候认真总结，好好准备下次考试就足够了。

5. 无能为力

一些经常考不好，总是经历考试失利的同学，在面临考试失利的时候，会表现出无能为力的情形。因为他们不知道该怎么有效地改善成绩，也没什么好总结的。这种学生应该进行一些关于学习方法的学习。往往这样的学生基础比较差，也不够努力，所以也没什么不好接受的，反而很平静。

二、考试及升学打击的心理疏导

咨询室经常接待的因考试失利而来咨询的同学，大部分都属于上面所提到的第三种和第四种。那些有攻击性而能够及时通过别的方式发泄出来的同学一般不会觉得需要帮助，只有那些无法接受考试失利的事实，变得抑郁、焦虑过重的同学才会前来咨询。所以在咨询室中经常要面临的任务是如何帮助当事人消除过重的忧虑，如何引导他们正确地看待考试失利，如何从考试中汲取经验教训等。在笔者的工作经历中，最常用的咨询方法是理性情绪疗法，具体说主要是：放松训练、信念辩论、意象满灌疗法以及自信心训练、积极自我暗示等。

当然，咨询开始时，总要先建立良好的咨访关系，咨询才能顺利进行，就像在其他章节提到的一样。因此，一开始要给予当事人足够的共情，让当事人感受到足够的安全感，使其知道你是他值得信赖的人，他才会愿意向你吐露真实问题，配合咨询要求而高效率地完成咨询过程，也才会乐意听你的规劝和建议，如此等等。

接下来，可以进行放松训练，帮助当事人减轻当下的心理压力和焦虑水平，这对于咨询的成功是很有意义的。关于放松训练的详细步骤可以参照本章的第三节。放松训练还有另外一层意义，就是教给当事人放松训练的要诀，当事人可以自己进行放松训练，这对于他的成长是意义非凡的。

针对这种当事人，我们用得最多的方法就是理性情绪疗法的信念辩论技术。当事人一般都有一些自己认为理所当然、坚信不疑的信念，但在别人或者大部分人看来是有问题的，至少是片面的。这才是他们比一般人更焦虑的原因所在。很多孩子都对自己要求特别高，要求自己从不失败，要求自己每次考试都在 10 名以前，要求自己做一个完美的人。这样的要求的确能促使当事人努力学习，甚至成绩一直相当不错，但这实际上是一种完美化倾向。我们并不是说不好，但坚持这种倾向，总会导致过多的焦虑，总要比别人活得辛苦一点，即使学习成绩或者将来的工作业绩应该也是不错的。高中生经常表现出来

的非理性信念主要有以下三种：

（1）糟糕至极，如"这次考砸了，这下我完了，有了这次就会有下一次，以后可能会接着考砸，如果高考的时候也考这么差，我怎么能有机会考上大学呢，这下我完啦，全完了"。

（2）完全概括化，如"真没想到这次会考这么差，家里人一定很失望，我怎么这么不争气呢？我对不起爸爸、妈妈，对不起关心我的老师和亲戚朋友，我是一个罪人"。

（3）绝对化要求，如"我从来没有失败过，所以我应该从不失败"，"我努力了，就应该有好成绩才对"，"我应该比别人强，我一定会比别人做得更好"。

信念辩论的第一步是让当事人陈述自己的观点，咨询师帮助找出其不合理的信念，并把它们写在纸上。第二步是咨询师和当事人辩论，这里分两个阶段：先是当事人为自己辩护，咨询师驳斥他；再是咨询师为当事人的信念辩护，而当事人则想尽办法驳斥其原来的信念。通过这种换位辩论，当事人一般会发现许多自己原来坚持的观念都是存在问题的。当然进行到这里，信念辩论还没有完全结束，它还有一个重要任务是咨询师和当事人一起商定哪些才是比较理性的想法，当事人把这些写在纸上，以提醒自己用这些比较理性的观念去取代过去那些不够理性的想法。至于取代，那就是当事人自己的任务了，用这些理性信念取代那些非理性信念并不是一件轻松的任务。

对于症状比较严重的当事人，我们可以考虑选用满灌疗法，在意象之中进行。有些学生太担心考试失败可能导致的结果，就像将要面临世界末日，而直接的言语劝说又是无效的。我们可以顺着他的思路往下走，让其闭上眼睛静静地往下想。咨询师在一旁用语言暗示他进入他所害怕的情景，描述他可能面对的尴尬、失望、痛苦等等，甚至更严重化一些。然后睁开眼睛，看一看现实的世界，让他明白现实比他想象的要好得多，远非他所想象的那么糟糕。

对于这种类型的来访者，我们还可以对其实施自信心训练和积极的自我暗示。自信心训练就是在咨询师的督导下，当事人拟定一些能

够增强自信心的台词，然后面对咨询师或者墙壁或者其他家庭成员、朋友把这些话讲出来。比如"我是能行的，我一直都很优秀，我一定能考上大学。虽然这次成绩不够理想，但我能及时地总结教训，下次会更好。我会很好地把握自己，再也不会被这种小小的失败所击倒，我已经成熟了"。当事人一般在刚开始的时候觉得难以启齿，但在咨询师的督导下，反复几次以后，就不会感觉难为情了。自信心训练其实就已经运用了积极自我暗示的原理。这里所说的积极自我暗示是一些小技巧。如学会在困境中微笑，虽然是机械地微笑，但当事人还是可以从中感受到力量的。提醒自己多微笑，养成了习惯，乐观的态度也会随之生成。还可以在纸上写一些能够给人积极暗示的句子，把纸贴在自己卧室墙壁或者书桌上，这些话语会给当事人带来潜移默化的效果。也可以多照镜子，对着镜子里的自己说话，给自己一些积极的鼓励，同时还可以和镜子中的自己辩论，驳斥那些导致自己焦虑过重的非理性信念。

三、咨询个案举例

这是笔者一个朋友的孩子，在读高二，成绩一直不错，在班里一直都是学习委员，虽说不是最好的，但也从来没落出前五名。这孩子平时对自己要求就特别高，星期六、星期天都照常学习，晚上一般都到十一点才睡觉。孩子这么争气，父母自然高兴，于是事事都顺着他，对他疼爱有加。但在高二上学期期中考试的时候，他的成绩不知道什么原因只排到第十五名，这对他来说就像发生了地震。从来没考过这么差的成绩，他担心从这次以后，成绩会再也上不去了。这种担心、焦虑一直困扰着他，他想通过更加努力的学习把成绩赶上去，人越来越憔悴，和父母的沟通也比以前少了。他的父母对此非常担心，于是便领他来做心理咨询。

这是一个比较典型的对考试结果焦虑过度的案例。当事人初次来访的时候，显得非常的局促不安。于是咨询师从谈论他的父母开始打开话匣子，然后再转到他目前的学习情况上来。谈到他的学习，他说

自己的成绩一直是很棒的，但这次考的特别差，他不能接受。因为从来没考这么差过，所以他担心他的成绩会因此而急速下滑并且不可收拾。因为他听说高二是成绩分流特别严重的一年。

咨询师首先对其进行放松训练，在放松的过程中配以悠扬的背景音乐。然后是咨询的主题内容——信念辩论。咨询师和当事人一起总结了他认为理所当然的信念，而这些信念在咨询师看来是非理性的。它们主要有：自己成绩从来都在前五名，所以自己的成绩应该一直如此；经历第一次失败后，他的成绩会因此而一落千丈；考不上大学的话，父母一定会很失望，认为他没出息；这次真是糟糕透了，他难以接受。在咨询师的要求下，当事人将这些写在了纸上。然后当事人和咨询师就他的这些信念逐条进行辩论。辩论的过程中，咨询师要注意控制辩论的进行，要针对他的那些信念进行辩论，不能跑题太远，也不能纠缠着某一点不放，使得辩论进展太慢。经过辩论，当事人第一次从他人的角度分析自己的问题和想法，用当事人的话说就是"第一次站出来看自己，真是感觉好新鲜，也发现自己是有点不成熟"。然后咨询师和当事人一起商定比较理想的信念，并由当事人把它们写在纸上，以供操练之用。当事人的悟性很高，很快就发现自己接下来要做什么，并制订了详细的计划。又经过两次面谈，当事人已经基本恢复正常，对自己的学习也充满了信心。"我现在更加坚强了，感觉自己就像一个就要出发的水手，对未来充满了期待"，当事人如是说。

第二节　失恋

中学生应不应该恋爱，一直是一个争论不休的话题。过去人们都把中学生的恋爱叫作"早恋"，但是现在这个词已经用得越来越少了。普遍认为引导孩子们学会怎样培养健康的感情，学会健康的交往方式比训斥、指责孩子早恋会有更好的效果，也更利于孩子的健康发

展。特别是高中生阶段，谈恋爱的学生不在少数。父母的阻挠和严加管制只会激起孩子的逆反心理，使孩子们爱得更加坚决。对此，我们要做的就是给予正确的引导。

有恋爱，就会有失恋，况且高中生恋爱大都跟着感觉走，感觉没了就分手。所以高中生失恋是常有的事情。虽然他们并没有爱得那么刻骨铭心，但是失恋一样会给他们造成很沉重的打击。心绪变得很坏，饮食没食欲，走路没精打采，学习没耐心，有的同学还可能会出现攻击别人、攻击自己的行为，等等。成绩下降是顺理成章的事。当然，失恋带来的影响是多方面的，也不全是不利的。那么怎样正确对待失恋，就是高中生要面对的比较严峻的考验。

一、失恋的表现与原因

初恋因为不成熟而精彩，很多人最美好的恋情都是初恋。恋爱的感觉是美好的，但是一旦爱情被带走，造成的打击也是沉重的。对爱的绝望感和一时的孤独感、虚无感是失恋中常见的体验。但不同的人在面对失恋时的反应是不同的，高中生也一样。那么高中生在面对失恋时会有哪些反应呢？我们可以将其反应归纳为以下几类：

1. 理智型

就像徐志摩诗中所描述的"轻轻的我走了，正如我轻轻的来"，大家好聚好散。生活还要继续，精彩还会出现。毕竟高中阶段是为考大学这个理想而奋斗的阶段，恋爱不是这一阶段生活的主题，不管是恋爱还是失恋，学习这个生活的主题不能变，这就是理智。或许有的同学会拿"小人之交甘若醴，君子之交淡若水"来相互勉励。这样的人对自己、对另一方都不会采取加深心理伤害的行动。既不为自己被人抛弃而沉沦自弃，也不因对方不爱自己而视若仇人。"不成伴侣成朋友"是对这种人面对失恋时的反应的最好写照。

2. 升华型

有些学生会因为失恋而更加刻苦地学习，人变得更加成熟。这是因为他们能暂时避开痛苦，并将自己的注意力放在有意义的学习活动

上，比以往学得更加刻苦、更加卖力。以学业的成功来替代失恋的痛苦。居里夫人曾以投身到物理学的研究来替代失恋的痛苦，结果取得巨大成就。作为高中生，升华是好事，但是有一点要特别注意，那就是要能够接受失恋的事实，接受失恋后的自己。否则，将长时间地生活在失恋的阴影里，无法自拔。

3. 自责型

有的学生会因为失恋而陷入深深的自责，具体表现为把心理挫折的反应和行为指向自己，认为对方不爱自己肯定是自己的错误，或者是自己的长相、能力等方面太差所致。也有的学生自责自己家庭背景太差，没有多少钱，父母也没有当官的，等等。他们自怨自艾，消极抑郁，甚至会觉得没有人喜欢自己，想以后再不谈恋爱了。更有甚者，会全盘否定自己的价值，并认为自己根本没有再活下去的意义，进而选择自杀。这种例子虽少，但作为老师，我们还是要留意这种学生的行为变化。

4. 闭锁型

有的学生失恋后会变得一蹶不振，把自己封闭起来，这种学生根本没有正视失恋的事实。他们整天冥思苦想，不断分析失恋的原因，并将这种失败归于自己的单纯和轻信，感到自己受到了很大的伤害，因而使自己的感情从浪漫开放转而抑郁闭锁。特别是在以后再次开始恋爱生活时，常常心有余悸，望而却步，不敢敞开心扉。在生活的其他方面，这样的学生也会出现不同程度的闭锁，不再愿意和老师沟通，和父母的沟通更少，和同学的关系也可能会出现紧张。父母要特别注意和孩子的沟通，因为青春期的孩子本来就不愿意和父母多讲话。如果父母不主动，沟通就会更少，所能够给予孩子的指导就更加少了。

5. 逃避型

有些学生无法接受失恋的事实，也不愿去找失恋的原因，他们不愿正视刚刚过去的那段感情，也不愿再纠缠于此，他们觉得转过身去就是一片晴空。他们不想再面对原来的恋人，不想再触景生情，于是

他们选择转校或者转班，这样就离开了原来的恋人，离开了产生恋爱或导致失恋的环境。然而空间上的回避并不能改变现实，他们甚至没有接受现实，所以采取这种方式的失恋者并未真正从痛苦中解脱。接受现实，历来是心理咨询和心理教育的重要指导思想之一。一个人失恋以后，只有首先接受现实，事情才会向着健康正确的方向发展。不能接受现实，就永远无法走出失恋的阴影，无法真正地成长。

6. 报复型

也有些学生在"失恋"以后，因一时无法接受事实而怀恨在心，把当初"狂热的爱"全部转变成"狂热的恨"，于是寻找机会报复对方。比如他可能会在对方回家的路上恐吓对方，也可能找人去修理对方。也有的再也不理对方，即使正面碰到，也装作不认识，这是冷战型的报复。更有甚者，会不断地折磨对方，采取不当的手段侵害对方，如破坏对方的名誉、毁坏对方的容貌、杀害对方等等。因此，我们可以看到对失恋高中生的心理干预是多么的重要。这不仅关系到其个人的生活、学习、发展和成长，还关系到他们周围的人。

二、失恋的心理疏导

面对失恋的学生，我们首先应给其提供一个温暖的诉说环境。在咨询室里，他可以尽情地表达自己的感受、想法，这是最基本的。但是仅仅有温暖的环境是不够的，还要认真地倾听对方的言语，陪他去感受他"难以忍受"的痛苦，和他一道去体验他"天大的不幸"。在咨询的过程中，还要和其一道讨论应怎样正确对待失恋，以及和异性交往的一些原则等等。这是我们给失恋高中生进行心理疏导的指导思想。

（一）正确对待失恋

不管在人生的任何阶段谈恋爱，都面临着选择与被选择。"爱与被爱"是相互的，双方都有选择的权力。由于各种主、客观原因，失恋难于避免。当失恋来了，我们要正确对待失恋，摆脱自卑的束

缚。失恋的人，包括高中生，心理往往很脆弱，容易失去自信，认为失恋是自己无能的表现。高中生应认识到失恋是正常现象，超然和雍容的态度非常可取。如果是不属于自己的爱情，分手本身就是幸运；如果是因为自己的经验不够或是某方面的不足所致，就应从失恋中认真总结经验，努力完善自己。失恋并不是失败，失恋更不能失志。

有了对待失恋的正确态度，就应寻求解除失恋痛苦的途径，努力做到自我调节，尽早从失恋的痛苦中解脱出来。对于失恋者来说，重要的是通过反思，冷静分析，总结经验。可以向好友或亲人诉说，倾诉自己的痛苦；参加社会活动和丰富多彩的文体活动；或是做一次旅游，让自己置身于大自然的怀抱，转移情绪使身心得到调整。当然，最好能通过个人对学业的追求使不良情绪得到升华。据说，歌德年轻的时候就曾遭受失恋的痛苦，几次想自杀，但他终于抑制了这种轻率的行为，把自己破灭的爱情作为素材，写出了震撼欧洲的名著《少年维特之烦恼》。应该认识到，初恋确实是美好的，但失去的必定是靠不住的，重新获得的爱情会使人更加深沉、更加成熟。

另外，对于涉足爱河或已经失恋的高中生来说，要充分认识到高中阶段是有限生命中极其重要的阶段。这是一个人精力最充沛、思维最敏捷的时期，它对于未来人生旅途及事业的成功都有着决定性意义。这段时间可谓"一寸光阴一寸金，寸金难买寸光阴"，不珍惜或者错过了这个学习的黄金时期，以后将无法弥补。因此，要处理好恋爱和学业的关系，把主要精力放在学习上。鲁迅曾说过，只是为了爱——盲目的爱，而将别的人生意义全盘忽略了，生活就失去了价值和意义。如果过分沉醉于爱情，荒废学业，爱情便会失去基础和意义，久而久之，更是空虚无味。只有处理好恋爱和学业的关系，才能保持恋爱的生命力。同时，恋爱中的男女学生要注意处理好和集体的关系，要关心集体、融入集体、积极参加集体的各种活动。避免出现那种恋人之间整日形影不离，把自己封闭在只有两个人的小圈子里的现象。

（二）异性交往的原则

渴望与异性同学交往是人类性心理发展的必然，它对于个体从儿童时期过渡到成人期有着重要的意义。但是，由于传统观念的影响，社会和家庭对青少年的异性交往总是持过度敏感或反对的态度。这使得一些青少年在异性交往方面难以自如应对，感到有压力而不敢与异性交往，导致异性交往经验的缺乏，甚至导致异性交往的害怕或恐惧。有的则因为缺乏异性交往的正确指导，不能把握好异性交往的尺度，而陷入各种异性交往的困扰当中，比如被异性误会、过早谈恋爱、出现婚前性行为等。这些情况会导致青少年的苦恼和痛苦，影响他们的学习和生活。

指导失恋的高中生正确地与异性交往，关键是要给予原则性的指导。异性之间的交往，除了应遵循一般的人际交往原则外，还应该注意性别差异这一特殊性。

第一，交往动机。以正确的人生观和道德观为指导，发展健康、文明的朋友关系。

第二，保持人际距离。异性交往要保持一定的距离，把握分寸。

第三，异性之间交朋友最好不要过多地单独活动，即使需要单独相处，也应选择公开的环境和场所。

第四，建立广泛的朋友圈，多参加男女学生共同参与的活动，与多个异性保持交往，可以从不同人身上学到更多的东西。

第五，异性之间要理智地把握好友谊与爱情的界限。

有学者认为，把握好异性交往的分寸是最重要的。咨询中，我们一般要帮助当事人明白，在与异性进行交往时，需要把握好"自然"和"适度"这两个原则。所谓自然原则，就是指在与异性交往过程中，言语、表情、行为举止、情感流露及所思所想都要做到自然、大方，既不过分夸张，也不闪烁其词；既不盲目冲动，也不矫揉造作。消除异性交往中的不自然，是建立正常异性关系的前提。自然原则体现为：像对待同性同学和朋友那样对待异性，像建立同性关系那样建

立异性关系，像进行同性交往那样进行异性交往。

所谓适度原则，是指异性交往的程度和方式要恰到好处。如果是友谊，则在交往时所言所行要留有余地，不能毫无顾忌而导致对方的误会。比如，在与异性同学交往时，谈话中涉及两性之间的一些敏感话题时要尽量回避；交往中的身体接触要把握好分寸，不能过于轻浮，也不要过于拘谨；交往的地方和场合宜公开，交往的时间和频率要恰当，能为大多数人接受。如果出现对方误会的情况，则应向对方明确表明自己的态度，切勿暧昧或模棱两可。

三、咨询个案举例

一般来说，失恋总是经过一个震雷似的轰击感、焦灼的痛苦燃烧感和烦躁不安感到冲动平息的过程。前两个阶段是失恋的危险期，少则三五天，多则十天半月。只有闯过危险期，从失恋的痛苦中摆脱出来，才能使心理恢复平衡。所以心理咨询的原则是以心理支持为主，同时给予认知上和行为上的调节。

大伟，高二学生，平时学习成绩在中等以上，从高二下半学期开始喜欢上自己的同桌。于是大伟主动追求，很快两人就建立了恋爱关系。大伟比较开朗，很有幽默感，而同桌是一个很文静的女孩子，两个人在一起感觉很高兴，很合得来。但是天有不测风云，女孩子变心了，不再喜欢他，向他提出分手。但他已经爱对方太深，一时无法自拔。大伟感到非常痛苦，他不能理解对方的变心，更感到爱情只不过是伤心的代名词。他的情绪变得抑郁、消沉，觉得干什么事都没有了动力和兴趣，经常一个人到处游荡，还常到学校附近的铁路边去看飞驰而过的列车，有时甚至想一死了之。后经同学开导而来咨询。该案例的咨询过程如下：

1. 认真倾听，引导宣泄

在失恋的痛苦阶段，通过向人倾吐，讲出自己的伤心、失落、委屈、愤愤不平等感受，有助于消除失恋所带来的心中郁结，使紧张的不良情绪得以宣泄。因此，咨询的第一步就是认真倾听，引导当事人

将心中的郁结尽量倾诉出来。同时，通过咨询师的理解和真诚关心的态度，使当事人感到温暖和支持，从而建立相互信任的咨访关系。

2. 共同讨论，分析原因

当事人在失恋的打击下，容易出现认识上的偏差，或是把失恋的原因完全归咎于自己的无能，认为是自己不讨人喜欢、不吸引人所致，从而自责自怨、自暴自弃，甚至全盘否定自己的人生价值，进而自杀；或是把失恋的原因完全归罪于对方，因此愤愤不平，产生怨恨对方甚至报复对方的心态，有个别人还出现伤人的行为。所以，咨询的第二步就是要和当事人一起，共同分析失恋的原因，帮助他重新看待两人的关系及分手的原因，避免出现认识和处理上的偏差。

3. 面对现实，积极适应

在当事人能够比较客观、冷静地看待失恋的原因之后，鼓励他面对现实，积极地适应是很重要的。许多当事人在失恋后，总是不愿意接受现实，或者苦于无法自拔。因此咨询师要帮助当事人正视现实，尤其是要让他认识到事情已经发生了，应积极去适应、获得心理的平衡。这时常用的技术是追问当事人："那又怎样?"使他能认识到恋爱虽然是一生中很重要的事，但却不是唯一重要的事。同时，建议当事人积极自我调节，重整旗鼓。比如，通过"合理化"的自我安慰、注意力的转移、情感的升华等途径来充实自我，获得心理的平衡和健康。

失恋的心理辅导是一个比较复杂的过程，不可能一次的咨询就产生明显效果。咨询的重点在于让当事人正确认识自己的需要、他人的权利及恋爱在自己生命中的位置。同时要鼓励当事人以宽容、无私的胸襟对待别人。

第三节　患急重病

人生在世，孰能无病。在人生的每个阶段，都可能面临疾病的威胁，高中阶段也不例外。高中阶段，人的生理迅速发育，生理状态是

比较脆弱的，因此被病毒侵袭的可能性也很大。这样就可能导致高中生患上病毒性感冒、病毒性肝炎等等。同时，飞来横祸也是无法避免的，比如上街时，一不小心就可能被撞到，或者发生扭伤事故。在高中阶段学生还面临着前所未有的压力，学习上的，要争取考上大学；人际关系上的，得和周围的人处好关系，等等。在种种压力的压迫下，患病的可能性是很大的。所以高中生如果不能坚持锻炼身体，强健体魄，很容易感染疾病。当然每个人发病的可能性并不是均等的，学生的身体素质不尽相同，有些病如心脏病、脑病以及癌症等就因遗传基因而有不同的发病率。

一、患急重病的表现与原因

患上疾病怎么办？特别是那些比较严重的疾病，它可能会给学生带来致命的打击。他们的生活会因此而发生很大的改变，比较严重的疾病甚至可能导致退学、死亡。患上疾病，及时就医是最明智的选择。一般在家长、同学、老师的帮助下能够顺利地渡过危机，当然在这个过程中，主要靠的还是自己。但有些学生在面临比较严重的疾病时，可能会陷入一种无助的精神状态。他们觉得难以应付眼前的局面，不知道如何是好，因为觉得自己的生命可能会因此而结束，再也无法回到学校学习了，便陷入一种对疾病和死亡的恐惧之中，以致严重干扰了正常的生活。这种心理现象是笔者在本节中讨论的重点。

在高中生中，比较常见的严重影响他们生活的疾病有肝炎大三阳、严重失眠以及心脏病等。在我国，肝炎的发病率是很高的，大约十个人中就有一个是肝炎携带者。高中体检时，常有人会被检查出是肝炎患者。肝炎分为大三阳、小三阳和病毒携带者。大三阳患者的情况比较严重，自身病毒复制很快，有较强的传染性，而且其自身肌体也遭受着来自肝炎病毒的袭击，免疫力下降。被检查出是大三阳的同学一定要及时就医，贻误了时机将造成比较严重的后果。小三阳患者的情况稍轻一些，病毒数量比较少，且复制较慢。小三阳患者的就医不像大三阳患者那样急，但也不能视而不见，时间久了，小三阳可能

转化为大三阳，一定要到正规的医院去诊治。至于肝炎携带者，基本没有传染性，病毒数量非常少，但比正常人稍多，有些人可能一生都是携带者而无恙。至于其是否应该就医，各界的说法不一。有人主张不必治疗，因为当前并没有非常有效的转阴药物及治疗方法，况且这方面的药物非常昂贵，如果治疗就可能出现这样的情况：钱花了，而病却没有丝毫转变，这样将造成巨大的浪费。还有些人主张治疗，因为携带者毕竟不是正常人，携带者不知在什么时候就可能转化为小三阳，甚至再转成大三阳。到那时，情况就比较严重了。有些高中生在体检时被查出有肝炎，常会出现过分的恐惧感。简单地说，给他们生活造成影响的常常不是疾病本身，而是对疾病的恐惧感。这种恐惧感使得他们无心学习，人际交往变得极不自如，甚至担心死亡。

　　失眠也是高中生中常见的一种较严重的疾病。失眠是指实际的睡眠时间过短（包括入睡困难、夜间频繁觉醒以及早醒）或睡眠时间如常，但缺乏睡眠感。失眠会造成慢性的疲劳状态，降低白天的活力，导致学习效率不佳。在笔者的咨询工作中，经常会碰到这样的例子。他们一般对失眠特别害怕，认为前一天晚上睡不好，第二天的学习效率肯定会受到影响，而结果也往往是第二天昏昏沉沉，课听不进去，饭也吃不香。几乎每一个失眠的同学都有一个共同的感受，那就是当时睡不着，心里特别担心第二天的课会上不好。想到这些就拼命暗示自己赶快睡，而结果往往相反，越是如此就越是没有睡意，最后可能快要天亮的时候才睡一小会，而到起床时又特别的痛苦，有的甚至根本就睡不着。其实，正是那种担心导致了越想睡越是睡不着。而失眠也不是什么大不了的事，我们甚至可以说不是失眠本身惹的祸，而是对失眠的那份担心所致。

　　心脏病并不像前两种疾病那样多见，但一般患上心脏病的，情况都比较严重。心脏病的发病原因是多方面的，可能是遗传因素，也可能是后天的因素。心脏病往往给个体带来担心和恐惧，从而影响日常的生活。其实，以现有的医疗水平，一般的心脏病都是可以治愈的，也就是说尽管求医，同时正常地生活。当然，生活中可能会出现种种

疾病折磨我们的肉体，困扰我们的情绪，影响我们的生活。虽然疾病对肉体的折磨很难避免，但我们可以控制情绪，使我们远离负性情绪的困扰。控制我们的情绪不但可以减轻疾病对我们生活的影响，同时正面的情绪、健康的心态也有利于我们身体的康复。

二、患急重病的心理疏导

当我们面临疾病的时候，首先要做的是求医。而作为心理学工作者，我们所要做的不是干预疾病的发生和发展，而是调整患者在面对疾病时的心态。恐惧、担忧、烦恼的心态只能使生活更加糟糕，疾病难以治愈，而平静、乐观、闲适的心态则有助于梳理自己的生活，早日康复。医学上的奇迹也往往是在这样的情况下出现的。恐惧是顺利康复的大敌，在面临疾病时我们要争取做到接受现实，然后再随遇而安就更好了。对患急重病的高中生的心理疏导，我们主要采用理性情绪疗法对当事人进行干预。

要改变当事人对疾病的情绪，首先要改变其对疾病的认识。当事人往往有一些理所当然的理念、想法，我们首先要做的就是引导他们发现自己有这些理所当然的想法，看到是这些想法使得他们不开心，制约着他们的心态，而不是疾病本身。常用的认知改变技术有呈现多种可供选择的方案、使用分析和隐喻、辅助语言、归谬法、直观教具、实用的辩论法、幽默以及语意澄清等。在工作中，笔者一般采用"纸上谈兵"的方法。具体说来，就是先和当事人做比较深入的面谈。在这个过程中，咨询师和当事人一道确定那些导致当事人现在恐惧和担忧的想法，并把它们逐条写下来，而这些想法是当事人从来没有怀疑过的。然后，对这些想法进行一一探讨，这个过程往往是比较困难的，当事人往往很难作出让步。咨询师的任务是启发他，分析什么样的想法才是比较理性的。这要求咨询师要有足够的耐心，同时要有较强的同理心，否则咨询难以开展。在咨访关系建立得比较好，同时咨询师能够做到充分地包容当事人的情况下，可以考虑使用辩论技术。具体操作起来就是和当事人展开辩论。这个可以分两个阶段进

行，第一阶段当事人为自己的想法辩护，咨询师驳斥其观念；第二阶段反过来，咨询师为当事人的理念辩护，而让当事人尽力地驳斥其想法。这样一来一往，当事人就比较容易发现自己的问题所在了。然后把改变之后的想法也写在纸上，将有助于其认知的改变。认知改变技术有很多种，可以根据情况选用。比如你可以帮其呈现多种选择，一夜不睡并不一定就导致第二天委靡不振，是对失眠的恐惧害了我们。医学上的研究表明，一个人即使一夜不睡，只要在床上安静地躺一夜的话，第二天一样会精神饱满。而即使患上比较严重的肝炎和心脏病也不必有对死亡的恐惧，当今医术比较发达，治愈的希望要远远大于无药可治的可能性。

　　改变了认知，并不等于就改变了情绪，改变了心态，我们还要选用一些情绪改变技术作为辅助。常用的情绪改变技术主要有想象消极事件、体验预期事件以及积极的自我暗示。想象消极事件就是要求当事人想象可能发生的最糟糕的事情，并体验随之而来的那种可怕的、适应不良的情绪，然后想象自己最终能够将这些转变为适当的情绪。比如当事人在高考前因为被查出患上肝炎而深深地烦恼，身心陷入极度的憔悴之中。咨询师可以让其想象一下接下来可能发生的最糟糕的事情是什么，他可能会说将因此而失去考大学的机会，生活也将一团糟，在生命都无法保证的情况下，他无法苛求什么。这时咨询师可以让当事人想象这种情景，并体验那种糟糕的心情。接着再提示他想象，即使今年没有机会参加高考，下一年一样可以考。到那时，自己的病也治好了，只要他现在不放弃，明年考上大学也只是比自己的同班同学晚了一年而已，而那些今年考不上的同学，同样要再奋斗一年。一番想象体验之后，当事人就可能发现自己的情况并不像原本想象的那么糟糕。再比如，身患心脏病的同学可能担心自己的生命，以及接下来治疗的痛苦。咨询师可以要求当事人想象可怕的事情正在发生，从而学会忍受这种情绪体验。但把眼光放得更远一些，就会发现，现在看来相对可怕的事，从长远来看，也许并不那么悲观。积极暗示也是改变人的情绪的重要策略。特别对高中生来说，比较适用。

将那些乐观的想法写在纸上，贴在墙上，都会起到改善情绪的作用。

总之，对疾病的恐惧是我们健康的大敌，很多时候它所起到的破坏作用远远大于疾病本身的杀伤力。习得积极健康的心态有助于学生的发展，也有助于身体的康复。"肝炎不可怕，允许自己失眠，以及得了心脏病可能是上帝对我们的一次考验"，这些才是比较可取的心态。

三、咨询个案举例

这是一个严重失眠的案例。芳芳，高二女生，来自农村，家里对其期望很高，希望她能考上一所好大学，以求光宗耀祖。但是到高二下学期，她的成绩有些下滑，开始担心自己会因此考不上大学，辜负家里人的期望。因此更加发奋学习，经常晚上开夜车。但是这时她发现自己失眠了，有时在床上躺一夜也难以入睡。于是越发担心这种情况会导致自己的学习成绩继续下降，每次睡觉都强迫自己入睡，告诉自己快点入睡，可事与愿违，反而更加难以入睡了。她听别人说数数能帮助睡眠，可她试过却没有一点效果。每次听着别的同学熟睡的声音，她非常痛苦。失眠再加上心理的压力，导致她白天精神状态极差，老师讲课的时候她根本听不进去。结果成绩真的下降了。久而久之，她发展成了习惯性失眠，晚上躺在床上根本无法入睡，她说"晚上对我来说，就像在地狱一样"。班主任及时发现了她的这种情况，于是建议她来做心理咨询。

在初次的面谈中，笔者就发现芳芳对失眠有一种特殊的恐惧，她说她一直都害怕失眠，强烈地希望自己能够好好睡觉，并把最近所有在她身上发生的倒霉事全都归因于失眠。鉴于此，我们决定对她的帮助就从改变其对失眠的认识入手。我们很快确定了几条她认为理所当然的想法，并写在纸上。主要有"失眠不该发生在我身上"，"失眠真是一件倒霉的事"，"前一天失眠，第二天肯定什么都干不好"，"治不好失眠，我就无法走出现在的低谷"等等。在第一次的咨询面谈中，并没有继续做深入的探讨，而是重点巩固咨访关系。

　　在接下来的面谈中，咨询师就这些问题和当事人展开深入探讨，并进行了辩论。最后那些想法都变成了比较理性的信念："失眠在我身上发生是可以理解的，每个人都可能失眠"，"失眠不见得是一件非常倒霉的事"，"即使一夜睡不着，第二天照样干活"，"不再为睡不着发愁，再睡不着就静静地躺着，一样会有休息效果的"。这个辩论大约持续了三次。但所有这些并不能保证当事人能够较好地睡觉，于是咨询师又对其进行了放松训练。当事人掌握了要领之后，就可以在睡觉的时候自己给自己放松。当事人先仰面平躺，舒缓地深呼吸，然后开始自我放松暗示。逐次放松脚趾、小腿、大腿、臀部、腹部、胸部、背部、肩部、臂部和颈部。具体过程比正规的放松训练简单，就是当事人舒缓地默念"放松"，效果还是不错的。大约过了两个星期，当事人的情况就基本好转了。

第四节　遭遇突发事件

　　突发事件，是指没有预期的、通常也是比较严重的事件，又称创伤事件或危机。校园常见的危机事件有：①校园意外事故，如车祸、火灾、倒塌事件等；②校园暴力事件，如他杀事件、群殴事件等；③学生或教职工自杀事件；④自然灾害，如地震等。

　　目睹或遭遇这些事件的学生，通常会产生强烈的情绪和行为反应，有的人甚至在很长时间里都不能正常的学习和生活，因此需要给予及时的心理疏导和支持。

一、常见的反应与原因

　　目睹或遭遇突发事件，几乎每个人都会不由自主地出现一些情绪或行为的失调反应，有的还有明显的生理反应。例如：

　　（1）情绪反应：包括震惊、害怕、恐惧、不安、哀伤、困扰、绝望、持续想起该事件、难以入睡、做噩梦等；

（2）行为失调：包括慌乱、不知所措、漫无目的乱跑、失控或麻木、应变和反应能力迟钝、工作和学习能力受损等；

（3）生理反应：包括颤抖、心慌心悸、呼吸困难、胃肠痉挛、晕厥等。

这些反应都被称为急性应激反应，是机体对突发事件的自发性反应。其机理是：重大的创伤性事件打破了机体原有的生理和心理的平衡，导致机体身心状况的严重失调。当然，应激反应通常在事件发生的第一周表现特别明显，以后随着时间的推移，各种反应逐步减轻，然后慢慢恢复正常。但是，有少数人可能转化为更为严重的心理问题，叫创伤后应激障碍（PTSD）。

创伤后应激障碍主要表现为三组临床症状：

第一组为反复体验创伤性事件，如侵入性的回忆和反复出现的噩梦。即当事人经常会突然间在大脑里浮现出创伤事件的场景，无法控制，挥之不去，令人痛苦，又被称为"闪回"现象；在梦中也会反复出现创伤性事件的有关场景。

第二组为保护性的反应，即回避与创伤相关的刺激和情感麻木。情感麻木是PTSD的核心症状，许多创伤事件的幸存者在很长一段时间里表现得冷淡、木讷，对什么事情都没有兴趣，对什么事情似乎都无动于衷。有的对未来心灰意冷，轻者持听天由命的态度，重者万念俱灰，甚至自杀。

第三组为高度警觉的症状，即经常保持高度的警惕性，一点风吹草动就惊跳起来，反应过度。

这些创伤后应激障碍的表现通常在事件发生后数日或数月才发生，但持续时间久，影响深远，有的发展为抑郁症甚至自杀。如果个体曾经遭遇过重大灾难和创伤，且先天心理承受力比较弱，或个人具有明显的人格缺陷和心理疾病，加之缺乏有力的社会支持，则容易发展为创伤后应激障碍。

二、遭遇创伤事件的心理疏导

遭遇或目睹创伤事件的个体，常常会处在情绪惊恐、行为失常和无措的状态中，需要及时的心理辅导，以帮助他们恰当地处理混乱的情绪和行为，尽快恢复平静。一般而言，这时所需要的心理辅导技术主要包括陪护、安抚和释疑、安全岛技术等。

1. 陪护

所谓陪护，就是陪在当事人身边，给以关怀、温暖和心理支持。很多时候，在他人经历着伤心、害怕、难过、恐惧等情绪时，我们不需要提问太多，也不需要说太多的话，有时即便是什么也不说，只是静静地坐在他的身旁，安静地陪伴他，对他来说也是一种无言的支持和安慰，因为我们是用行动告诉他：你不是一个人，还有我和你在一起。

所以，这个时候，非言语行为更为重要。非言语行为包括关切的目光、必要的身体接触如拥抱、沉静的态度和一些支持性的行为等。需要注意的是，这些非言语行为应该是和真诚连在一起的。

2. 语言安抚

语言安抚，主要体现为共情，即设身处地地站在对方的角度去感同身受，去体会和了解对方的情绪、情感，并把这份了解传达给对方，有时也称为同理心。面对一个遭遇或目睹创伤事件的个体，共情是十分重要的。共情越好，双方的心理相容度就越高；心理相容度越高，当事人就越能敞开心扉，把自己的情绪宣泄。

语言安抚，也包括支持性的语言和必要的解释。常用的语言有：我知道你现在很害怕，我能感受到；我会和你一起去面对；过几天你就不会这么害怕了；这是正常的应激反应，很多人面对这种情况都会有与你类似的反应，等等。透过支持性的语言和必要的解释将有助于稳定当事人的情绪。

3. 安全岛的技术

安全岛技术是一种尝试让当事人逐渐拥有安全感和掌控感的技

术。所谓安全岛，就是让当事人在心里想象一个完全由自己构建营造的、有控制感的、虚拟却很安全的地方。这个地方完全属于当事人，没有任何人的打扰，待在这个地方，会令当事人感到绝对的舒适和惬意。如果当事人善于想象，并尽快找到了自己的安全岛，则能稳定当事人的情绪。

安全岛技术的具体做法是先引导当事人进入放松状态，然后进行想象。安全岛练习的指导语如下：

（1）我想邀请你，为你自己构建一个"安全岛"，构建一个只属于你自己的"安全岛"，它是在你想象中的，它应该是有边界的，只有你一个人可以造访。你可以带一些你喜欢的物品到你的"安全岛"上，比如友善的、可爱的、可以为你提供帮助的，等等。但注意只是一些东西，而不是某些人。这个地方是能够给你最安全、最舒服、最放松的感觉的地方……

（2）或许你看到了某个画面，或许你感觉到了什么……别着急，慢慢找这个神奇、安全、惬意的地方……跟随自己的想象，任随它出现，无论出现的是什么，就是它了……

（3）如果你在寻找安全岛的过程中，出现了不舒服的画面或感受，别太在意这些，而是告诉自己，现在你只是想发现好的、内在的画面，不舒服的感受可以等到下次处理。现在，你只想找一个只有美好、感到舒服的、利于你康复的地方……

（4）你可以肯定，肯定有这么一个地方，你只需要花点时间，一点耐心……有时候，要找一个这样的安全岛还有些困难，因为还缺少一些有用的东西。但你要知道，为找到和装备你内心的安全岛，你可以动用一切你能想到的工具，比如交通工具、日用工具、各种材料，还可以使用魔法，你可以动用一切，你也有能力动用一切……

（5）当你到达自己内心的安全岛时，环顾四周，感受一下自己，是否感到非常舒服、非常安全、非常惬意……如果是，就留在这里；如果不是就变换一下，直到自己觉得舒服为止……

（6）如果把你的小岛装备好了，请你仔细体会，你的身体在这

样一个安全的地方都有哪些感受？你看见了什么？有哪些物品？形状如何？颜色如何？大小如何？你听见了什么声音吗？你闻到了什么气味吗？你的皮肤感觉到了什么？你的肌肉有什么感觉？呼吸怎么样？腹部感觉怎么样？

（7）现在，请你尽量仔细地体会当下的感觉，这样你就知道，到这个地方的感受是什么样的。如果你在你的小岛上感到绝对安全，就请你用自己的躯体设计一个特殊的姿势或动作，用这个姿势或动作，你可以随时回到这个安全岛来。以后，只要你一摆出这个姿势或者做这个动作，它就能帮你在你的想象中迅速地回到这个安全的地方，安全的感觉就会立刻回到你的身上。你可以握拳，或者把手摊开……

（8）请带着这个姿势或动作，全身心地体会一下，在这个安全岛的感受有多美好……撤掉这个姿势或动作，平静一下，慢慢地睁开眼睛，回到自己现在所在的房间里，回来之后，你会感到更愉快、身体更轻松……下面我会倒数三个数，当我数到一时，慢慢地睁开你的眼睛。

安全岛技术属于想象练习，想象练习假设人不可能同时有强烈的正性体验和强烈的负性体验，如此看来增强当事人的正性体验将有助于当事人与负性体验保持适当的距离。想象练习在具体操作上是从表象、各种感官感受、情绪、躯体感觉等多个角度帮助来访者建立强烈具体的正性体验，从而暂时地远离负性体验。通过想象练习，可以帮助当事人在内心世界构建起一个安全的地方，适当远离令人痛苦的情景，增强其自身的可预测感，强化其安全感。等待当事人找到自己的安全岛往往需要一点时间，辅导人员需要具备的最重要的特质就是要有耐心，等待当事人。

学校突发创伤性事件时，要特别注意那些最可能受影响的人。比如：危机事件的直接相关人、事件的目击者、与受创者有密切关系的人、本身就有严重情绪困扰的人，以及过去受过创伤的经历者等。

三、咨询个案举例

某中学发生了一起学生自杀事件。起因是一个女生的手机丢了，她高度怀疑是同宿舍的另外一位女生偷的。于是，中午时约了两位住在隔壁宿舍的同班好友一起到自己的宿舍去搜，果然从该女生的抽屉里搜出了手机。不料，被搜出手机的女生随后跳楼自杀，而这一过程恰好被参与搜手机的那两位同学中的一位亲眼目睹，她当时非常震惊，飞速跑去通知班主任老师，并和班主任老师第一时间赶到现场，试图做些什么，当知道自杀学生已身亡时，该同学和班主任老师两人惊吓得抱头痛哭。

事件发生后，笔者被邀请到该校，和该校的心理老师一起紧急进行心理危机干预。首先，我们确定需要紧急心理疏导的对象。一是现场目击者；二是与自杀事件有密切关联的人，比如三位搜手机的学生；三是其他有关人员，比如自杀者的同班同学、抬尸体的两位男生、班主任老师等。然后，分别进行团体心理辅导和个别心理辅导。对同层楼的女生和同班同学，分别做了团体辅导，班主任老师也参与其中；对与自杀事件有密切关联的三位女生，进行了个别辅导；对抬尸体的两位男生也做了简短的疏导。

咨询过程：针对同层楼的女生，因为她们目睹了自杀现场，所以恐惧情绪很明显，因此团体辅导时着重处理她们的负性情绪。第一步，向她们说明意图：把大家聚集在一起，是给大家做心理辅导。因为大家都看到了现场，可能会害怕、恐惧、不安、无助，我们需要把这些情绪疏导出来。第二步，请每个同学谈谈她们当时看见了什么？当时的情绪怎样？现在还有怎样的感受？当每个同学在谈论时，心理老师都走过去，陪在她的身边。如果她哭得厉害，心理老师就俯身过去给予拥抱。整个阶段都鼓励同学们说出她们的感受，并相互抚慰和支持。第三步，向同学们解释遭遇这样的严重事件，感到害怕、恐惧，及出现各种负性情绪都是正常的，是面对突发事件的急性应激反应。随着时间的推移，我们的各种负性情绪都会慢慢消失。第四步，

给每个同学一张纸，请她们写下自己的感受以及对这件事情的感想。写完之后，请学生轮流把自己的感受和感想说一说，最后我们统一把它收起来，并告知学生我们会把这些纸张烧掉。

针对与自杀事件有密切关联的三位女生，给她们做个别辅导时，重点是处理她们的内疚情绪。因为她们认为：如果不去宿舍搜手机，就不会导致自杀事件的发生。尤其是那两位帮忙的同学，更是感觉内疚和后悔。因此，咨询时，首先是接纳她们的各种负性情绪，并对她们的内疚给予充分的同感。这过程中，拥抱和抚慰是必不可少的。待她们的情绪得到比较充分的宣泄后，再把咨询引向认知的领域。鼓励她们谈谈当时去搜手机的依据是什么？在搜手机的过程中有没有充分考虑对方的感受和顾及对方的面子？搜到手机后她们又做了怎样的处理？同时也引导她们思考当初搜手机时有没有想到可能出现这样的后果？如果知道有这样的后果，她们还会不会去搜手机？通过过程的回顾和描述，当事人认为决定去搜手机时，完全没有想到会有这样的严重后果，而且她们去搜手机时，已经尽量顾及到了对方的面子，搜出手机后她们也没有说出任何让对方难堪的言语。所以，虽然后果非常遗憾，但这确实是意外事件，不是她们能预见到的。之后，再让她们回忆，当发现女生跳楼时，她们做了什么？她们都是第一时间冲下去，想去救她。所以，让她们明白，她们做了自己该做的事。当然，也鼓励她们谈谈这件事中需要认真汲取的教训。然后，再和当事人讨论接下来她们想怎样渡过这艰难的几天。当事人都说她们晚上睡不着觉，想要回家，想和妈妈睡在一起。在征得学校的同意后，我们同意了她们的请求，同意她们给自己找一个感觉安全和温暖的地方。同时，也鼓励当事人要敢于面对现实、面对自己，将心放平，相信随着时间的推移，一切都会慢慢地好起来。最后，和当事人一起讨论了一些应对技巧，比如害怕情绪的处理、失眠情况的处理以及脑子里浮现自杀画面的处理等。

辅导结果：随后的几周，该校的心理老师对上述群体和班级个别同学都有跟进。尤其是对三位与自杀事件关系密切的女生，都有定期

的辅导。两周后，整个学校的学生都基本恢复了正常。

第五节 自杀

我们听到过主持人自杀，听到过大富翁自杀，听到过文艺演员自杀，而最让我们触目惊心的是青少年的自杀，特别是高中生的自杀。他们正处在花季，理应像雨后春笋一样茁壮成长，理应开心地交朋友、做游戏、旅游，甚至干一点自己的小事业或有一点小成就，理应与毁灭无缘。而事实却并非总是那么理想，在大部分孩子享受着幸福生活、茁壮成长的同时，有些孩子却像无精打采的花，他们或是缺少阳光，或是肥料不足，或是土壤不好，有的在经受着暴风雨的摧残，更有甚者正在悄悄地结束自己的生命。目前并没有关于青少年自杀比例的研究和报道，但青少年自杀问题确实已经成为一个很严峻的社会问题。作为学校心理工作者，我们应该对这个问题给予重视。

一、自杀的表现与原因

那么，为什么有的青少年会选择自杀呢？关于人类自杀原因的探讨是很多的，有社会文化的解释、有精神动力学解释、有行为学派的解释、还有生物化学的解释。在所有这些解释中，我们比较赞同行为学派的解释："自杀是当事人对强化的认知转变所致，自杀者在生活中得不到奖励，把死亡看作是强化，认为死亡可引起他人的注意、同情，得到报复的快感以及他们想获得的强化，这种预期的强化有助于解释许多自杀者在自杀行动前所表现的镇定和满足。"当然这种解释也不是绝对的，不能解释所有的青少年自杀行为，就像很多成年人自杀是因为压力过大一样，一些青少年自杀也是因为压力过大，或在生活上，或在学习上，或因学校的人际关系。但所有的原因都可以归结为一点，那就是他们的心理素质不过关，心理健康水平不够。那么青少年的心理健康水平不够又是谁的责任呢？对于孩子的自杀行为，谁

应该负更大的责任呢?

　　肯定会有人首先把矛头指向教师,认为是他们忽略了孩子的心理健康教育。高中生正处在人生的飞速变化期,不但生理上变化巨大,逐渐成熟,在心理上也面临着巨大考验。他们要面临很多以前从没有遇到过的事情,要接触更多的人;面临更繁重的学习任务,人际关系开始变得重要;开始思考一些从没想过的问题,面临一些对自己来说非常重要,而却没有把握的抉择;同时,他们还面临着较以往更大的升学压力。总之,他们并不只是需要在求知上的帮助,还需要心理上的帮助。但是,我们的老师没能及时给予他们这些,甚至没能意识到这些。另外,教师的一些行为经常给学生造成直接的伤害。相信作家三毛的故事大家都听说过,就因为中学时代数学老师的一次侮辱性的体罚,使她不但丧失了学习数学的信心,甚至丧失了去学校的勇气和兴趣。敏感而自尊的三毛因此患了自闭症,在自己的房间里一待就是七年,再也不愿去学校;直到成年后,三毛回忆起来还心有余悸。甚至她后来的自杀和这件事也有着千丝万缕的联系。或许我们现实中的事例不如这件严重,但性质是一样的恶劣。现在在很多学校,特别是地理位置比较偏远的农村学校里,体罚依然存在。在一些较发达地区的学校里,"不许体罚"是人人皆知的,但却存在着一种比较隐蔽的惩罚方式——"冷暴力",就是用侮辱性、恐吓性的语言来管理那些不怎么听话的孩子。事实证明"冷暴力"所造成的"软伤害"比肉体上的惩罚所带来的痛苦还要严重。综上所述,我们可以看到教师的心理健康水平制约了学生心理健康的发展,他们对高中生的自杀负有不可推卸的责任。

　　接下来的矛头便指向了父母。俗话说"子不教,父之过"。孩子没教育好是父母的责任,这是很有道理的。在孩子成长的最初几年,父母几乎是仅有的与孩子接触较深的人。虽然随着他们渐渐长大,逐渐拥有自己的朋友、同学,开始和老师接触,但一个人的成长最关键的时期就是人生最初的几年。况且,父母在孩子高中以前与孩子接触最多,也最了解孩子的内心,对孩子的心理健康状况有着最大的影

响。而当今的很多父母又恰恰忽略了孩子心理的健康成长。多少人只知道要养育儿女，供他们吃、穿，教育他们，让他们上学、学知识、考大学，找份好的工作，有一个好的将来，却很少顾及自己孩子的心理是否健康。甚至给予孩子过重的期望和压力，希望孩子一定考上大学以光宗耀祖。为此他们肯在孩子身上特别是学习上投钱，但从不关心孩子的心里怎样想，或者知道孩子怎么想却从不把孩子的想法当回事。更有甚者动辄打骂孩子，还口口声声为了孩子好，又有几个家长扪心自问过自己打骂孩子到底是因为自己生了气要发泄出来，还是因为真的担心孩子学坏、为了孩子好呢？几乎每一个自杀的孩子的父母都会在孩子自杀以后痛陈自己的不是，但悔之晚矣。

当然，还有人会说，孩子的心理健康发展状况并不只是由以上因素决定，他们自身的遗传素质以及自身在心理健康方面的追求也是很重要的因素。比如有很多自杀者就是有家族史，抑郁是导致自杀的一个重要因素，而抑郁是遗传的。那些有意识地追求心理健康的孩子也会比那些无此追求的孩子精神状态要好一些。

有学者总结了导致高中生自杀的直接因素，主要有以下几点：①没有安全感。从小就没有习得安全感，在进入高中以后，稍遇挫折或打击就可能导致自杀。②失去社会归属感。离异家庭的孩子心理容易出现问题以及自杀就可归因于此。③痛苦的煎熬。压力过大，却一直没有取得像样的成绩等，痛苦超出了个体的承受能力，就可能导致自杀。④生活单调，无挑战性。生活变得枯燥无味，没有新鲜感，都可能使个体发觉自己没有继续活下去的必要。⑤特定动机。有因为失恋而自杀的高中生，也有为了一点小事而以死相逼结果导致自杀的事例，等等。还是那句话，高中生自杀现象的增多反映了当今高中生的心理健康状况堪忧。

二、自杀的预防与心理疏导

对有自杀倾向的高中生做心理疏导，要遵循以下原则：第一，安全。为了当事人的安全，这是第一位的。第二，接纳。接纳当事人，

接纳当事人自杀的行为，不能有半点嘲笑。第三，发展。以当事人的健康发展为总目的，保护当事人的隐私。

当我们面对一个想自杀的来访者时，首先想到的应该是当事人的安全问题，这一步可以视为干预，可安排他的家人或朋友做好一些保护工作。即采取一些措施，设置甚至改变一下环境，以使其一时难以自杀。这就像医学上在处理出血的伤口时先做的捆扎工作，以使血止住一样。

对有自杀倾向高中生的心理疏导不能是简单地劝说，更不能批评教育，那都是不起作用的。要首先给予充分的接纳。接纳他的人，接纳他所做过的事，接纳他现在的状态，尽量站在他的角度上去衡量一些问题。这是很重要的，因为很多自杀者都是因为觉得没有人能够理解他，没有温暖、支持、安全感，才去自杀的。这个时候，咨询师如果能够给予一缕阳光，那将是非常及时的。就像久旱逢甘霖，很能起到滋润当事人心田的效果。这是对其进行心理疏导的基础，对于建立咨访关系特别重要。但这个过程也会比较困难，因为自杀者往往对人有着比较独特的看法，并不轻易地去靠近别人，也不愿听取别人的劝说。但只要咨询师坚持接纳当事人，当事人一定会感动的。

关于接纳当事人，主要有以下要领：尊重、真诚、同感。尊重是最起码的要求，就是绝不能嘲笑。自杀者的心理一般是比较脆弱的，稍有不慎就可能造成对当事人更大的伤害。另外，尊重还意味着注意避免使用批评性言语，因为批评性言语表现出对当事人的不接纳态度。有时批评性语言还会令咨询师只在意表达自己的不满情绪，而失去了对当事人的关键问题的关注。真诚也是非常重要的，真诚就是咨询师以"真正的我"出现，而不是让自己隐藏在专业身份的后面，扮演十全十美的咨询师角色。相反，他应该是很开放、很自然、很真诚地投入咨询过程中。咨询师的真诚不仅会给当事人一种安全感，而且能为当事人提供一个榜样。看看咨询师的真诚开放，当事人也会慢慢地放下面具，诚实地开放自己，表达自己，并进而鼓起生活的勇气，找到生活的方向。接下来要强调的就是同感了，即站在当事人的

立场上，充分理解当事人的感受和那些感受的意义，同时还要将这种了解传达给对方，从而促使当事人对自己的感受和经验有更深的自省和认识。

对有自杀倾向高中生的心理疏导，重点在于让其讲述自己没有对别人讲过的故事。在这个过程中，咨询师可以探明其自杀的原因，并给予适当的启发和指导。我们认为每一个自杀者背后都至少有一个不为人知的故事。对这一纯属个人的故事进行了解、调查应该是咨询真正的开始。咨询师在这个过程中的任务是认真倾听当事人的故事，真诚地去感受当事人在故事中的感情，鼓励他去继续讲自己故事。在听当事人讲自己故事的同时，要注意当事人对生活故事的讲法，帮助他们看清自己的叙事结构，同时启发、引导其领悟到自己既是故事的主人公，也是故事的作者；故事有多种可能的结局，可以换一种讲法；领悟到原来自己可以行使讲故事的权利，让故事改变结局，让人生改换方向。意识的灵光一旦显现，阻抗的力量开始流动，陷入绝境的人突然间看到柳暗花明，重新燃起了希望之光，人生的故事于是开始出现重大的转机。这是一种比较适合给有自杀倾向的高中生进行心理辅导的方法。

另外，咨询师可以视咨询的进展情况和当事人的情况来决定是否给予教育引导。这并不是必须的，因为很多的来访者并不能听进去这些话。但对有些当事人来说，适时、适量的教育引导是有效果的。一般在咨询关系比较成熟，咨询快要进入尾声的时候，对高中生进行一些教育引导是有效的。

三、咨询个案举例

自杀的案例远比其他类型的案例少得多。但由于这种案例要远比其他类型的案例严重得多，所以同样应该引起中学心理学工作者以及中学教师的注意。自杀反映了高中生的心理健康状况，提高高中生的心理健康水平才是解决问题的根本方法。

这个案例是一个真实的故事，我们将对咨询师的做法作比较详尽

的介绍，以期能够给大家的工作带来点参考。小 D，一名高二的男生，人长得很清秀，在家里一直是个听话的孩子，进入高中以后成绩也一直不错。但就在要升入高三的这个年头，他的生活出现了前所未有的危机。他在班上的人际关系一直不好，而最近有越来越恶化的迹象。他很孤独，没有非常要好的朋友，不高兴的时候就一个人听音乐。最近的体育考试尤其让他丢人，他在体育场上的拙劣表现引起同学们一阵阵大笑，甚至成为同学们课间的笑柄。再加上越来越重的学习压力，让他觉得活着真没意思……后来，在家长的陪同下，他来到心理咨询室。憔悴的脸庞反映了他当时是多么的痛苦。

"看你的脸色，我知道你非常痛苦，能告诉我生活中发生了什么吗？有什么问题我们可以一起面对"，咨询师怜惜地说道。当事人当时一下子哭了，哭得很痛苦，咨询师并没有打断他，而是递给了他一块纸巾，静静地看着他，等他平静下来。大约 5 分钟以后，当事人才平静下来。"我没有几个朋友，他们（同学们）老是嘲笑我，但我不知道怎么才能和他们处好关系，老师，你能帮我吗？"他用渴望的眼神看着咨询师。咨询师微笑着点了点头。从初步接触，咨询师发现他是一个很脆弱的孩子，局促的神情，颤抖的语气，不善言辞，这些特定言行都给咨询师留下了深刻的印象。在第一次咨询的时候，咨询师耐心而富有感情地听他讲自己的遭遇，尽量让自己去体验当事人的感受，去感受当事人的想法。很明显，在第一次的咨询中，咨询师就取得了当事人的信任，因为他的眼神开始闪光，他的语气变得平静了许多。在第一次咨询快要结束时，咨询师明确表示自己期待着与他下次的谈话，并共同约好了下次见面的具体时间。同时为了督促他反省自己，也为了让他感觉有所牵挂，咨询师特地给他布置了一道家庭作业，就是总结自己的优缺点。至于课，暂时不用再上。并且和他的父母探讨了依然存在的危险的情景，以便及早预防。

在第二次的面谈中，咨询师逐步引导他讲述他的经历，包括童年的和现在的。在他讲述最近的经历时，咨询师特别在意他在讲与同学们的糟糕关系时的讲法。比如他说："他们有些缺点实在是让人难以

忍受，我没法和这样的人做朋友。"对于这样的讲法，咨询师就露出怀疑的神色，并且启发他："谁没有缺点？""你真的难以忍受别人的那些缺点吗？""我们能不能把这件事换个说法？"对于他的这些讲法提出讨论，直到当事人明白"他们是有些缺点，但这不影响我们成为朋友，我应该容忍别人一些"。总之，他对这些问题的说法很好地反映了他的问题所在，改变他对问题的说法能够很好地改变他的心理状态。在这个过程中，咨询师充分地包容当事人，引导他讲自己的故事，同时对他对一些故事的讲法提出质疑和启发。这质疑是以充分的包容为基础的。经过接下来的几次面谈，当事人的状态已经明显好转，咨询进展比较顺利。

在咨询的最后阶段，咨访关系已经很牢固，在当事人已经明显康复的状况下，咨询师对当事人进行了些许比较直接的启发教育。后来当事人转到另外一所学校，情况好转，并于第二年顺利考上了大学。

参考文献

［1］申荷永．社会心理学原理与应用．广州：暨南大学出版社，1999．

［2］王玲，刘学兰．心理咨询．广州：暨南大学出版社，1998．

［3］莫雷．教育心理学．广州：广东高等教育出版社，2002．

［4］郑和钧，邓京华．高中生心理学．杭州：浙江教育出版社，1993．

［5］莫雷．青少年心理健康教育．上海：华东师范大学出版社，2003．

［6］王玲．变态心理学．广州：广东高等教育出版社，2002．

［7］郑雪．中学生心理健康教育．广州：暨南大学出版社，2001．

［8］钟友彬．中国心理分析——认知领悟心理疗法．沈阳：辽宁人民出版社，1988．

［9］徐俊冕，季建林．认知心理疗法．贵阳：贵州教育出版社，1999．

［10］杭州市教科所．中学生心理健康教育读本．杭州：杭州大学出版社，1997．

［11］张亚林．行为疗法．贵阳：贵州教育出版社，1999．

［12］潘正德．谘商理论技术与实务．台北：心理出版社，1994．

［13］谢永龄．青少年心理问题．香港：香港中文大学出版社，2003．

［14］程灶火，唐秋萍．实用短程心理治疗．北京：人民卫生出版社，2003．

［15］杨锦平．青少年常见心理生理障碍及其矫治．北京：教育科学出版社，1997．

［16］陈钟舜．大中学生的心理障碍与其调治．天津：天津大学出版社，1989．

［17］周瑛，付建中．学校心理辅导与教育．北京：警官教育出版社，1999．

［18］郑照．青少年生活压力与辅导．广州：广东世界图书出版有限公

司，2003.

[19] 张承芬，孙维胜．学生心理健康教育．北京：警官教育出版社，1997.

[20] 赵国玉，王英廉．中学生心理素质教育．北京：机械工业出版社，1997.

[21] 任顺元，陈晏．青少年常见心理障碍及其调节．北京：教育科学出版社，1997.

[22] 刘克嘉，邬勤娥．应激与应激性疾病．北京：人民军医出版社，1991.

[23] 邱国梁，江界华．青少年品行障碍及其矫正．北京：教育科学出版社，1997.

[24] 施承孙．青春隐私——影响青少年成长的30道心理关卡．北京：新华出版社，2002.

[25] 刘守旗．当代青少年心理与行为透视．合肥：安徽人民出版社，1997.

[26] 岳珍．青少年心理医生．北京：中国商业出版社，2002.

[27] 张晓磊．维护你的心——远离网络伤害．北京：中国纺织出版社，2002.

[28] 王志超．中小学生心理问题个别辅导．广州：暨南大学出版社，1997.

[29] ［日］原田 正文 藤沼 胜海．走入孩子的心灵·消除情绪障碍．北京：中国纺织出版社，2003.

[30] 郑维廉．青少年心理咨询手册．上海：上海人民出版社，1997.

[31] 徐应隆．青少年生理心理特征与教育方法．上海：上海人民出版社，1982.

[32] 阎瑞珍，李培芳．青少年生理心理健康指南．北京：学术期刊出版社，1989.

[33] 陈洪，吴运友．中学生心理保健．上海：复旦大学出版社，1999.

[34] 林崇德．中学生心理学．北京：北京出版社，1983.

[35] 王加绵等．中国学生心理健康教育研究．沈阳：辽宁教育出版社，2002.

[36] ［美］泰尔斯顿．让学生都爱学习——激发学习动机的策略．宋玲译．

北京：中国轻工业出版社，2012.

[37] 王惠，翁宇清. 动机与成才. 香港：新雨出版社，1994.

[38] 王玲. 校园突发事件的危机干预. 广州：暨南大学出版社，2011.

[39] 姚建龙. 校园暴力控制研究. 上海：复旦大学出版社，2010.

[40] 孙佑海. 中学生心理问题的研究与解决策略. 北京：光明日报出版社，2011.

[41] 陈洪岩. 拖延行为的心理学分析. 中国民康医学，2009（20）.

[42] 雷琳，周佳丽，姚鑫. 拖延症个案研究分析及矫正措施. 西部教育研究，2012（2）.

[43] 杨红梅. 学习拖延行为及其教育干预. 现代教育科学，2007（5）.

后 记

　　欣闻本人主编的"当代学生心理问题疏导系列"中的《初中生常见心理问题及疏导》和《高中生常见心理问题及疏导》两本书被教育部基础教育课程教材发展中心列入"2013年中小学图书馆（室）推荐书目"，很是高兴。为了给中小学一线教师提供更好、更新、更全面的实操性参考书籍，我们应暨南大学出版社的邀请对这两本书进行了修订。

　　由本人具体负责编写的《高中生常见心理问题及疏导》一书共十章，我们在原有章节的基础上增加了五节内容。具体是：在第二章高中生学习心理问题及疏导中，增加了"学习动机过强"这一节的内容；在第三章高中生人际交往问题及疏导中，增加了"群体事件"这一节的内容；在第五章高中生个性心理问题及疏导中，增加了"拖延行为"这一节的内容；在第七章高中生不良行为及疏导中，增加了"打架斗殴行为"这一节的内容；在第十章高中生应激事件及疏导中，增加了"遭遇突发事件"这一节的内容。新增加的内容都是近几年来在高中生中比较常见和普遍存在的问题。

　　感谢参与了第一版编写工作的我的四位已经毕业的研究生：赵玲、黄福生、董广敏、许婵贞；感谢参与这次修订工作的我的三位在读研究生：纪伟标、刘菁菁、何凯，他们分别承担了新增五节中的前四节内容的编写工作。也感谢暨南大学出版社的张仲玲老师和苏彩桃老师的一贯支持。

王玲

2013年6月于华南师范大学心理学院